数据通信技术

主　编　孟新红
副主编　周荣贵　陈维凯　颜锦耀

北京理工大学出版社
BEIJING INSTITUTE OF TECHNOLOGY PRESS

内 容 简 介

本书对数据通信网络相关技术做了全面介绍，并且主要基于 IP 协议对网络的部署提供了重要网络技术的部署实践操作，突出本教材以提升实操能力为主要目的得特点。全书一共 9 章，按照科学的学习方法对整个学习过程进行引导，分为基础理论、技术实践两个部分。

基础理论部分包括第 1 章至第 3 章，对数通基础概念如以太网、IP 编址、CSMA/CD 进行详细介绍，以及计算机网络的通信协议 OSI 和 TCP/IP 的工作原理以及实际常用的协议族。

技术实践部分包括第 4 章至第 9 章，主要提供自治系统网络中主要技术原理和部署实践方法，如生成树协议、链路聚合、VLAN、路由协议（OSPF、IS－IS、RIP 等）、ACL、NAT、IPv6 等技术应用。

图书在版编目（C I P）数据

数据通信技术 / 孟新红主编. －－ 北京 ：北京理工大学出版社，2023.1

ISBN 978－7－5763－2091－6

Ⅰ．①数… Ⅱ．①孟… Ⅲ．①数据通信－通信技术－高等学校－教材 Ⅳ．①TN919

中国国家版本馆 CIP 数据核字（2023）第 023071 号

责任编辑：王玲玲　　　　文案编辑：王玲玲
责任校对：刘亚男　　　　责任印制：施胜娟

出版发行 / 北京理工大学出版社有限责任公司
社　　址 / 北京市丰台区四合庄路 6 号
邮　　编 / 100070
电　　话 / (010) 68914026（教材售后服务热线）
　　　　　　 (010) 68944437（课件资源服务热线）
网　　址 / http://www.bitpress.com.cn

版 印 次 / 2023 年 1 月第 1 版第 1 次印刷
印　　刷 / 河北盛世彩捷印刷有限公司
开　　本 / 787 mm × 1092 mm　1/16
印　　张 / 13.75
字　　数 / 320 千字
定　　价 / 89.00 元

前　言

FOREWORD

　　随着我国经济的快速发展，解决教育与产业"错位"的问题越来越迫切。早在2013年出台的《中共中央关于全面深化改革若干重大问题的决定》就提出了产教融合，加强校企合作，培养高素质劳动者和技能型人才。国家层面将"产教融合"作为经济社会发展规划和设计的必然要求，打破教育和产业之间的界限与壁垒、将封闭的教育系统与产业发展协同起来，将"产教融合"上升为国家教育改革与发展以及国家人力资源开发的整体性制度安排，对我国经济社会发展具有重大的战略意义。泉州信息工程学院与北京华晟经世技术股份有限公司校企联合共建"ICT产教融合创新基地"，以培养信息产业发展需要的高层次应用型人才为目标，加强专业内涵建设和应用研发创新平台建设，创新工程教育方式与手段。

　　本书由校企双方开发的面相关行业人才需求的实践技能学习型教材。全文在全面介绍理论的同时，将高校教师深厚的理论功底与企业工程师丰富的行业一线工程经验相结合进行实操训练的引导。内容设计遵循一般的学习规律，以基础理论概念作为铺垫，技术工作原理为根据，通过案例或者项目应用来引导应用实践。实践更能激发学习的动力，明确学习的方向和目标，因此强调动手和实操，以解决工程问题为导向，学做结合是本书编写过程中的重要特色。

　　全书由孟新红副院长担任主编，负责总体设计和定稿，书中理论部分由尤丽萍、颜景耀老师进行诠释和编写，实践和任务部分由企业工程师周荣贵、陈维凯进行整理和编写。在本书的编写过程中，得到了泉州信息工程学院电子与通信工程学院院长裴炳南教授，华晟经世教育集团李俊杰总经理、陈景发总监的关心和大力支持，更得到了广大教育同人的无私帮助及家人的温馨支持，在此向他们表示诚挚的谢意。书中存在不妥之处，恳请广大读者批评指正。

编　者

2023 年 9 月

目　录

CONTENTS

第1章　计算机网络基础

随着计算机网络的普及，网络问题也越来越多，其中最常见的问题之一是带宽和下载速率的差异。带宽是指网络传输数据的能力，而下载速率是指从网络上下载数据的速度。带宽越高，下载速率就越快。但是，实际下载速率可能会受到多种因素的影响，如网络拥塞、网络质量、服务器性能等。因此，即使购买了 2 Mb/s 的带宽，实际下载速率可能只有 256 Kb/s。另一个常见的问题是上网方式的不同。在家里，你可能需要拨号上网，而在公司里，你只需要插上网线就可以了。这是因为家庭网络通常使用拨号上网，需要通过电话线连接到互联网，而公司网络通常使用局域网，可以通过网线连接到互联网。此外，公司网络通常会有更高的带宽和更好的网络设备，因此速度更快。最后，即使两个网络看起来相同，用户数量相同，网络性能也可能有很大的差异。这是因为网络性能不仅取决于带宽和设备，还取决于网络拓扑、网络协议、网络管理等多个因素。因此，即使两个网络看起来相同，实际上它们可能有很大的差异。总之，计算机网络是一个复杂的系统，其中有很多因素会影响网络性能。了解这些因素可以帮助我们更好地理解网络问题，并找到解决问题的方法。

【本章目标】

1. 记忆：计算机网络的定义及分类。
2. 理解：计算机网络的拓扑结构和性能指标。
3. 掌握：通过网络性能指标能够评判网络的质量。

1.1　计算机网络概述

1.1.1　计算机网络的定义和功能

计算机网络由一组计算机及相关设备与传输介质组成，可以相互通信，交换信息，共享外部设备（如硬盘与打印机），共享存储能力与处理能力，并可访问远程主机或其他网络。我们通常所说的数据通信网络就是指计算机网络。

一般来说，计算机网络可以提供以下主要功能：

1. 数据传输

计算机网络可以传输各种类型的数据，包括文本、图像、音频和视频等。通过网络传输数据，可以实现远程访问、文件共享、电子邮件等功能。

2. 资源共享

计算机网络可以将多台计算机连接在一起，使它们可以共享硬件和软件资源，如打印机、扫描仪、数据库等。这样可以提高资源利用率，降低成本。

3. 远程访问

计算机网络可以使用户在不同地点的计算机之间进行远程访问。例如，用户可以通过网络访问远程服务器上的文件、应用程序和数据库等。

4. 安全性

计算机网络可以提供各种安全措施，如防火墙、加密、身份验证等，以保护网络和数据的安全。这些措施可以防止未经授权的访问和数据泄露等安全问题。

5. 网络管理

计算机网络可以提供各种网络管理工具，如网络监控、故障诊断、性能优化等。这些工具可以帮助管理员监控网络状态，及时发现和解决问题，保证网络的正常运行。

1.1.2　计算机网络的发展

计算机网络是指将多台计算机连接起来，使它们能够相互通信和共享资源的技术。计算机网络的演进可以分为五个阶段，如图 1-1 所示。

1. 单机时代

在计算机网络出现之前，计算机只能单独工作，无法与其他计算机进行通信。这个时期的计算机主要用于科学计算和数据处理，应用范围非常有限。

2. 局域网时代

在 20 世纪 70 年代，局域网（Local Area Network，LAN）开始出现。局域网是指在

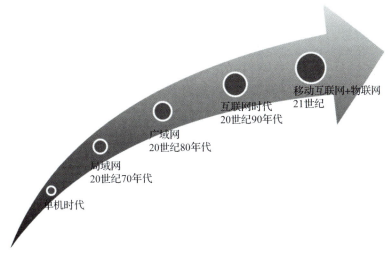

移动互联网+物联网
21世纪

互联网时代
20世纪90年代

广域网
20世纪80年代

局域网
20世纪70年代

单机时代

图1-1 计算机网络的演进

一个较小的范围内，如一个办公室、一个学校或一个工厂内，将多台计算机连接起来，使它们能够相互通信和共享资源。局域网的出现使得计算机之间的通信变得更加方便和快捷。

3. 广域网时代

20世纪80年代，随着计算机的普及和互联网的出现，广域网（Wide Area Network，WAN）开始出现。广域网是指在一个较大的范围内，如一个城市、一个国家或一个地区内，将多个局域网连接起来，使它们能够相互通信和共享资源。广域网的出现使得计算机之间的通信变得更加全球化和普及化。

4. 互联网时代

20世纪90年代，互联网（Internet）开始出现。互联网是指将全球各地的计算机连接起来，使它们能够相互通信和共享资源。互联网的出现使得计算机之间的通信变得更加便捷和快速，同时也使得信息的传播和共享变得更加容易。

5. 移动互联网+物联网时代

21世纪初，随着移动设备的普及和无线网络技术的发展，移动互联网（Mobile Internet）开始出现。移动互联网是指通过移动设备（如手机、平板电脑等）连接互联网，实现信息的传输和共享。移动互联网的出现使得人们可以随时随地获取信息和进行交流，极大地改变了人们的生活方式。

21世纪中期，随着物联网（Internet of Things，IoT）的兴起，计算机网络进入了一个新的阶段。物联网是指将各种物理设备（如传感器、智能家居设备等）连接到互联网上，实现设备之间的通信和数据共享。物联网的出现使得人们可以更加智能地管理和控制各种设备，同时也为各种应用场景（如智慧城市、智能交通等）提供了更多的可能性。总之，计算机网络的演进是一个不断发展和变化的过程，它不断地推动着人类社会的进步和发展。

1.2　网络基础知识

1.2.1　网络的类型

计算机网络分为局域网（LAN）、广域网（WAN）、城域网（MAN）、无线局域网（WLAN）、存储区域网络（SAN）、互联网（Internet）六种类型。

1. 局域网

局域网是指在一个较小的地理范围内，如办公室、学校或者家庭中，通过一些通信设备（如交换机、路由器等）连接起来的计算机网络。局域网的特点是传输速度快、安全性高、成本低廉，但是覆盖范围有限。

2. 广域网

广域网是指覆盖范围较广的计算机网络，通常由多个局域网通过路由器、交换机等设备连接起来。广域网的特点是覆盖范围广、传输速度较慢、成本较高，但是可以实现远程访问和数据共享。

3. 城域网

城域网是介于局域网和广域网之间的一种计算机网络，覆盖范围通常在一个城市或者一个地区内。城域网的特点是传输速度较快、覆盖范围较广，但是成本较高。

4. 无线局域网

无线局域网是一种通过无线信号连接起来的计算机网络，通常用于覆盖范围较小的区域，如家庭、咖啡厅、机场等。无线局域网的特点是便于移动、覆盖范围灵活，但是传输速度较慢、安全性较低。

5. 存储区域网络

存储区域网络是一种专门用于数据存储和管理的计算机网络，通常由多个存储设备通过光纤等高速传输介质连接起来。存储区域网络的特点是传输速度快、存储容量大、可靠性高，但是成本较高。

6. 互联网

互联网是全球最大的计算机网络，由无数个局域网、广域网、城域网等组成。互联网的特点是覆盖范围广、传输速度较快、信息资源丰富，但安全性较低，存在网络犯罪等风险。

以上是常见的计算机网络类型，每种类型都有其独特的特点和应用场景，可以根据实际需求选择合适的网络类型。

1.2.2　计算机网络的性能指标

计算机网络性能是指计算机网络在传输数据时带宽、延迟、吞吐量、丢包率等方面的表现。计算机网络性能的好坏直接影响着网络的使用效果和用户的体验。

1. 带宽

带宽是指网络中可用的最大数据传输速率，通常以比特每秒（b/s）为单位进行衡量。带宽会影响网络的数据传输速度和响应时间。在实际应用中，带宽通常受到网络拓扑、网络设备和网络协议等因素的影响。例如，一个以太网的带宽为 10 Mb/s，意味着最大可用的数据传输速率为每秒 10 000 000 bit，而在 1 Gb/s 的以太网中，最大可用的数据传输速率为每秒 1 000 000 000 bit。因此，带宽越高，网络的数据传输速度就越快。

2. 时延

时延是指从发送数据到接收数据所需的时间，通常以毫秒（ms）为单位进行衡量。延迟会影响网络的响应时间和数据传输的效率。在实际应用中，延迟通常受到网络拓扑、网络设备和网络协议等因素的影响。例如，当用户在浏览网页时，延迟可以影响网页的加载速度。如果延迟较高，用户可能需要等待更长的时间才能看到网页的内容。另外，当用户在进行在线游戏时，延迟也可以影响游戏的响应时间。如果延迟较高，用户可能会感到游戏的操作不够流畅。

3. 丢包率

丢包率是指在网络中传输数据时丢失的数据包的比例，通常以百分比（%）为单位进行衡量。丢包率会影响网络的数据传输效率和数据传输的可靠性。在实际应用中，丢包率通常受到网络拓扑、网络设备和网络协议等因素的影响。例如，当用户在线观看视频时，丢包率会影响视频的播放效果。如果丢包率较高，视频可能出现卡顿或者花屏的情况。当用户在进行在线游戏时，丢包率会影响游戏的响应时间和游戏的可玩性。如果丢包率较高，用户可能感到游戏的操作不够流畅。

4. 吞吐量

吞吐量是指在网络中传输数据的总量，通常以比特（bit）或字节（B）为单位进行衡量。吞吐量会影响网络的数据传输效率和数据传输的可靠性。在实际应用中，吞吐量通常受到网络拓扑、网络设备和网络协议等因素的影响。例如，当用户下载文件时，吞吐量会影响文件的下载速度。如果吞吐量较高，文件可以更快地完成下载。另外，当用户在在线观看视频时，吞吐量会影响视频的播放效果。如果吞吐量较低，视频可能会出现卡顿或者花屏的情况。

综上所述，计算机网络速率、带宽、延迟、丢包率和吞吐量等指标是衡量网络性能的重要指标。在实际应用中，这些指标通常会相互影响，因此需要综合考虑它们的影响。

1.2.3 计算机网络的拓扑结构

常见的计算机网络物理拓扑有星型网络、树型网络、网状网络、总线型网络和环型网络，如图 1-2 所示。

1. 星型网络

星型拓扑是一种以中心节点为核心，将所有其他节点连接到中心节点的拓扑结构。中心节点通常是一个集线器或交换机，而其他节点则通过单独的电缆连接到中心节点。星型拓扑

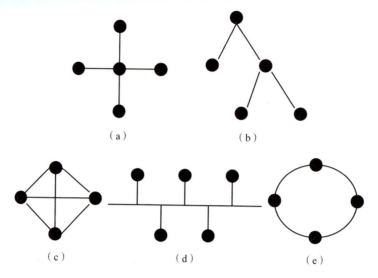

图 1-2　计算机网络的拓扑结构
（a）星型网络拓扑结构；（b）树型网络拓扑结构；（c）网状网络拓扑结构；
（d）总线型网络拓扑结构；（e）环型网络拓扑结构

的优点是易于管理和维护，但是如果中心节点出现故障，整个网络将无法正常工作。例如，家庭网络中的路由器就是一种典型的星型拓扑结构。

2. 树型网

树型拓扑是一种将所有节点连接成一个树型结构的拓扑结构。每个节点都可以通过树型结构发送和接收数据，但是如果根节点出现故障，整个网络将无法正常工作。树型拓扑的优点是具有良好的性能和可扩展性，但是节点数量的增加会导致网络复杂度的增加。例如，企业网络中的分支机构网络就是一种典型的树型拓扑结构。

3. 网状网络

该网络结构又称为分布式网络，是由分布在不同地点且具有多个终端的节点机互连而成的。网中任一节点均至少与两条线路相连，当任意一条线路发生故障时，通信可转经其他链路完成，具有较高的可靠性。同时，网络易于扩充。缺点是网络控制机构复杂，线路增多，使成本增加。

例如，在灾难发生时，通常会破坏传统的通信基础设施，网状网可以通过自组织的方式提供通信服务，帮助救援人员进行救援工作。又如，物联网中的设备通常需要相互通信。网状网可以提供一种分散式的通信方式，以确保设备之间的通信可靠性和安全性。

4. 总线型网

总线拓扑是一种将所有节点连接到同一条电缆上的拓扑结构。每个节点都可以通过电缆发送和接收数据，但是如果电缆出现故障，整个网络将无法正常工作。总线拓扑的优点是成本低廉，但是随着节点数量的增加，网络性能会逐渐下降。例如，以太网就是一种典型的总线拓扑结构。

5. 环型网

环型拓扑是一种将所有节点连接成一个环型结构的拓扑结构。每个节点都可以通过环型结构发送和接收数据，但是如果环型结构中的任何一个节点出现故障，整个网络将无法正常工作。环型拓扑的优点是具有良好的性能和可扩展性，但是节点数量的增加会导致网络复杂度的增加。例如，令牌环网就是一种典型的环型拓扑结构。

1.2.4 计算机网络的相关标准化组织

在计算机网络的发展过程中，许多国际标准化组织做出了重大的贡献，他们统一了网络的标准，使各个网络产品厂家生产的产品可以相互连通。目前为网络的发展做出贡献的标准化组织主要有国际电信联盟（International Telecommunication Union，ITU）、国际标准化组织（International Organization for Standardization，ISO）、互联网工程任务组（Internet Engineering Task Force，IETF）、电子工程师协会（Institute of Electrical and Electronics Engineers，IEEE）。

1. ITU

ITU 是联合国下属的一个专门负责电信和信息技术标准化的国际组织。ITU 成立于 1865 年，总部位于瑞士日内瓦。ITU 的主要任务是制定电信和信息技术的标准，以促进全球电信和信息技术的发展。ITU 制定的标准包括了各种电信和信息技术领域，如电话、无线通信、互联网、广播、卫星通信等。ITU 制定的标准被广泛应用于全球各个国家和地区的电信与信息技术领域。ITU 的标准对于计算机网络的发展和应用具有重要的意义，如 ITU – T 制定的 H. 323 标准是 VoIP 技术的基础，ITU – T 制定的 G. 711 标准是 VoIP 技术中最常用的音频编码标准。

2. ISO

ISO 是一个由各个国家的标准化机构组成的国际组织。ISO 成立于 1947 年，总部位于瑞士日内瓦。ISO 的主要任务是制定各种标准，以促进全球贸易和技术的发展。ISO 制定的标准包括了各种领域，如质量管理、环境管理、信息技术、安全等。ISO 制定的标准对于计算机网络的发展和应用也具有重要的意义。ISO 制定的 ISO/IEC 11801 标准是网络布线系统的基础标准，ISO 制定的 ISO/IEC 27001 标准是信息安全管理系统的基础标准。

3. IETF

IETF 是一个由全球网络技术专家组成的非营利性组织。IETF 成立于 1986 年，总部位于美国加利福尼亚州。IETF 的主要任务是制定互联网相关的标准和协议，以促进互联网的发展和应用。IETF 制定的标准和协议包括了各种互联网技术领域，如 TCP/IP、HTTP、SMTP 等。IETF 制定的标准和协议对于互联网的发展和应用具有重要的意义。IETF 制定的 TCP/IP 是互联网的基础协议，IETF 制定的 HTTP 是 Web 应用的基础协议。

4. IEEE

IEEE 是一个由全球电子工程师组成的非营利性组织。IEEE 成立于 1963 年，总部位于美国纽约州。IEEE 的主要任务是制定电子工程相关的标准和协议，以促进电子工程的发展和应用。IEEE 制定的标准和协议包括了各种电子工程技术领域，如无线通信、计算机网络、电力系统等。IEEE 制定的标准和协议对于计算机网络的发展和应用也具有重要的意义。IEEE 制定的 802. 11 标准是 Wi – Fi 技术的基础标准，IEEE 制定的 802. 3 标准是以太网技术的基础标准。

ISO 是一个独立的国际标准化组织，与 ITU 和 IEEE 等组织没有直接的组织关系。但是，这些组织之间有着密切的合作关系，经常在标准制定方面进行协作。例如，ITU 和 ISO 合作制定了许多通信协议标准，IEEE 和 ISO 合作制定了许多局域网标准。

国家标准化组织与 ISO 之间有着密切的关系。国家标准化组织可以参与 ISO 的标准制定工作，并将 ISO 制定的标准引入本国的标准体系中。例如，中国国家标准化管理委员会参与了 ISO/IEC 11801（通信电缆标准）的制定工作，并将该标准引入了中国的标准体系中。

【本章小结】

计算机网络是将多台计算机通过通信线路或其他通信介质连接起来，实现数据和信息的交换与共享的系统。其主要功能包括数据传输、资源共享、远程访问、通信协作和数据存储等，使不同地点的计算机之间可以进行数据交换和共享，提高了工作效率和数据的安全性与可靠性。

计算机网络可以分为局域网、城域网、广域网和互联网等不同类型。性能指标包括带宽、时延、吞吐量、可靠性和安全性等。带宽是指网络传输数据的速率，时延是指数据从发送到接收所需的时间，吞吐量是指单位时间内网络传输的数据量，可靠性是指网络传输数据的稳定性和可靠性，安全性是指网络传输数据的保密性和完整性。

计算机物理拓扑结构是指计算机内部各个组件之间的物理连接方式。常见的拓扑结构有总线型、环型、星型、树型等。不同的拓扑结构对计算机的性能、可靠性、扩展性等方面都有影响。

计算机网络相关标准化组织包括 ITU、ISO、IETF、IEEE 等。这些组织致力于制定和推广计算机网络相关的标准与规范。

【本章练习】

1. 简述计算机网络的定义。
2. 简述计算机网络的分类。
3. 简述计算机网络的发展阶段。
4. 简述常见的网络拓扑结构，并列举出一些应用案例。
5. 简述计算机网络相关标准组织之间的关系。

第2章 数据通信架构

在现代社会中，网络已经成为人们交流信息的重要手段。当人们通过各种终端产品分享信息时，发送的内容要经过复杂的网络结构进行传递。网络是由许多不同的设备和协议组成的，这些设备和协议共同协作来保证信息能够准确地被送达每个用户。

网络中的数据传输是通过数据包来实现的。当发送信息时，信息会被分成许多小数据包，每个数据包会被标记上目的地址和源地址等信息。这些数据包会通过网络中的路由器、交换机等设备进行传输，直到到达目的地。在传输过程中，网络设备会根据数据包的标记来进行路由选择，保证数据包能够准确地到达目的地。不同的通信方式会有不同的时延和实时性。例如实时视频通话，需要保证非常高的实时性，因此需要使用高速、低时延的网络；而电子邮件对时延和实时性的要求相对较低。本章将一起学习通信中的常用模型和协议。

【本章目标】

1. 理解：OSI 参考模型及数据封装解封装过程。
2. 理解：TCP 和 UDP 的区别、OSI 和 TCP/IP 协议簇的区别。
3. 掌握：ARP、RARP 工作原理，常见的 TCP/IP 中各层的协议。
4. 了解：TCP/IP 各层报文头部格式。

2.1 OSI 参考模型

OSI 参考模型是一种网络通信协议的标准化模型，它将网络通信分为七个层次，每个层次都有自己的功能和任务，以解决不同厂商网络设备之间的互操作性问题。在早期的网络通信中，不同厂商的设备使用的通信协议不同，导致设备之间无法互相通信。为了解决这个问题，ISO 在 20 世纪 70 年代开始制定 OSI 参考模型，以便不同厂商的设备能够遵循同样的标准进行通信。

OSI 参考模型将网络通信分为七个层次，从物理层到应用层，每个层次都有自己的功能和任务。这种分层的设计使得不同厂商的设备可以按照同样的标准进行通信，从而实现互操作性。此外，OSI 参考模型还为网络通信的故障排除提供了便利。由于每个层次都有自己的功能和任务，当网络通信出现问题时，可以根据问题所在的层次进行排查，从而快速定位和解决问题。

2.1.1 OSI 参考模型结构划分

OSI 参考模型如图 2-1 所示，每一层都有特定的功能和任务，划分原则是将网络通信过程分解为多个层次，每个层次都有特定的功能和任务，从而使得不同的网络设备和应用程序可以按照各自的需求进行开发和实现。同时，每个层次之间都有明确的接口和协议，使得不同的层次之间可以进行互操作。这种分层的设计思想也被称为"分而治之"的原则。

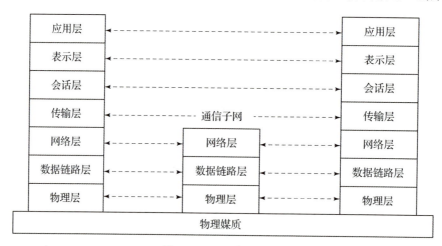

图 2-1 OSI 参考模型

OSI 参考模型具有以下优势。

1. 标准化

OSI 参考模型提供了一种标准化的方法来描述网络通信协议，这使得不同的厂商和组织可以使用相同的术语和概念来描述网络通信。

2. 分层

OSI 参考模型将网络通信分为七个层次，每个层次都有自己的功能和任务。这种分层结构使得网络通信的设计和实现更加简单和可靠。

3. 独立性

每个层次都是独立的，这意味着每个层次可以独立地进行设计和实现，而不会影响其他层次的功能和任务。

4. 易于维护

由于每个层次都是独立的，因此，在维护和升级网络通信协议时，可以只针对某个层次进行修改，而不会影响其他层次的功能和任务。

5. 可扩展性

由于每个层次都是独立的，因此可以很容易地添加新的层次或修改现有的层次，以满足不断变化的网络通信需求。

6. 教育性

OSI 参考模型提供了一种教育性的方法来学习网络通信协议，可以帮助人们更好地理解网络通信的基本原理和概念。

2.1.2　OSI 层次功能介绍

OSI 参考模型中的不同层次完成不同的功能，各层次相互配合，通过标准的接口进行通信。

1. 应用层（Application Layer）

应用层是网络通信的最高层，负责处理用户的请求和响应。应用层包括各种应用程序，如电子邮件、文件传输、Web 浏览器等。常见的应用层协议包括 HTTP、FTP、SMTP 等。

应用层需要注意用户的需求和响应，以及协议的选择和优化。

2. 表示层（Presentation Layer）

表示层负责将数据转换为网络中传输的格式。它还负责数据的加密和解密、压缩和解压缩等任务。常见的表示层协议包括 JPEG、MPEG 等。

表示层需要注意数据的格式转换和加密/解密，以及压缩和解压缩的效率与质量。

3. 会话层（Session Layer）

会话层负责建立、管理和终止网络中的会话。它还负责在会话之间进行同步和检查点管理。常见的会话层协议包括 RPC、NetBIOS 协议等。

会话层需要注意会话的管理和同步，以及检查点的管理和恢复。

4. 传输层（Transport Layer）

传输层负责在网络中传输数据，它将数据分成小的数据段，并为每个数据段分配序号，以确保数据的可靠传输。传输层还负责控制数据的流量和错误检测。常见的传输层协议包括 TCP、UDP 等。

传输层需要注意数据的可靠性和流量控制，以及协议的选择和优化。

5. 网络层（Network Layer）

网络层负责将数据帧从源地址传输到目标地址。它使用路由算法来确定最佳路径，并将数据分成小的数据包进行传输。常见的网络层协议有 IP 协议，路由器配置在网络层。

网络层需要注意数据包的大小和传输速率，以及路由算法的选择和优化。

网络层的主要功能如下：

（1）路由选择：网络层通过路由选择算法，选择最佳的路径将数据包从源地址传输到目标地址。

（2）分组传输：网络层将数据包分成更小的数据包，以便在不同的网络之间传输。

（3）数据包转发：网络层将数据包从一个网络传输到另一个网络，确保数据包能够正确地到达目标地址。

（4）数据包分片和重组：网络层将大的数据包分成更小的数据包，以便在不同的网络之间传输，并在目标地址处将这些数据包重新组合成原始数据包。

（5）IP 地址分配：网络层通过 IP 地址分配，为每个设备分配唯一的 IP 地址，以便在网络中进行通信。

（6）质量服务（QoS）：网络层通过 QoS 技术，为不同类型的数据包分配不同的优先级，以确保重要的数据包能够优先传输。

总之，网络层的主要功能是在不同的网络之间传输数据包，并确保这些数据包能够正确地到达目标地址。

6. 数据链路层（Data Link Layer）

数据链路层负责将物理层传输的比特流转换为数据帧，并在网络中传输。数据链路层还负责检测和纠正传输中的错误，并控制数据的流量。以太网、Wi-Fi 等位于数据链路层。

数据链路层需要注意帧的大小和传输速率，以及数据的完整性和可靠性。

数据链路层的主要功能如下：

（1）封装：将网络层提供的数据包封装成帧，添加帧头和帧尾等控制信息，以便在物理层上进行传输。

（2）访问控制：通过介质访问控制（MAC）协议，控制多个设备在共享物理链路上的访问，避免冲突和碰撞。

（3）差错检测和纠正：通过帧校验序列（FCS）等技术，检测和纠正在传输过程中可能出现的比特错误，确保数据的可靠传输。

（4）流量控制：通过流量控制技术，控制发送方的数据发送速率，避免接收方无法处理过多的数据。

（5）链路管理：通过链路管理协议，管理链路的建立、维护和释放，确保链路的可靠性和稳定性。

总之，数据链路层的主要功能是将网络层提供的数据包转换为物理层可以传输的比特流，并确保这些比特流在物理链路上的可靠传输。

数据链路层寻址主要依靠 MAC 地址，如图 2-2 所示。MAC 地址有 48 位，它可以转换成 12 位的十六进制数，这个数分成三组，每组有四个数字，中间以点分开。MAC 地址有时也称为点分十六进制数。一般烧入 NIC（网络接口控制器）中。为了确保 MAC 地址的唯一性，IEEE 对这些地址进行管理。每个地址由两部分组成，分别是供应商代码和序列号。供应商代码代表 NIC 制造商的名称，它占用 MAC 的前六位十二进制数字，即 24 位二进制数字。序列号由设备供应商管理，它占用剩余的 6 位地址，即最后的 24 位二进制数字。如果设备供应商用完了所有的序列号，他必须申请另外的供应商代码。目前 ZTE 的 GAR 产品 MAC 地址前六位为 00d0d0。

7. 物理层（Physical Layer）

物理层是 OSI 参考模型的第一层，也是最低层，是网络通信的最底层，负责传输比特流，即 0 和 1 的电信号。物理层的主要任务是将数字信号转换为物理信号，以便在网络中传输。物理层协议主要规定了计算机或终端（DTE）与通信设备（DCE）之间的接口标准，

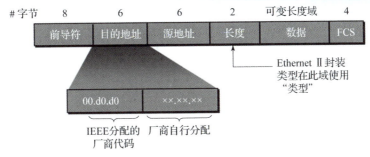

图2-2 MAC 地址

包含接口的机械、电气、功能与规程四个方面的特性。物理层定义了媒介类型、连接头类型和信号类型。网线、光纤等位于物理层。

物理层的传输速率和距离有限，需要注意信号衰减和干扰问题。

OSI 每个层次都依赖于下一层提供的服务，并向上一层提供服务。数据从应用层开始，经过每个层次的处理和封装，最终到达物理层进行传输。在接收端，数据则从物理层开始，经过每个层次的解封装和处理，最终到达应用层进行处理和展示。

2.1.3 OSI 数据封装过程

1. 电子邮件的封装

OSI 参考模型中每个层次接收到上层传递过来的数据后，都要将本层次的控制信息加入数据单元的头部，一些层次还要将校验和等信息附加到数据单元的尾部，如图2-3所示，这个过程叫作封装。

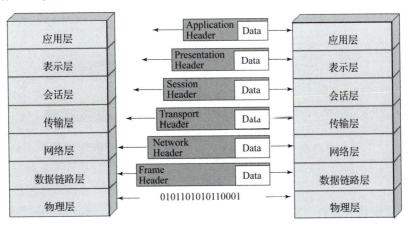

图2-3 OSI 的数据封装

步骤1：应用层发送电子邮件。

应用层将邮件内容封装成邮件格式，包括邮件主题、正文、附件等信息，将邮件数据传递给表示层。

步骤2：表示层加密邮件内容。

表示层将邮件内容进行加密，以保护邮件的机密性，并将加密后的邮件数据传递给会话层。

步骤 3：会话层建立邮件会话。

会话层建立邮件会话，以确保邮件的完整性和可靠性，并将邮件数据传递给传输层。

步骤 4：传输层将邮件数据分段并添加序号。

传输层将邮件数据分成多个数据段，并为每个数据段添加序号，以确保数据的顺序和完整性。传输层将数据段传递给网络层。

步骤 5：网络层将数据段封装成 IP 数据包。

网络层将数据段封装成 IP 数据包，包括源 IP 地址、目标 IP 地址等信息。网络层将 IP 数据包传递给数据链路层。

步骤 6：数据链路层将 IP 数据包封装成帧。

数据链路层将 IP 数据包封装成帧，包括帧头、帧尾等信息。数据链路层将帧传递给物理层。

步骤 7：物理层将帧转换成比特流。

物理层将帧转换成比特流，并通过物理介质进行传输。物理层将比特流传递给接收方的物理层。

2. 电子邮件的解封装

当数据到达接收端时，每一层读取相应的控制信息，根据控制信息中的内容向上层传递数据单元，在向上层传递之前，去掉本层的控制头部信息和尾部信息（如果有的话）。此过程叫作解封装，如图 2−4 所示。

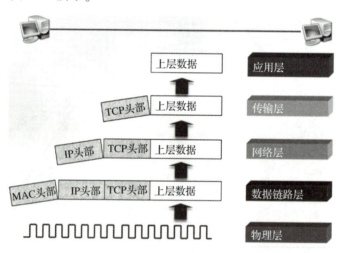

图 2−4　数据解封装示例

这个过程逐层执行，直至将对端应用层产生的数据发送给本端的相应的应用进程。

2.2　TCP/IP 层次模型

TCP/IP 起源比 OSI 参考模型早了大约 5 年。TCP/IP 最初是在 20 世纪 70 年代末和 80 年代初由美国国防部 ARPA 发布的，而 OSI 参考模型是在 1984 年由国际标准化组织（ISO）发布的。80年代，TCP/IP被广泛应用于互联网，同时，OSI（开放式系统互联）模型也被提出。

OSI模型在理论上是非常有用的，但并没有被广泛使用，原因如下：

（1）TCP/IP的普及：OSI模型在20世纪80年代被开发出来的时候，TCP/IP已经成为互联网的标准协议，被广泛使用，因此OSI模型的实际应用受到了限制。

（2）复杂性：OSI模型包含七个层次，每个层次都有自己的功能和协议。这使得OSI模型非常复杂，难以理解和实现。而TCP/IP只有四个层次，更加简单和易于实现。

（3）成本：由于OSI模型的复杂性，实现和维护OSI协议栈需要更多的资源和成本，使得OSI模型在商业应用中不太实用。

（4）缺乏标准化：虽然OSI模型是一个标准化的协议模型，但是，在实际应用中，不同的厂商和组织可能会使用不同的协议和实现方式。这使得OSI模型的实际应用受到了限制。

TCP/IP起初的网络称为ARPANET。1973年，TCP（Transfer Control Protocol，传输控制协议）正式投入使用。1981年，IP（Internet Protocol，网际协议）投入使用。1983年，TCP/IP正式被集成到美国加州大学伯克利分校的UNIX版本中。随着该免费分发的操作系统的广泛使用，TCP/IP得到了流传。它的发展历程与互联网的发展密不可分，随着互联网的不断发展，TCP/IP也在不断发展和完善。

与OSI参考模型一样，TCP/IP也分为不同的层次开发，每一层负责不同的通信功能。但是，TCP/IP简化了层次设计，将原来的七层模型合并为四层协议的体系结构，自顶向下分别是应用层、传输层、网络层和网络接口层，没有OSI参考模型的会话层和表示层。从图2-5中可以看出，TCP/IP协议栈与OSI参考模型有清晰的对应关系，覆盖了OSI参考模型的所有层次。应用层包含了OSI参考模型所有的高层协议。

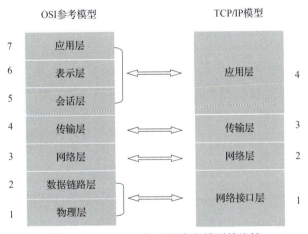

图2-5 TCP/IP与OSI参考模型的比较

1. 两种协议的相同点

（1）都是分层结构，并且工作模式一样，都要层和层之间很密切的协作关系；有相同的应用层、传输层、网络层。

（2）都使用包交换技术（Packet-Switched）。

2. 两种协议的不同点

（1）TCP/IP 把表示层和会话层都归入了应用层。

（2）TCP/IP 的结构比较简单，因为分层少。

（3）TCP/IP 标准是在 Internet 网络不断的发展中建立的，基于实践，有很高的信任度。相比较而言，OSI 参考模型是基于理论上的，是作为一种向导。

2.2.1 TCP/IP 模型结构划分

TCP/IP 协议簇是由不同网络层次的不同协议组成的，见表 2－1。

表 2－1　TCP/IP 协议簇

应用层	FTP/TELNET/HTTP	SNMP/TFTP/NTP
传输层	TCP	UDP
网络层	IP/IPX/SPX/ICMP/IGMP/ARP	
网络接口层	硬件/Ethernet 802.3/Token Ring/802.5/X.25/Frame relay/HDLC/PPP/ATM	

1. 应用层

应用层是 TCP/IP 的最高层，它提供了各种应用程序使用的接口和协议。应用层协议包括 HTTP、FTP、SMTP、DNS 等。应用层的主要功能是为用户提供网络服务，例如 Web 浏览器、电子邮件客户端等。常见的应用有使用 HTTP 浏览网页，使用 SMTP 协议发送电子邮件。

应用层协议需要与其他层次的协议配合使用，例如，HTTP 需要与传输层的 TCP 配合使用。

2. 传输层

传输层是 TCP/IP 的第二层，它负责在网络中传输数据。传输层协议包括 TCP 和 UDP。TCP 提供可靠的数据传输，而 UDP 则提供不可靠的数据传输。常见的应用有使用 TCP 进行文件传输，使用 UDP 进行视频流传输。

传输层协议需要根据应用程序的需求选择，例如，需要可靠传输时使用 TCP 协议，需要快速传输时使用 UDP 协议。

3. 网络层

网络层是 TCP/IP 的第三层，它负责在不同的网络之间传输数据。网际层协议包括 IP 和 ICMP。常见的应用有使用 IP 协议进行跨网络的数据传输。

网络层协议需要根据网络拓扑结构选择，例如，在局域网内使用 IP 协议没有意义。

4. 网络接口层

网络接口层是 TCP/IP 的最底层，负责将数据传输到物理网络中。网络接口层协议包括 ARP 和 RARP。常见的应用有使用 ARP 协议将 IP 地址映射到 MAC 地址。

网络接口层协议需要根据物理网络类型选择，例如，在以太网中使用 ARP 协议。TCP/IP 模型中没有明确的物理层，是因为 TCP/IP 模型是一个更加实用的模型，它主要关注的是网络通信的协议和功能，而不是硬件实现。在 TCP/IP 模型中，链路层承担了物理层的部分功能，包括物理寻址、数据帧的传输和错误检测等。

2.2.2 TCP/IP 应用层协议

应用层为用户的各种网络应用开发了许多网络应用程序，例如文件传输、网络管理等，甚至包括路由选择。这里重点介绍常用的几种应用层协议。

1. HTTP（超文本传输协议）

HTTP 是一种用于传输超文本数据的协议，是 Web 应用程序的基础。它使用 TCP 作为传输协议，通过请求 – 响应模式来传输数据。HTTP 协议定义了客户端和服务器之间的通信规则，包括请求方法、响应状态码、请求头、响应头等。

2. FTP（文件传输协议）

FTP 是一种用于在网络上进行文件传输的协议。它使用 TCP 作为传输协议，支持匿名登录和认证登录两种方式。FTP 协议定义了客户端和服务器之间的通信规则，包括命令和响应格式、数据传输模式等。

3. SMTP（简单邮件传输协议）

SMTP 是一种用于在网络上传输电子邮件的协议。它使用 TCP 作为传输协议，定义了邮件的格式和传输方式。SMTP 协议规定了邮件的发送和接收过程，包括邮件的编写、发送、传输、接收等。

4. DNS（域名系统）

DNS 是一种用于将域名转换为 IP 地址的协议。它使用 UDP 作为传输协议，将域名映射到 IP 地址，使得用户可以通过域名访问网络资源。DNS 协议定义了域名的层次结构、域名解析过程、DNS 服务器的分类等。

5. Telnet（远程终端协议）

Telnet 是一种用于在网络上远程登录到其他计算机的协议。它使用 TCP 作为传输协议，允许用户在本地计算机上操作远程计算机。Telnet 协议定义了客户端和服务器之间的通信规则，包括命令和响应格式、数据传输模式等。

2.2.3 TCP/IP 传输层协议

传输层位于应用层和网络层之间，为终端主机提供端到端的连接和流量控制，支持全双工传输并提供可靠性保证。传输层协议有两种：TCP 和 UDP。TCP 和 UDP 使用相同的网络层协议 IP，但是为应用层提供完全不同的服务。TCP 提供可靠的数据传输，UDP 提供无连接的数据传输和更快的速度。

1. 传输控制协议 TCP

传输控制协议为应用程序提供可靠的面向连接的通信服务，适用于要求得到响应的应用程序。目前，许多流行的应用程序都使用 TCP。

1）TCP 的报文格式

整个报文由报文头部和数据两部分组成，如图 2 - 6 所示。

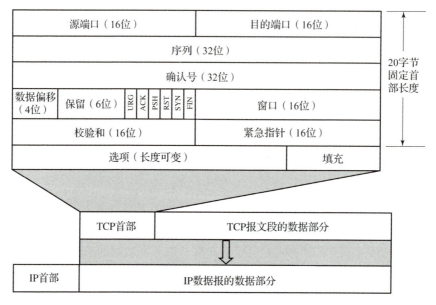

图 2 - 6　TCP 报文结构

TCP 的报文头部主要字段如下：

（1）源端口号（Source Port）：16 位，表示发送端口号。

（2）目的端口号（Destination Port）：16 位，表示接收端口号。

（3）序列号（Sequence Number）：32 位，表示本报文段的第一个字节在整个数据流中的序号。

（4）确认号（Acknowledgment Number）：32 位，表示期望收到的下一个字节的序号。

（5）数据偏移（Data Offset）：4 位，表示 TCP 报文首部的长度，以 4 字节为单位。

（6）保留（Reserved）：6 位，保留字段，必须为 0。

（7）控制位（Flags）：6 位，包含 URG、ACK、PSH、RST、SYN、FIN 六个标志位，用于控制 TCP 连接的建立、维护和关闭。

（8）窗口大小（Window Size）：16 位，表示接收方的缓冲区大小，用于流量控制。

（9）校验和（Checksum）：16 位，用于检验 TCP 报文的正确性。

（10）紧急指针（Urgent Pointer）：16 位，表示紧急数据的末尾位置。

（11）选项（Options）：可选字段，用于扩展 TCP 协议的功能。

TCP 报文的数据部分则是需要传输的应用层数据，长度不固定，最大长度为 $2^{16} - 1$ 字节。TCP 协议通过这些字段和数据来实现可靠的数据传输。

2）TCP 建立连接/三次握手

TCP 是面向连接的传输层协议，所谓面向连接，就是在真正的数据传输开始前要完成连接建立的过程，否则不会进入真正的数据传输阶段。

TCP 的连接建立过程通常被称为三次握手，过程如图 2 - 7 所示。

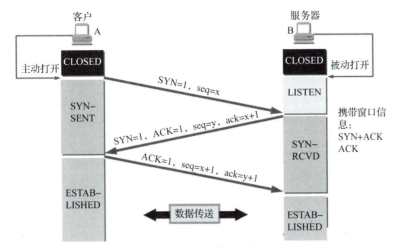

图 2 – 7 TCP 三次握手/建立连接

客户端向服务器发送 SYN 包，其中 SYN 标志位被设置为 1，序列号为随机值 x。

服务器收到 SYN 包后，向客户端发送 SYN – ACK 包，其中 SYN 和 ACK 标志位都被设置为 1，序列号为随机值 y，确认号为 x + 1。

客户端收到 SYN – ACK 包后，向服务器发送 ACK 包，其中 ACK 标志位被设置为 1，序列号为 x + 1，确认号为 y + 1。

思考：TCP 连接的建立为什么是 3 次握手，而不是 2 次或者 4 次呢？

TCP 需要保证连接的可靠性和正确性。在两次握手的情况下，客户端发送的 SYN 包可能会丢失，导致服务器无法确认连接请求，从而无法建立连接。在四次握手的情况下，如果客户端发送的最后一个 ACK 包丢失，服务器会一直等待确认，从而浪费资源。因此，三次握手是一种既能保证可靠性，又能避免资源浪费的方案。

3）TCP 四次握手/终止连接

TCP 四次握手/终止连接如图 2 – 8 所示。

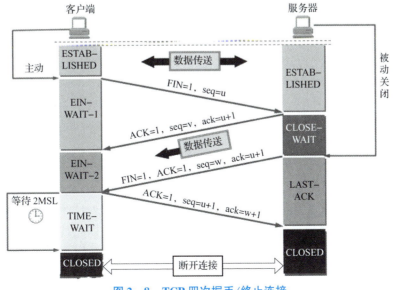

图 2 – 8 TCP 四次握手/终止连接

一个 TCP 连接是全双工（即数据在两个方向上能同时传递），因此每个方向必须单独进行关闭。当一方完成它的数据发送任务后，就发送一个 FIN 来终止这个方向连接。当一端收到一个 FIN 后，它必须通知应用层另一端已经终止了那个方向的数据传送。所以 TCP 终止连接的过程需要四个过程，称为四次握手过程。

TCP 关闭连接的四次握手过程如下：

（1）客户端发送一个 FIN 报文段，其中序列号为 X，结束位为 1，表示客户端不再发送数据。

（2）服务器收到 FIN 报文段后，发送一个 ACK 报文段作为确认，其中确认号为 X + 1，表示服务器已经收到了客户端的 FIN 报文段。

（3）服务器发送一个 FIN 报文段，其中序列号为 Y，结束位为 1，表示服务器不再发送数据。

（4）客户端收到 FIN 报文段后，发送一个 ACK 报文段作为确认，其中确认号为 Y + 1，表示客户端已经收到了服务器的 FIN 报文段。

在这个过程中，序列号和确认号的变化是为了保证数据的可靠传输。客户端和服务器都需要确认对方已经收到了自己发送的数据，才能安全地关闭连接。

2. 用户数据报协议 UDP

用户数据报协议 UDP 提供了不面向连接通信，并且不对传送数据包进行可靠的保证。其适用于一次传输小量数据，可靠性则由应用层来负责。UDP 报文结构如图 2 - 9 所示。

0	15	31
16位源端口		16位目的端口
16位UDP长度		16位UDP校验和
数据		

图 2 - 9　UDP 报文结构

UDP 报文结构包括四个字段：

（1）源端口号（16 位）：发送端口号，用于标识发送方的应用程序。

（2）目的端口号（16 位）：接收端口号，用于标识接收方的应用程序。

（3）UDP 长度（16 位）：UDP 报文的长度，包括 UDP 头和数据部分。

（4）校验和（16 位）：用于检测 UDP 报文是否有误。

UDP 的特点如下：

（1）无连接：UDP 不需要建立连接，发送数据前不需要进行握手等操作，因此具有较低的延迟。

（2）不可靠：UDP 不提供可靠性保证，数据包可能会丢失、重复或乱序，因此不适用于对数据可靠性要求较高的应用。

（3）简单：UDP 报文结构简单，头部只有四个字段，因此处理速度快。

（4）高效：UDP 不需要进行流量控制和拥塞控制等操作，因此具有较高的传输效率。

（5）支持广播和多播：UDP 支持向多个主机发送数据，可以用于广播和多播等应用场景。

3. TCP 与 UDP 的区别

TCP 和 UDP 同为传输层协议，但是从其协议报文便可发现两者之间的明显差别，从而导致它们为应用层提供了两种截然不同的服务。TCP 和 UDP 的区别见表 2-2。

表 2-2 TCP 和 UDP 的区别

区别	UDP	TCP
是否连接	无连接	面向连接
是否可靠	不可靠，不使用拥塞控制和流量控制	可靠，使用流量控制和拥塞控制
连接对象个数	支持一对一、一对多、多对一、多对多交互通信	只能一对一通信
传输方式	面向报文	面向字节流
首部开销	首部开销小，仅 8 字节	首部开销最小 20 字节，最大 60 字节
适用场景	适用于实时应用（IP 电话、视频会议、直播等）	适用于要求可靠传输的应用，例如文件传输

2.2.4 网络层协议

网络层协议的主要功能是实现数据包的路由和转发。当数据包从源地址发送到目的地址时，网络层协议会根据目的地址选择最佳的路径，并将数据包传输到下一跳路由器，直到数据包到达目的地址。

在 TCP/IP 协议中，IP 协议是网络层协议的核心。它定义了数据包的格式和传输规则，包括 IP 地址、子网掩码、路由表等。IP 协议还支持多种路由算法，如距离向量算法和链路状态算法，以实现更高效的数据传输。

网络层协议还包括一些辅助协议，如 ARP（地址解析协议）、ICMP（Internet 控制消息协议）和 IGMP（Internet 组管理协议）。这些协议都是为了更好地支持 IP 协议的功能而设计的。

1. IP 数据包格式

普通的 IP 包头部长度为 20 字节，不包含 IP 选项字段。IP 数据包中包含的主要部分如图 2-10 所示。

（1）版本号字段：标明了 IP 协议的版本号，目前的协议版本号为 4，下一代 IP 协议的版本号为 6。

（2）头部长度字段：头部长度指的是 IP 包头中 32 位的数量，包括任选项。由于它是一个 4 比特字段，每单位代表 4 字节，因此首部最长为 60 字节。普通 IP 数据报（没有任何选择项）字段的值是 5，即长度 20 字节。

（3）服务类型字段：包括一个 3 位的优先权子字段、4 位的 TOS 子字段和 1 位未用但必须置 0 的子字段。4 位的 TOS 分别代表最小时延、最大吞吐量、最高可靠性和最小费用。

0		3	7		15	18		31
版本号		头部长度	8位服务类型			16位总长度		
16位标识字段					标志	13位片偏移		
8位生存时间			8位协议			16位头部校验和		
32位源IP地址								
32位目的IP地址								
IP选项								
数据								

图 2 – 10　IP 包报文格式

4 位中只能置其中 1 位。如果所有 4 位均为 0，那么就意味着是一般服务。路由协议如 OSPF 和 IS – IS 都能根据这些字段的值进行路由决策。

（4）总长度字段：指整个 IP 数据包的长度，以字节为单位。利用首部长度字段和总长度字段，就可以知道 IP 数据报中数据内容的起始位置和长度。由于该字段长 16 位，所以 IP 数据报最长可达 65 535 字节。尽管可以传送一个长达 65 535 字节的 IP 数据包，但是大多数的链路层都会对它进行分片。总长度字段是 IP 首部中必要的内容，因为一些数据链路（如以太网）需要填充一些数据以达到最小长度。尽管以太网的最小帧长为 46 字节，但是 IP 数据可能会更短。如果没有总长度字段，那么 IP 层就不知道 46 字节中有多少是 IP 数据包的内容了。

（5）标识字段：唯一地标识主机发送的每一份数据包。通常每发送一份报文，它的值就会加 1，物理网络层一般要限制每次发送数据帧的最大长度。IP 把 MTU 与数据包长度进行比较，如果需要，则进行分片。分片可以发生在原始发送端主机上，也可以发生在中间路由器上。把一份 IP 数据包分片以后，只有到达目的地才进行重新组装。重新组装由目的端的 IP 层来完成，其目的是使分片和重新组装过程对传输层（TCP 和 UDP）是透明的，即使只丢失一片数据，也要重传整个数据包。

已经分片过的数据包有可能会再次进行分片（可能不止一次）。IP 首部中包含的数据为分片和重新组装提供了足够的信息。

对于发送端发送的每份 IP 数据包来说，其标识字段都包含一个唯一值。该值在数据包分片时被复制到每个片中。标志字段用其中一个比特来表示"更多的片"，除了最后一片外，其他每片都要把该比特置 1。

（6）片偏移字段：指的是该片偏移原始数据包开始处的位置。当数据包被分片后，每个片的总长度值要改为该片的长度值。

（7）生存时间 TTL：该字段设置了数据包可以经过的最多路由器数。它指定了数据报的生存时间。TTL 的初始值由源主机设置（通常为 32 或 64），一旦经过一个处理它的路由器，它的值就减去 1。当该字段的值为 0 时，数据报就被丢弃，并发送 ICMP 报文通知源主机。

（8）协议字段：根据它可以识别是哪个协议向 IP 传送数据，如图 2 – 11 所示。

协议类型字段	协议类型	描述
0	IPv6 Hop-by-Hop Options	IPv6跳跃选项
1	Internet Control Message Protocol(ICMP)	互联网控制消息协议
2	Internet Group Management Protocol(IGMP)	互联网组管理协议
6	Transmission Control Protocol(TCP)	传输控制协议
17	User Datagram Protocol(UDP)	用户数据报协议
41	IPv6 encapsulation	IPv6封装
89	Open Shortest Path First(OSPF)	开放最短路径优先协议
132	Stream Control Transmission Protocol(SCTP)	流控制传输协议
255	Reserved	保留

图 2-11　协议类型字段

由于 TCP、UDP、ICMP 和 IGMP 及一些其他的协议都要利用 IP 传送数据，因此 IP 必须在生成的 IP 首部中加入某种标识，以表明其承载的数据属于哪一类。为此，IP 在首部中存入一个长度为 8 位的数值，称作协议域。

其中，1 表示为 ICMP 协议，2 表示为 IGMP 协议，6 表示为 TCP 协议，17 表示为 UDP 协议。

首部检验和字段：根据 IP 首部计算的校验和码。它不对首部后面的数据进行计算，因为 ICMP、IGMP、UDP 和 TCP 在它们各自的首部中均含有同时覆盖首部和数据校验和码。每一份 IP 数据报都包含 32 位的源 IP 地址和目的 IP 地址。

任选项字段是数据包中一个可变长的可选信息。这些任选项定义如下：

（1）安全和处理限制用于军事领域。

（2）记录路径让每个路由器都记下它的 IP 地址。

（3）时间戳让每个路由器都记下它的 IP 地址和时间。

（4）宽松的源站选路为数据报指定一系列必须经过的 IP 地址。

（5）严格的源站选路与宽松的源站选路类似，但是要求只能经过指定的这些地址，不能经过其他的地址。

这些选项很少被使用，并非所有的主机和路由器都支持这些选项。选项字段以 32 位作为界限，在必要的时候插入值为 0 的填充字节，这样就保证了 IP 首部始终是 32 bit 的整数倍。最后是上层的数据，如 TCP 或 UDP 的数据。

2. ICMP

ICMP 是一种集差错报告与控制于一身的协议。在所有 TCP/IP 主机上都可实现 ICMP。ICMP 消息被封装在 IP 数据报里，ICMP 经常被认为是 IP 层的一个组成部分。它传递差错报文以及其他需要注释的信息。ICMP 报文通常被 IP 层或更高层协议（TCP 或 UDP）使用。一些 ICMP 报文把差错报文返回给用户进程。

常用的网络工具"Ping"就使用 ICMP。"Ping"这个名字源于声呐定位操作，目的是测试另一台主机是否可达。该程序发送一份 ICMP 回应请求报文给主机，并等待返回 ICMP 回应应答。一般来说，如果不能 Ping 到某台主机，那么就不能 Telnet 或者 FTP 到那台主机。

反过来，如果不能 Telnet 到某台主机，那么通常可以用 Ping 程序来诊断和定位网络故障点。Ping 程序还能测出到主机的往返时间或网络速率。

3. ARP

ARP 的工作过程如图 2 – 12 所示。

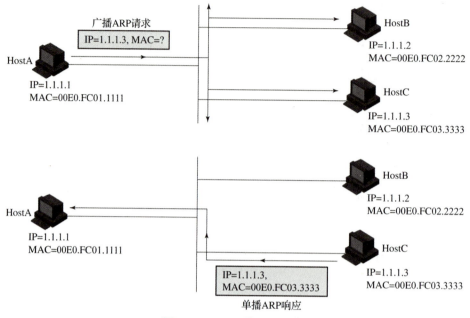

图 2 – 12　ARP 的工作过程

当一台主机把以太网数据帧发送到位于同一局域网上的另一台主机时，是根据以太网地址来确定目的接口的，ARP 协议需要为 IP 地址和 MAC 地址这两种不同的地址形式提供对应关系。

ARP 的工作过程如下：

（1）当主机 A 要发送数据包到主机 B 时，它首先检查自己的 ARP 缓存中是否有主机 B 的 MAC 地址。如果有，主机 A 就直接将数据包发送到主机 B 的 MAC 地址。

（2）如果主机 A 的 ARP 缓存中没有主机 B 的 MAC 地址，它就会向本地网络中的所有主机发送一个 ARP 请求广播包，请求其中一个主机回复它的 MAC 地址。

（3）所有收到 ARP 请求广播包的主机都会检查自己的 IP 地址是否与请求中的目标 IP 地址匹配。如果匹配，它就会向主机 A 发送一个单播 ARP 响应包，其中包含它自己的 MAC 地址。

（4）主机 A 收到 ARP 响应包后，就会将主机 B 的 IP 地址和 MAC 地址存储到它的 ARP 缓存中，并使用主机 B 的 MAC 地址发送数据包。

4. RARP

RARP 的工作过程如图 2 – 13 所示。

RARP（Reverse Address Resolution Protocol，逆向地址解析协议）实现过程是主机从接口卡上读取唯一的硬件地址，然后发送一份 RARP 请求（一帧在网络上广播的数据），请求某个主机（如 DHCP 服务器或 BOOTP 服务器）响应该主机系统的 IP 地址。

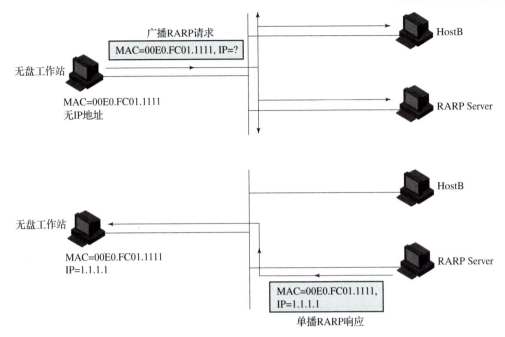

图 2-13　**RARP** 的工作过程

RARP 的工作过程如下：

（1）当一个主机启动时，它会向网络中广播一个 RARP 请求，请求自己的 IP 地址。

（2）RARP 服务器收到请求后，会查找 MAC 地址对应的 IP 地址，并将其发送回请求主机。

（3）请求主机收到 IP 地址后，将其配置为自己的 IP 地址。

RARP 只能在本地网络中使用，因为它需要广播请求和响应。在跨越多个网络的情况下，需要使用 DHCP（Dynamic Host Configuration Protocol，动态主机配置协议）来获取 IP 地址。

2.2.5　TCP/IP 网络接口层

网络接口层（Network Interface Layer）也称为数据链路层（Data Link Layer），位于物理层和网络层之间，负责将网络层的数据包转换为物理层可以传输的比特流，并在传输过程中进行差错检测和纠正，为上层协议提供可靠的传输服务。

网络接口层的主要功能如下：

（1）将网络层的数据包转换为物理层可以传输的比特流。

（2）提供数据链路层的协议，包括点对点协议（PPP）、以太网协议（Ethernet）、无线局域网协议（Wi-Fi）等。

（3）定义帧的结构和格式，包括帧头、帧尾、数据和校验等。

（4）控制帧的传输和接收，包括帧的发送、接收和处理等。

（5）进行差错检测和纠正，包括循环冗余校验（CRC）、海明码（Hamming Code）等。

（6）提供网络接口层的设备，包括网卡、交换机、网桥等。

网络接口层的应用包括局域网、广域网、互联网等。在局域网中，网络接口层通常使用以太网协议，而在广域网和互联网中，网络接口层使用的协议则更加复杂和多样化。

1. 局域网常见的线缆

局域网一般是在物理范围较小的区域布置，通过同轴电缆、双绞线或光纤等线缆将网络设备互连起来的网络。

1）铜轴电缆

铜轴电缆如图 2 – 14 所示。

铜轴电缆是由一根空心的外圆柱导体及其所包围的单根内导线组成的。柱体与导线用绝缘材料隔开，其频率特性较好，能进行较高速率的数据传输。由于它的屏蔽性能好，抗干扰能力强，多用于基带传输。

铜轴电缆分成粗铜轴电缆（AUI）和细铜轴电缆（BNC）。粗铜轴电缆与细铜轴电缆是指铜轴电缆的直径大小。粗缆适用于比较大型的局域网络，传输距离长，可靠性高。但是细缆的使用和安装比较方便，成本也比较低。

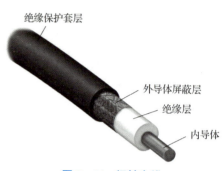

图 2 – 14　铜轴电缆

铜轴电缆主要应用于总线拓扑结构，这种拓扑适用于计算机密集的环境。但是当某一连接点发生故障时，会影响整根缆上的所有计算机，故障的诊断和修复都很麻烦。所以，铜轴电缆已逐步被非屏蔽双绞线或光缆取代。

2）双绞线

双绞线实物如图 2 – 15 所示。

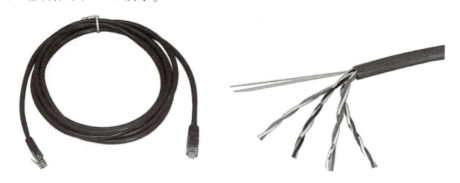

图 2 – 15　双绞线

双绞线是由两条相互绝缘的导线逆时针互相缠绕在一起而制成的一种通用配线。双绞线采用了一对互相绝缘的金属导线互相绞合的方式来抵抗一部分外界电磁波干扰，更主要的是，其降低了自身信号的对外干扰。把两根绝缘的铜导线按一定密度互相绞在一起，可以降低信号干扰的程度，每一根导线在传输中辐射的电波会被另一根线上发出的电波抵消。"双绞线"的名字也是由此而来的。

EIA/TIA 为双绞线电缆定义了五种不同质量的型号。这五种型号如下：

第一类：主要用于传输语音（一类标准，主要用于 20 世纪 80 年代初之前的电话线缆），该类用于电话线，不用于数据传输。

第二类：该类包括用于低速网络的电缆，这些电缆能够支持最高 4 Mb/s 的实施方案。这两类双绞线在 LAN 中很少使用。

第三类：这种在以前的以太网（10M）中比较流行，最高支持 16 Mb/s 的容量，但大多数通常用于 10 Mb/s 的以太网，主要用于 10base – T。

第四类：该类双绞线在性能上比第三类有一定改进，用于语音传输和最高传输速率 16 Mb/s 的数据传输。4 类电缆用于比 3 类距离更长且速度更高的网络环境。它可以支持最高 20 Mb/s 的容量。主要用于基于令牌的局域网和 10base – T/100base – T。这类双绞线可以是 UTP，也可以是 STP。

第五类：该类电缆增加了绕线密度，外套一种高质量的绝缘材料，传输频率为 100 MHz，用于语音传输和最高传输速率为 100 Mb/s 的数据传输，这种电缆用于高性能的数据通信。它可以支持高达 100 Mb/s 的容量。主要用于 100base – T 和 10base – T 网络，这是最常用的以太网电缆。

超 5 类线缆：它是一个非屏蔽双绞线（UTP）布线系统，通过对它的"链接"和"信道"性能的测试，表明它超过了 5 类线标准 TIA/EIA568 的要求。与普通的 5 类 UTP 比较，其性能得到了很大提高。

双绞线的制作方法有两种：直连和交叉。直连双绞线两端都按照 T568B 标准线序制作；交叉双绞线一端按照 T568B 标准制作，另一端按照 568A 标准制作。

交叉线具体的线序制作标准如下（颜色顺序从 PIN1 开始）：

568A 线序：1. 白绿、2. 绿、3. 白橙、4. 蓝、5. 白蓝、6. 橙、7. 白棕、8. 棕。

568B 线序：1. 白橙、2. 橙、3. 白绿、4. 蓝、5. 蓝、6. 绿、7. 白棕、8. 棕。

仔细观察会发现，568B 是在 568A 的基础上将 1 号线和 3 号线互换位置、2 号线和 6 号线互换位置。双绞线线序见表 2 – 3。

表 2 – 3 双绞线线序

交叉线	
RJ – 45 PIN	RJ – 45 PIN
1 Rx +	3 Tx +
2 Rc –	6 Tx –
3 Tx +	1 Rc +
6 Tx –	2 Rc –
PIN 1　　568B	PIN 1　　568A

续表

直通线	
RJ – 45 PIN	RJ – 45 PIN
1 Tx +	1 Rc +
2 Tx –	2 Rc –
3 Rc +	3 Tx +
6 Rc –	6 Tx –

3）光纤

光纤实物如图 2 – 16 所示。

图 2 – 16　光纤

光纤是光导纤维的简写，是一种利用光在玻璃或塑料制成的纤维中的全反射原理制成的光传导工具。香港中文大学前校长高锟和 George A. Hockham 首先提出光纤可以用于通信传输的设想，高锟因此获得 2009 年诺贝尔物理学奖。

光纤分为多模光纤和单模光纤。两种光纤的外径尺寸均为 125 μm。单模光纤的纤芯尺寸为 8~10 μm，只允许一束光线穿过光纤。因为只有一种模态，所以不会发生色散。使用单模光纤传递数据的质量更高，频带更宽，传输距离更长。单模光纤通常被用来连接办公楼之间或地理分散更广的网络，适用于大容量、长距离的光纤通信。它是未来光纤通信与光波技术发展的必然趋势。

多模光纤的纤芯尺寸为 62.5 μm（美国标准）和 50 μm（欧洲标准），允许多束光线穿过光纤。因为不同光线进入光纤的角度不同，所以到达光纤末端的时间也不同。这就是我们通常所说的模色散。色散在一定程度上限制了多模光纤所能实现的带宽和传输距离。正是基于这种原因，多模光纤一般被用于同一办公楼或距离相对较近的区域内的网络连接。

多数光纤在使用前必须由几层保护结构包覆，以适应外部各种部署环境，包覆后的缆线即被称为光缆。光纤外层的保护结构可防止周围环境对光纤的伤害，如水、火、电击等。光缆分为光纤、缓冲层及披覆。光纤和铜轴电缆相似，只是没有网状屏蔽层。中心是光传播的玻璃芯。

2. 局域网常见的接口

与线缆相对应，局域网接口有铜轴电缆接口、双绞线接口、光纤接口。

1）铜轴电缆接口

铜轴电缆接口如图 2 – 17 所示。

（a）　　　　　　　　　　　（b）

图 2 - 17　铜轴电缆接口

（a）BNC 连接头；（b）BNC T 形头

与铜轴线缆相对应，以太网使用细铜轴电缆，是用一个 T 形的"BNC"接头，插入电缆。

2）双绞线接口

RJ - 45 水晶头如图 2 - 18 所示。

图 2 - 18　RJ - 45 水晶头

与双绞线相对应，关于 RJ - 45 现行的接线标准有 T568A 和 T568B 两种，平常用得较多的是 T568B 标准。这两种标准本质上并无区别，只是线的排列顺序不同而已。

3）光纤接口及光模块

光纤接口类型比较丰富。常用的光纤接口类型有 ST、SC、LC、MTRJ。

（1）ST 接口：ST 连接器广泛应用于数据网络，可能是最常见的光纤连接器。该连接器使用了尖刀型接口。光纤连接器在物理构造上的特点可以保证两条连接的光纤更准确地对齐，而且可以防止光纤在配合时旋转。

（2）SC 接口：与上面介绍的用螺旋环配合的连接器不同，SC 连接器采用推 - 拉型连接配合方式。当连接空间很小，光纤数目又很多时，SC 连接器的设计允许快速、方便地连接光纤。

（3）LC 接口：类似于 SC 型连接器，LC 型连接器是一种插入式光纤连接器，有一个 RJ - 45 型的弹簧产生的保持力小突起。LC 型连接器与 SC 型连接器一样，都是全双工连接器。

（4）MT - RJ 接口：MT - RJ 型是一种更新型号的连接器，其外壳和锁定机制类似于 RJ 风格，而体积大小类似于 LC 型。标准大小的 MT - RJ 型可以同时连接两条光纤，有效密度增加了一倍。MT - RJ 小型光纤连接器采用双工设计，体积只有传统 SC 或 ST 连接器的一半，因而可以安装到普通的信息面板，使光纤到桌面轻易成为现实。光纤连接器采用插拔式设计，易于使用，甚至比 RJ - 45 插头都小。

当光纤无法直接插在设备端口上时，必须连接一个光模块。光模块的主要作用是光电转换，发送端把电信号转换成光信号，通过光纤传送后，接收端再把光信号转换成电信号。例如，GBIC 光模块为可插拔千兆以太网接口模块，主要用于两端口千兆以太网接口板上。SFP 光模块可插拔，主要用于 1 端口单通道 POS48 接口板、4 端口 POS3 接口板、1 端口 ATM 155M 接口板上。

光模块如图 2-19 所示。

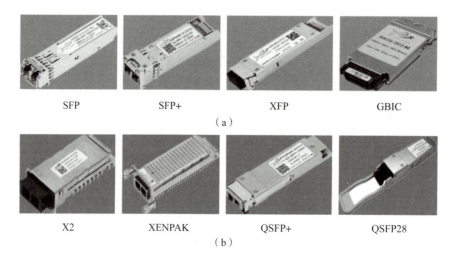

图 2-19 光模块

（a）GBIC 光模块；（b）SFP 光模块

2.2.6 TCP/IP 与 OSI 参考模型比较

TCP/IP 协议栈与 OSI 参考模型有清晰的对应关系，覆盖了 OSI 参考模型的所有层次。应用层包含了 OSI 参考模型所有的高层协议，如图 2-20 所示。

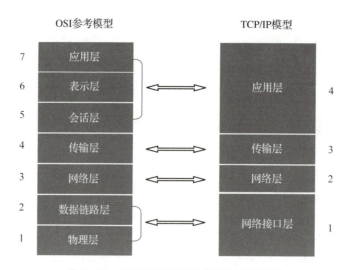

图 2-20 TCP/IP 与 OSI 参考模型的比较

两者优劣对比见表 2-4。

表 2 – 4　TCP/IP 与 OSI 优劣对比

模型	TCP/IP 模型	OSI 模型
层数	4 层	7 层
发展历史	20 世纪 70 年代开始发展	20 世纪 80 年代开始发展
应用范围	互联网	通用
传输速度	快	慢
网络设备	路由器、交换机、网关	网桥、网关、路由器
优点	简单、高效、灵活	严谨、标准化、可扩展
缺点	不够标准、不够严谨	复杂、不够灵活

【本章小结】

TCP/IP 是一种网络协议，是互联网的基础协议，由传输控制协议（TCP）和互联网协议（IP）组成。TCP/IP 模型是一个四层协议栈，包括应用层、传输层、网络层和数据链路层。它的设计目的是实现可靠的数据传输和网络通信。OSI 参考模型是一种网络协议，它是开放系统互连参考模型，由国际标准化组织（ISO）制定。OSI 模型是一个七层协议栈，包括应用层、表示层、会话层、传输层、网络层、数据链路层和物理层。它的设计目的是实现不同厂商的设备之间的互联和通信。

【本章练习】

1. 简述 TCP/IP 中的网络层定义及其作用。
2. 简述 ARP 将 IP 地址映射为 MAC 地址的运作过程。
3. 简述 UDP 和 TCP 最大的区别。
4. 简述实现 Ping 的协议。
5. 简述 TCP 与 OSI 模型的联系。

第3章 网际协议

公司前辈带着新同事在公司部门进行网络部署，前辈让新同事先参与一些比较简单的工作，给部门的所有电脑进行 IP 地址配置，并对网络的上网情况进行验证。但是，新同事发现有部分电脑无法上网，经过前辈排查，很快得出了结论，原来是这些电脑的掩码和网关等配置出了问题，那么这么配置和网络是否连接有什么关系？为什么会导致无法连接到网络？让我们带着这些问题一起到本章中寻找答案，学习好 IP 编址技术吧。

【本章目标】

1. 掌握：IPv4 编址的规则。
2. 掌握：可变长子网掩码的作用和使用方法。
3. 运用：对网络进行 IPv4 地址规划设计。

3.1　IP 地址基础

每台联网的主机都需要有全局唯一的 IP 地址才能实现正常通信。主机可以是一台电脑、一台电话或一台使用 IP 进行通信的终端。

IP 地址由 32 位二进制构成，为方便书写及记忆，一个 IP 地址通常采用 0～255 之内的 4 个十进制数表示，数之间用英文句点分开。如果每 8 bit 可以采用二进制书写，则称为点二进制；如果采用十进制书写，则称为点分十进制。

例如，一个 IPv4 地址可以这样表示：

点分十进制形式：10.110.192.111。

二进制形式：00001010.01101110.10000000.01101111。

IP 地址的结构化分层方案将 IP 地址分为网络部分和主机部分，IP 地址的网络部分称为网络地址或网络号，网络地址用于唯一地标识一个网段，或者若干网段的聚合，同一网段中的网络设备有同样的网络地址。IP 地址的主机部分称为主机地址，主机地址用于唯一地标识同一网段内的网络设备。

IP 地址的分层方案类似于我们常用的电话号码。电话号码也是全球唯一的。例如对于电话号码 010－12345678，前面的字段 010 代表北京的区号，后面的字段 12345678 代表北京地区的一部电话。IP 地址也是一样，前面的网络部分代表一个网段，后面的主机部分代表这个网段的一台设备。

IP 地址的结构设计使每一台第三层网络设备不必存储每一台主机的 IP 地址，而是只需要存储每一个网段的网络地址（网络地址代表了该网段内的所有主机），大大减少了路由表条目，增加了路由的灵活性。

划分 IP 地址的网络部分和主机部分需要借助地址掩码（Mask）。网络部分位于 IP 地址掩码前面的连续二进制"1"位，主机部分是后面连续二进制"0"位。例如，24 位的掩码表示 32 位 IP 地址的前 24 位为网络部分，剩余的 8 位为主机部分。

3.1.1 IPv4 地址分类

按照原来的定义，IP 寻址标准并没有提供地址类，为了便于管理，充分利用 32 位的地址空间，按照网络需求将地址空间分解为数量有限的特大型网络（A 类）、数量较多的中等网络（B 类）、数量非常多的小型网络（C 类），以及特殊的地址类，包括 D 类（用于多点传送）和 E 类，如图 3－1 所示。

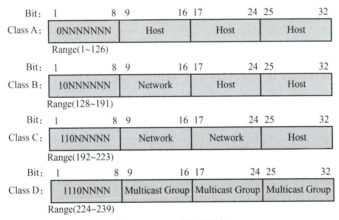

图 3－1 IP 地址分类

1. A 类地址

8 位划分为网络地址，24 位划分为主机地址。A 类地址的范围是 1.0.0.0 ~ 127.255.255.255。在这些地址中，0.0.0.0 和 127.0.0.0 ~ 127.255.255.255 被单独划出，作为保留功能，所以实际的范围是 1.0.0.0 ~ 126.255.255.255。

2. B 类地址

16 位划分为网络地址，16 位划分为主机地址。B 类地址范围为 128.0.0.0 ~ 191.255.255.255。B 类地址中没有定义特殊 IP 地址空间。

3. C 类地址

24 位划分为网络地址，8 位划分为主机地址。C 类地址范围为 192.0.0.0 ~ 223.255.255.255。

4. D 类地址

以 1110 开始，这代表的 8 位位组为 224～239。这些地址并不用于标准的 IP 地址。相反，D 类地址指一组主机，它们作为多点传送小组的成员而注册。多点传送小组和电子邮件分配列表类似。正如可以使用分配列表名单来将一个消息发布给一群人一样，可以通过多点传送地址将数据发送给一些主机。多点传送需要特殊的路由配置，在默认情况下，它不会转发。

5. E 类地址

如果第 1 个 8 位位组的前 4 位都设置为 1111，则地址是一个 E 类地址。这些地址的范围为 240～254，这类地址并不用于传统的 IP 地址。这个地址类有时候用于实验室或研究。

在构建局域网时，局域网内部通常要使用私有 IP 地址，而且可以由管理员根据需要使用一个类别的私有地址，也可以使用两个类别的私有地址，或三个类别的私有地址都使用。为了解决 IPv4 地址日益枯竭的问题，在 A、B、C 类地址中专门划出一小块地址作为全世界各地建设局域网使用，这些划出来专门作为局域网内网使用的 IP 地址称为私有网络地址，也称私网地址或内网地址。

A 类地址：10. 0. 0. 0～10. 255. 255. 255

B 类地址：172. 16. 0. 0～172. 31. 255. 255

C 类地址：192. 168. 0. 0～192. 168. 255. 255

所有的 IP 地址都由国际组织 NIC（Network Information Center）负责统一分配，目前全世界共有三个这样的网络信息中心：InterNIC 负责美国及其他地区；ENIC 负责欧洲地区；APNIC 负责亚太地区。我国申请 IP 地址要通过 APNIC，APNIC 的总部设在日本东京大学。申请时要考虑申请哪一类的 IP 地址，然后向国内的代理机构提出。

3.1.2 保留的 IP 地址

在前面的 IP 地址分类中，定义了一些特殊的 IP 地址，其用途如下：

（1）对于网络部分为 127 的 IP 地址，例如 127. 0. 0. 1，往往用于环路测试。

（2）全"0"的 IP 地址 0. 0. 0. 0 被定义为默认路由，即对 IP 数据包中的目的地址找不到存在的其他路由时，路由器所选择的路由。

（3）全"1"的 IP 地址 255. 255. 255. 255 是全局广播地址，用于向网络的所有节点发送数据包。这样的广播不能被路由器转发，具有隔离广播的作用。

3.2 IP 网络规划

单一的网络组织，如图 3-2 所示，所有的主机没有配置插码。

这种方案网络内主机规模较大，所有主机都能收到在网络内的广播，会降低网络的性能，也不利于管理。

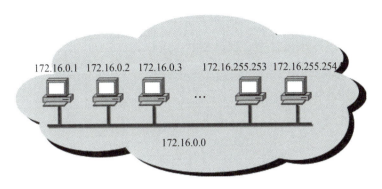

图 3-2 无子网编址

一个 B 类网可容纳 65 000 个主机在网络内，如果同时管理这么多主机，需要使用子网划分的方式将网络分为不同的网段，按照各个子网段进行管理。

在如图 3-3 所示的网络中，子网位占用了整个第 3 段的 8 位。与前一个例子的区别是，原来一个 B 类网络被划分成了 256 个子网，每个子网可容纳的主机数量减少为 254。

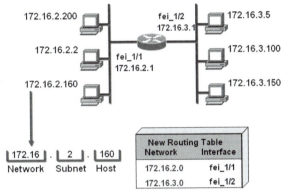

图 3-3 带子网编址

不同子网之间的通信通过路由器来完成，也就是说，将原来一个大的广播域划分成了多个小的广播域。

网络设备使用子网掩码进行计算，从而确定网络位、子网位和主机位。网络设备根据计算结果识别出一个 IP 数据包所属网络。

3.2.1 子网掩码

在网络中，IP 地址必须与子网掩码匹配，单独的 IP 地址是没有意义的。子网掩码如图 3-4 所示。

网络设备使用子网掩码（Subnet Masking）与 IP 地址进行匹配，计算网络中各部分的地址，才能实现正常的通信过程。

子网掩码与 IP 地址都是 32 bit 的空间。子网掩码的网络部分和子网部分由连续的 1 组成，主机部分全都是 0。缺省状态下，如果没有进行子网划分，A 类网络的子网掩码默认为 255.0.0.0，B 类网络的子网掩码默认为 255.255.0.0，C 类网络子网掩码默认为

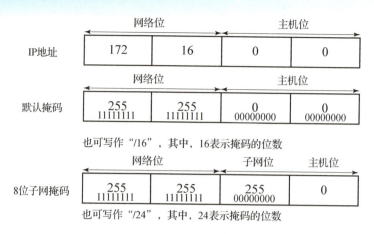

图 3-4 子网掩码

255.255.255.0。利用子网，网络地址的利用率更高。可以针对不同的网络规模分配合适的子网掩码。

划分子网其实就是将原来地址中的主机位借位作为子网位，借位必须遵守从左向右、连续借位的原则，保证子网掩码中的 1 和 0 是连续的。

3.2.2 IP 地址的计算

如图 3-5 所示的地址。对给定 IP 地址和子网掩码，计算该 IP 地址所处的子网网络地址、子网的广播地址及可用 IP 地址范围。

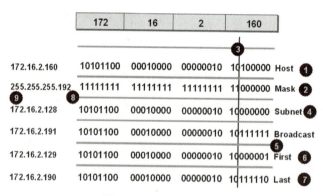

图 3-5 地址计算示例

计算步骤如下：

（1）将 IP 地址转换为二进制表示。

（2）将子网掩码也转换成二进制表示。

（3）在子网掩码的 1 与 0 之间画一条竖线，竖线左边即为网络位（包括子网位），竖线右边为主机位。

（4）若是计算网段网络号，则将掩码的主机位全部置 0、网络位全部置 1，将 IP 地址和掩码二进制逐位相与，得出的结果就是该 IP 地址所属的网络号及网段标识。如图 3-5 所示，网络号计算结果为 172.168.2.128。

（5）完成网络号计算之后，将 172.168.2.128 的 0 全部置 1，则得到该网段的广播地址 172.168.2.191。

（6）可用于标识主机的地址介于子网的网络地址与子网的广播地址之间：172.168.2.129～172.168.2.190。

3.2.3 VLSM

把一个网络划分成多个子网，要求每一个子网使用不同的网络标识 ID。但是每个子网的主机数不一定相同，而且相差很大，如果我们每个子网都采用固定长度子网掩码，而每个子网上分配的地址数相同，这就造成地址的大量浪费。这时可以采用变长子网掩码（Variable Length Subnet Masking，VLSM）技术。

例如，172.16.1.1，在传统的 IP 地址中归类为 B 类 IP 地址，默认掩码是 255.255.0.0或者写成 172.16.1.1/16。但由于网络容量和网络规模的原因，把 172.16.1.1 这个 B 类 IP地址套用了 255.255.255.0 掩码，即 172.16.1.1/24。这就是一个典型的 VLSM 地址形式。

将一个网络划分成多个子网，则每个子网都有各自的网络号，如图 3-6 所示。

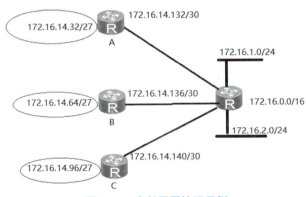

图 3-6 变长子网掩码示例

比如有一个子网，它通过串口连接了两个路由器。在这个子网上仅仅有两个主机，每个端口一个主机，但是已经将整个子网分配给了这两个接口。这将浪费很多 IP 地址。

变长子网掩码可以方便地对网络进行配置和管理，节省大量的地址，节省的这些地址可以用于其他子网上。

【本章小结】

IPv4 地址分类：按照互联网的不同网络需求，分成为 A、B、C、D、E 地址，还有其中的一些特殊 IP 和私网地址划分。

子网掩码：单独 IP 地址在网络中没有存在的意义，只有与子网掩码匹配之后，才能实施网络中的正常通信。

IPv4 地址计算：网络中的设备通过 IP 地址和子网掩码的匹配计算，可以识别出自己所属的网络，接受属于自己的 IP 数据包。

【本章练习】

1. IP 地址为 172.55.213.75 的主机的子网掩码为 255.255.255.224，IP 地址为 172.55.213.61 的主机的子网掩码为 255.255.255.224，两个主机是否属于同一网络？

2. 查一查 IP 地址为 127.0.0.100 的地址作用。

3. 国际上负责分配 IP 地址的专业组织划分了几个网段作为私有网段，可以供人们在私有网络上自由分配使用，以下不属于私有地址的网段是（　　　）。

A. 10.0.0.0/8　　　B. 172.16.0.0/12　　　C. 192.168.0.0/16　　　D. 224.0.0.0/8

4. 下面 IP 地址可能出现在公网的是（　　　）。

A. 10.62.31.5　　　B. 172.60.31.5　　　C. 172.16.10.1　　　D. 192.168.100.1

5. 下列说法正确的是（　　　）。

A. 主机位的二进制全为"0"的 IP 地址，称为网络地址，网络地址用来标识一个网段

B. 主机位的二进制全为"1"的 IP 地址，称为网段广播地址

C. 主机位的二进制全为"1"的 IP 地址，称为主机地址

D. 网络部分为 127 的 IP 地址，例如 127.0.0.1，往往用于环路测试

6. 在一个 C 类地址的网段中要划分出 15 个子网，（　　　）子网掩码比较适合。

A. 255.255.255.240　　　　　　B. 255.255.255.248

C. 255.255.255.0　　　　　　　D. 255.255.255.128

第4章 交换机和路由器

网络设备通常不可能部署在同一个房间，需要根据用户的分布情况来规划将设备安装在不同的楼层，甚至不同的城市。工程师在排查网络问题时，也不可能到每个设备节点去排查，因此需要部署相应的远程管理方式来对网络中的设备进行管理。那么有哪些远程方式可以在网络上中进行部署，又是如何实现的呢？本章将会涉及交换机和路由器的工作原理以及远程管理的部署，让我们一起进入学习吧。

【本章目标】
1. 记忆：以太网的工作原理。
2. 理解：交换机与路由器的工作原理。
3. 运用：交换机和路由器的基本实践。

4.1 交换机实践

4.1.1 以太网

以太网是一种计算机局域网技术，起源于一个实验网络，该实验网络的目的是把几台个人计算机连接起来，实现资源共享。IEEE 组织的 IEEE 802.3 标准制定了以太网的技术标准，它规定了包括物理层的连线、电子信号和介质访问层协议的内容。以太网是应用最普遍的局域网技术，取代了其他局域网技术，如令牌环、FDDI 和 ARCNET。以太网有两类：第一类是经典以太网；第二类是交换式以太网，使用了一种称为交换机的设备连接不同的计算机。经典以太网是以太网的原始形式，运行速度从 3 Mb/s 到 10 Mb/s；而交换式以太网正是广泛应用的以太网，可运行在 100 Mb/s、1 000 Mb/s 和 10 000 Mb/s 的高速率，分别以快速以太网、千兆以太网和万兆以太网的形式呈现。

1. 以太网的发展历史

以太网的发展历史如图 4-1 所示。

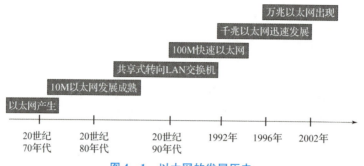

图 4-1 以太网的发展历史

（1）早期的以太网是指数字设备公司（Digital Equipment Corp.）、英特尔公司（Intel Corp.）和施乐公司（Xerox）在 1982 年联合公布的一个标准，它采用 CSMA/CD 协议，速率为 10 Mb/s。这个标准后来成为 IEEE 802.3 标准的基础。

（2）在 DEC、Intel、Xerox 三家公司联合提出早期以太网后，IEEE 以此规范为基础，提出了自己的 IEEE 802.3 以太网标准。标准以太网的速率为 10 Mb/s。

（3）1995 年，IEEE 802.3u 公布了快速以太网标准 IEEE 100Base-T。快速以太网的速率为 100 Mb/s。

（4）千兆以太网的概念在 1995 年引起了人们的兴趣。1998 年，IEEE 802.3z 公布了千兆以太网标准，千兆以太网的速率为 1 000 Mb/s。

（5）在 1999 年年初，由 IEEE 802.3 HSSG（High Speed Study Group，高速研究组）正式开始 10G 以太网的工业标准制定工作，即 802.3ae 标准。标准制定目标是：完善 802.3 协议，兼容已有的 802.3 接口，将以太网应用扩展到广域网，提供更高带宽。

2. 经典以太网工作原理

CSMA/CD（Carrier Sense Multiple Access/Collision Detect）即载波监听多路访问/冲突检测方法，以太网采用 CSMA/CD 算法。

CSMA/CD 是带有冲突检测的载波侦听多路访问技术。在传统的共享以太网中，所有节点共享传输介质。如何保证传输介质能够有序、高效地为众多节点提供传输服务，是以太网介质访问控制协议要解决的问题。它起源于美国夏威夷大学开发的 ALOHA 网络所采用的竞争协议，经过改进使其具有比 ALOHA 协议更高的媒体利用率。主要用于现场总线 Ethernet 中。总线拓扑的特点是，某个站点发送数据，其他站点都可以接收到数据，如果多个站点同时发送数据，在总线网络中会发生冲突或者碰撞，因此称这样的一个网络既是冲突域，也是广播域，其工作机制如图 4-2 所示。

（1）主机发送消息前，先监听信道是否空闲。

（2）若信道忙，则一直监听，等待介质空闲。

（3）若信道空闲，则发送消息。

（4）若在传输结束前检测到冲突，则发出一个短小的人为干扰信号（JAM），告知所有站点都知道发生了冲突，并且自身停止数据发送；发完人为干扰信号，通过截至二进制退避算法得出一个随机等待时间后，再次从步骤（1）开始尝试发送数据。

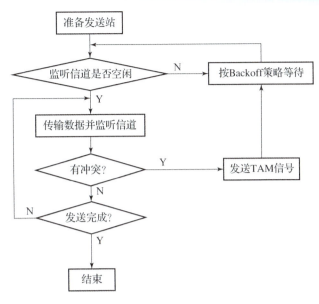

图4-2 CSMA/CD 工作机制

CSMA/CD 可以从以下三点理解：

（1）CS：载波侦听，在发送数据之前，监听信道中是否有载波信号，以确保信道空闲，降低冲突的概率。

（2）MA：多路访问，即多个用户共同访问一个总线，需要一个资源抢占机制来保证数据的正常发送和接收。

（3）CD：冲突检测，站点对信道的检测是边发送边检测，如果发现冲突或者碰撞，就停止发送，通过算法延迟一个随机时间之后继续发送。

在 CSMA/CD 的工作机制中值得注意的是，站点只有在有数据要发送的时候才会执行信道监听行为，在发送数据过程中执行信道冲突或者碰撞检测行为。因此对于以太网帧的长度有最短要求，同时，为了使得某个所有站点都有机会占用总线，对以太网帧的最长长度也作出了规定。

3. 以太网帧结构

以太网帧结构如图4-3所示。

| DMAC | SMAC | LENGTH/TYPE | DATA/PAD | FCS |

图4-3 以太网帧结构

以太网帧结构主要有 Ethernet II 和 IEEE 802.3 两种。图4-3 中，DMAC 代表目的终端的 MAC 地址；SMAC 代表源 MAC 地址；LENGTH/TYPE 字段根据值的不同有不同的含义：当 LENGHT/TYPE > 1 500 时，代表该数据帧的类型（如上层协议类型），该帧称为 Ethernet II 帧；当 LENGTH/TYPE < 1 500 时，代表该数据帧的长度，该帧称为 IEEE 802.3 帧；DATA/PAD 是具体的数据，因为以太网数据帧的最小长度必须不小于 64 字节（根据半双工模式下最大距离计算获得的），所以，如果数据长度加上帧头不足 64 字节，则需要在数据部分增加填充内容，当帧类型为 IEEE 802.3 帧时，DATA 一部分高位比特会被借用，做一些头部字段定义，以加强以太网协议的功能；FCS 是帧校验字段，用来判断该数据帧是否出错。

　　MAC（Medium/Media Access Control，介质访问控制）地址是计算机网络中的硬件地址，用来定义网络设备的位置，属于 OSI 模型的数据链路层，该地址被烧录到网卡的 ROM 中，换而言之，在默认情况下，这个地址是不可改写的，因此一个网卡会有全球唯一的 MAC 地址。

　　MAC 地址共 48 bit，由两部分组成，分别是机构唯一性标识（OUI）和扩展标识（EUI）。其中，MAC 地址从左至右数的前 24 位为 OUI 标识，通常指示某个生产商，所以也叫作公司标识符，而后 24 位是由取得 OUI 标识符的厂商在生产网卡时自行编码的，也就是扩展标识（EUI），厂商只要保证在执行编码时不重复就可以了。

4.1.2　交换式以太网的基本原理

　　交换机主要工作在数据链路层，主要依据 MAC 地址表实现数据的转发和交换。具有隔离冲突域的功能。交换机每个端口都是单独的冲突域。

　　交换机中的 MAC 地址表描述了 MAC 地址和交换机端口的对应关系。当交换机从某个端口收到一个数据帧时，首先读取包头中的源 MAC 地址，将该 MAC 地址与接收端口进行对应后写入缓存器中，再去读取报头中的目的 MAC 地址，并在 MAC 地址表中查找相应的端口，如果表中有与目的 MAC 地址对应的端口，则将数据帧直接复制到该端口上进行转发；如果表中找不到相应的端口，则将数据帧复制到所有端口上进行广播或者泛洪。当数据帧中对应目的 MAC 地址的主机对源主机回应时，交换机又可以学习一个目的 MAC 地址主机与交换机端口对应关系，下次转发数据时，就不需要执行广播或者泛洪操作。

　　以上就是交换机建立和维护 MAC 地址表的过程。交换机一般具有带宽很大的交换总线，所以可以同时为很多端口提供数据交换服务。如果交换机有 N 个端口，每个端口的带宽是 M，那么它的交换机总线带宽将超过 N×M，可以实现线速交换。所以，交换机对广播包是不做限制的，把广播包复制到所有端口上。

　　交换机的快速转发能力，主要依靠专门用于处理数据包转发的 ASIC 芯片。早期的交换机称为网桥，交换机与网桥的主要区别是数据处理能力更强和端口数量更多。

　　当交换机收到一个数据帧时，主要采取泛洪、转发、丢弃三个数据处理方式。

　　（1）泛洪行为：当数据帧中的目的 MAC 地址 48 位全为 1，即该数据帧为广播帧或者即使是单播帧，即目的 MAC 地址是某台主机的 MAC 地址，但是在 MAC 地址表中查询不到时，交换机会将该数据帧广播到除了接收端口以外的所有端口。

　　（2）转发行为：当数据帧中的目的 MAC 地址在 MAC 地址表被查询到时，则将该数据帧从查询到的对应端口进行转发，单播出去。

　　（3）丢弃行为：当数据帧中的目的 MAC 地址被找到，且转发端口和接收端口一致时，交换机会丢弃该帧。

　　交换机的转发操作是基于目的 MAC 地址，所以它必须获取 MAC 地址与端口的对应关系才能准确地作出转发决定。

　　当交换机与物理网段连接，端口启动时，会对它监测到的所有帧进行解封装。交换机读取帧的源 MAC 地址后，与接收该帧的端口进行关联，并记录到 MAC 地址表。

　　由于 MAC 地址表是保存在交换机的内存中的，因此，当交换机启动时，MAC 地址表是空的，如图 4-4 所示。

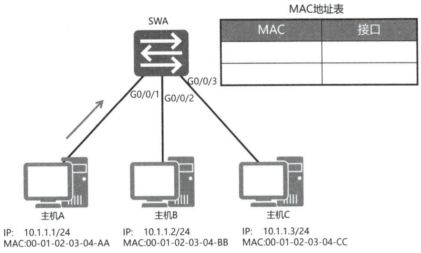

图 4 – 4　MAC 地址学习过程一

　　如图 4 – 5 所示，如果主机 A 通过交换机 G0/0/1 端口发送一个 ARP 广播，请求主机 C 的 MAC 地址，则交换机读取出帧的源 MAC 地址后，将主机 A 的 MAC 地址与端口 G0/0/1 关联，记录到 MAC 地址表中。

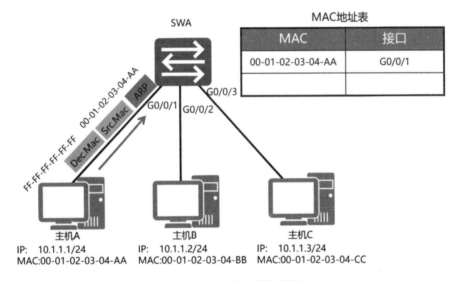

图 4 – 5　MAC 地址学习过程二

　　由于此时交换机的 MAC 地址表是空的，为了让这个帧能够到达目的地，交换机执行泛洪操作，即从除了入端口外所有其他端口转发，如图 4 – 6 所示。

　　如图 4 – 7 所示，主机 B 和主机 C 都收到 ARP 广播请求之后，只有主机 C 能够匹配 ARP 请求中的 IP 地址，因此只有主机 C 会向主机 A 发出 ARP 响应单播数据帧。交换机通过 G0/0/3 端口接收该数据帧，此时交换机又获取到了主机 C 和端口 G0/0/3 的对应关系，并存储到 MAC 地址表中。

　　以上就是交换机学习 MAC 地址的过程。值得注意的是，MAC 地址表收敛完成之后，会进行定时更新，以适应网络的拓扑或者主机位置变化的需求。

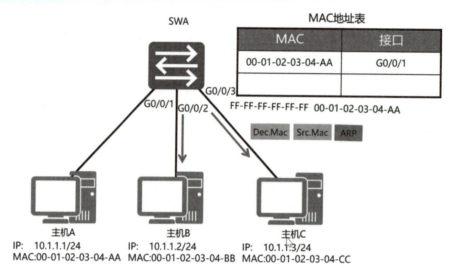

图 4 - 6　交换机泛洪

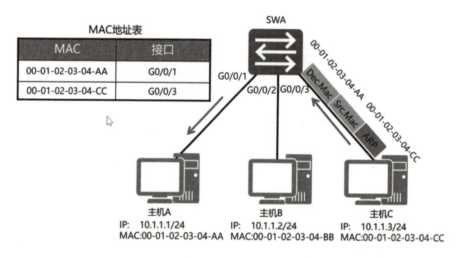

图 4 - 7　MAC 地址学习过程三

4.1.3　实践环境简介

全球交换机生产厂家众多，如华为 HUAWEI、新华三 H3C、思科 CISCO、统违 Ruie、普联 TP – Link、JUNIPER NETWORKS、Aruba、中兴 ZTE、NETGEAR、友讯 D – Lik 等。目前我国国内市场，华为和新华三占比合计超过 70%，思科虽然在全球市场依然稳居榜首，但是在国内市场已经逐步萎缩。本书主要以华为设备模拟仿真运行环境 eNSP 为实践环境，后续的实验项目也以此环境为参考进行实践。

在 eNSP 中操作相比于真机操作要简单一些，作为数据通信技术入门是一个很好的学习工具，类似于 eNSP 的模拟仿真工具还有思科的 PT、GN3 以及新华三的 H3C 等。eNSP 模拟产品见表 4 – 1。

表 4 - 1　eNSP 模拟产品

产品名称	版本
AR	V200R003C00
S3700/S5700	V200R001C00
CE6800	VRP V800R011C00SPC607B607
CE12800	VRP V800R011C00SPC607B607
WLAN	V200R007C10
USG5500	VRP V500R003C07（产品侧为 V1R2C02SPCa00）
USG6000V	V500R005C10SPC300
NE40E	VRP V800R011C00SPC607B607
NE5KE	VRP V800R011C00SPC607B607
NE9K	VRP V800R011C00SPC607B607
CX	VRP V800R011C00SPC607B607

　　eNSP（Enterprise Network Simulation Platform）是一款由华为提供的免费的、可扩展的、图形化的网络设备仿真平台，主要对企业网路由器、交换机、WLAN 等设备进行软件仿真，完美呈现真实设备部署实景，支持大型网络模拟，让用户有机会在没有真实设备的情况下也能够开展实验测试，学习网络技术。

　　eNSP 的正常使用依赖于 WinPcap、Wireshark 和 VirtualBox 三款软件，支持的版本见表 4 - 2。安装 eNSP 需要先安装好这三款软件，否则将会影响部分功能的使用。

表 4 - 2　eNSP 支持的版本

软件类别	版本号
WinPcap	4.1.3
Wireshark	2.6.6
VirtualBox	4.2.×~5.2.×

　　软件的安装步骤简单，只需要按照步骤提示安装即可，文中不进行赘述。软件主要界面如图 4 - 8 所示，主要有 5 个区域，其中区域 3 主要提供设备和线缆，区域 4 是工作区，是我们后续的主要实践区域。

　　主界面的菜单介绍在安装好软件后，可以在帮助中获取，如图 4 - 9 所示，也可以在后续的实验中一起熟悉软件的功能和使用。

　　软件中的路由交换机在实际场景中主要应用于 IP 城域网核心层和汇聚层。具有模块化设计、高性能交换体系结构、QoS、MPLS 多项先进技术、IPv6 网络无缝升级等特点。三层全千兆交换机主要应用于 IP 城域网汇聚层。具有全光口接入、全线速二层转发、支持超级

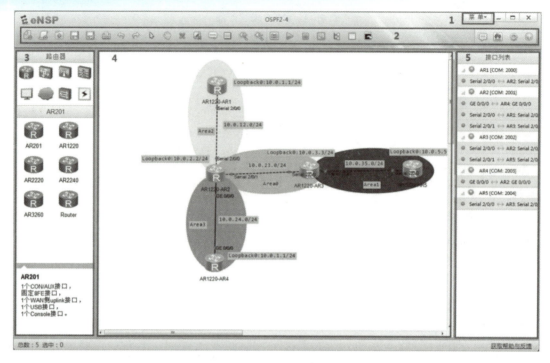

图 4 – 8　eNSP 主界面

图 4 – 9　eNSP 帮助界面

扩展堆叠等特点。三层交换机主要应用于 IP 城域接入网、大型企业集团、高档小区、宾馆、大学校园网的网络接入汇聚。具有端口容量大、全线速二层转发等特点。二层交换机主要用于小区级网络汇聚、中小型企业网络汇聚。

4.1.4　交换机基本操作

从设备区拖拽一台交换机至工作区，右键启动并等待一段时间，如图 4 – 10 所示。

图 4 – 10　启动交换机

双击交换机可以看到界面连续输出#号，提示交换机正在启动，如图 4 – 11 所示。

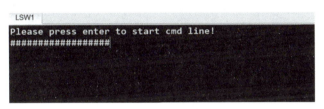

图 4 – 11　交换机启动中

当出现如图 4 – 12 所示的"＜ Huawei ＞"视图时，表示交换机已经启动完成，并可以进行其他查询配置操作。

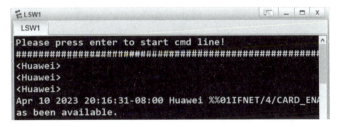

图 4 – 12　交换机启动完成

eNSP 视图命令见表 4 – 3。

表 4 – 3　eNSP 视图

模式	提示符	进入命令	功能
用户视图	＜ Huawei ＞	设备启动成功后直接进入	查看简单信息
系统视图	［ Huawei ］	**System – view**	配置系统参数

续表

模式	提示符	进入命令	功能
端口配置模式	［Huawei－GigabitEthernet0/0/1］	**interface** ｛＜*interface－name*＞｜ **byname** ＜*by－name*＞｝（系统视图模式）	配置端口参数
VLAN 配置模式	［Huawei－vlan10］	**vlan** ｛＜vlan－id＞｜＜vlan－name＞｝（系统视图模式）	配置 VLAN 参数
VLAN 接口配置模式	［Huawei－Vlanif10］	**interface** ｛**vlan** ＜*vlan－id*＞｜＜*vlan－if*＞｝（系统视图模式）	配置 VLAN 接口 IP 参数

在 eNSP 中设备的命令模式，上面只是举例列出了几个。为方便用户对交换机进行配置和管理，ZXR10 交换机根据功能和权限将命令分配到不同的模式下，一条命令只有在特定的模式下才能执行。

使用"quit"指令退出当前各种命令视图，例如，如图 4 - 13 所示，通过 quit 命令退出 VLAN 接口视图。

```
[Huawei-Vlanif10]
[Huawei-Vlanif10]
[Huawei-Vlanif10]
[Huawei-Vlanif10]quit
[Huawei]
```

图 4 - 13　退出当前视图

交换机命令行支持帮助信息。在任意命令模式下，只要在系统提示符后面输入一个问号（？），就会显示该命令模式下可用命令的列表。利用在线帮助功能，还可以得到任何命令的关键字和参数列表，如图 4 - 14 所示。

```
[Huawei]display ?
aaa                   AAA
access-user           User access
accounting-scheme     Accounting scheme
acl                   Acl status and co
alarm                 Alarm
anti-attack           Specify anti-atta
arp                   Display ARP entrie
arp-limit             Display the number
```

图 4 - 14　问号字符的作用 1

在字符或字符串后面输入问号，可显示以该字符或字符串开头的命令或关键字列表。注释在字符（字符串）与问号之间没有空格，如图 4 - 15 所示。

```
[Huawei]dis?
  display
[Huawei]dis
```

图 4 - 15　问号字符的作用 2

在字符串后面按 Tab 键，如果以该字符串开头的命令或关键字是唯一的，则将其补齐，并在后面加上一个空格。注释在字符串与 Tab 键之间没有空格，如图 4 - 16 所示。

```
[Huawei]dis
[Huawei]display |
```

图 4-16　Tab 按键的作用

在命令、关键字、参数后输入问号（?），可以列出下一个要输入的关键字或参数，并给出简要解释。注释问号之前需要输入空格，如图 4-17 所示。

```
[Huawei]display current-configuration ?
  all              All configuration including those of
                   slots
  configuration    The pre-positive and post-positive co
  controller       Display controller configuration
  inactive         Configuration of unavailable cards or
  interface        The interface configuration informati
  |                Matching output
  <cr>
```

图 4-17　问号字符的作用 3

如果输入了不正确的命令、关键字或参数，回车后用户界面会用"^"符号提示错误。"^"号出现在所输入的不正确的命令、关键字或参数的第一个字符的下方，如图 4-18 所示。

```
[Huawei]display cuwwwww
               ^
Error: Unrecognized command found at '^' position.
[Huawei]
```

图 4-18　参数或指令错误提示符

ZXR10 系列交换机允许把命令和关键字缩写成能够唯一标识该命令或关键字的字符或字符串。例如，可以把 display current-configuration 命令缩写成 dis cu。

重启交换机，可以右击，选择"停止"，再重新启动，或者通过在用户视图下执行"reboot"命令实现，如图 4-19 所示。

```
<Huawei>reboot
Info: The system is now comparing the configuration, p
Warning: All the configuration will be saved to the co
ext startup:, Continue?[Y/N]:|
```

图 4-19　设备软重启指令

按 Ctrl + C 组合键可以中断指令执行或者数据输出过程，如中断 Ping 的执行，如图 4-20 所示。

```
<Huawei>ping 127.0.0.1
  PING 127.0.0.1: 56  data bytes, press CTRL_C to break
    Reply from 127.0.0.1: bytes=56 Sequence=1 ttl=255 time=20 ms
    Reply from 127.0.0.1: bytes=56 Sequence=2 ttl=255 time=1 ms
    Reply from 127.0.0.1: bytes=56 Sequence=3 ttl=255 time=30 ms

  --- 127.0.0.1 ping statistics ---
    3 packet(s) transmitted
    3 packet(s) received
    0.00% packet loss
    round-trip min/avg/max = 1/17/30 ms
```

图 4-20　Ping 中断演示

4.1.5　交换机实践

如图 4-21 所示,通过一台交换机连接两台主机组建一个简单的局域网,执行交换机 MAC 地址表查询、IP 地址配置和 Ping 的操作。

图 4-21　局域网示例

步骤一:启动 eNSP,搭建好如图 4-21 所示拓扑,全选设备,右击,选择"启动"。

步骤二:分别双击 PC1 和 PC2,在如图 4-22 所示对话框中,按照拓扑要求完成 IP 地址设置。

图 4-22　配置主机 IP 地址

步骤三:双击打开交换机,输入 display mac-address 指令,发现 MAC 地址表是空的,这是由于网络处于初始状态。

步骤四:在 PC1 的"命令行"环境中执行 ping 192.168.1.2,测试 PC1 和 PC2 的网络连通性。如图 4-23 所示,在 PC1 上得到了 PC2(192.168.1.2)的回应,表示 PC1 和 PC2 的通信是正常的。

同学们可以尝试在 Ping 执行完成前使用 Ctrl + C 组合键操作。

步骤五:在交换机指令环境中输入"display mac-address",在 MAC 地址表中可以查询到两条记录,分别是 PC1 和 PC2 的 MAC 地址与交换机两个端口的对应关系。

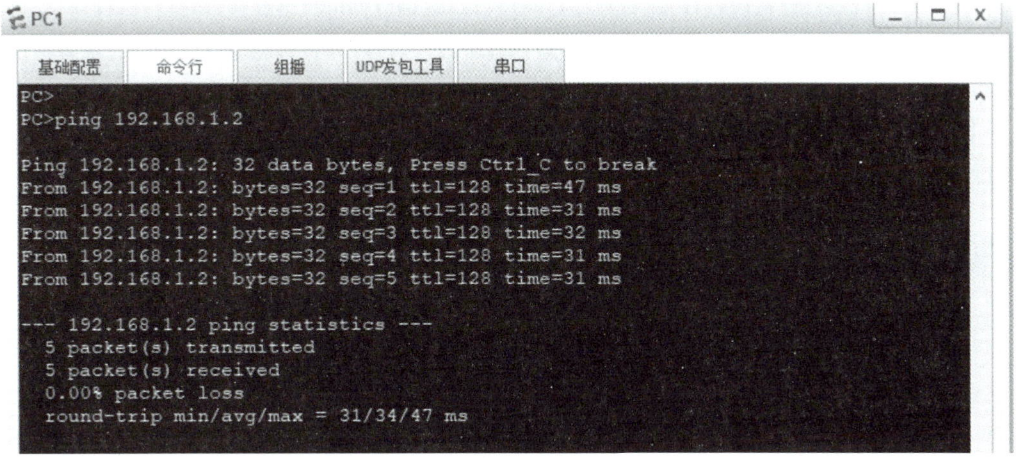

图 4 - 23 执行 Ping 操作

```
<Huawei >display mac - address
MAC address table of slot 0:
--------------------------------------------------------------------------------
MAC Address      VLAN/        PEVLAN CEVLAN Port         Type        LSP/LSR - ID
                 VSI/SI                                  MAC - Tunnel
--------------------------------------------------------------------------------
5489 - 9845 - 2650 1    -      -    GE0 /0 /2    dynamic   0 /-
5489 - 987e - 804f 1    -      -    GE0 /0 /1    dynamic   0 /-
--------------------------------------------------------------------------------
Total matching items on slot 0 displayed = 2
```

4.2 路由器实践

路由器是计算机网络中的重要组成部分，它们的演进可以分为五个阶段。

第一代路由器：第一代路由器是基于软件的，使用通用计算机作为路由器。这些路由器使用的是 RIP（Routing Information Protocol，路由信息协议），它们的性能较低，只能处理较小的网络。

第二代路由器：第二代路由器是基于硬件的，使用专用的芯片来执行路由功能。这些路由器使用的是 OSPF（Open Shortest Path First，开放式最短路径优先），它们的性能比第一代路由器要好，可以处理更大的网络。

第三代路由器：第三代路由器是基于多处理器的，使用多个处理器来执行路由功能。这些路由器使用的是 BGP（Border Gateway Protocol，边界网关协议），它们的性能比第二代路由器更好，可以处理更复杂的网络。

第四代路由器：第四代路由器是基于高速缓存的，使用高速缓存来加速路由功能。这些路由器使用的是 MPLS（Multi - Protocol Label Switching，多协议标记交换），它们的性能比第三代路由器更好，可以处理更高速的网络。

第五代路由器：第五代路由器是基于 SDN（Software Defined Networking，软件定义网络）的，使用软件来控制网络流量。这些路由器使用的是 OpenFlow 协议，它们的性能比第四代路由器更好，可以更灵活地控制网络流量。

随着技术的不断发展，路由器的性能和功能不断提高，成为现代计算机网络中不可或缺的组件之一。

4.2.1　路由器的功能

路由器（Router）是连接两个或多个网络的硬件设备，在网络间起网关的作用，是读取每一个数据包中的地址然后决定如何传送的专用智能性的网络设备。它的主要功能如下。

（1）路由表维护：包括路由表建立与刷新。

（2）数据处理：在网络之间转发分组数据，涉及从接收接口收到数据帧，解封装，对数据包做相应处理，根据目的网络查找路由表，决定转发接口，做新的数据链路层封装等过程。

（3）隔离广播，指定访问规则，路由器阻止广播的通过。可以设置访问控制列表（ACL）对流量进行控制。

（4）网络互连：路由器支持各种局域网和广域网接口，主要用于互连局域网和广域网，实现不同网络互相通信。

（5）路由器提供包括路由器配置管理、性能管理、容错管理和流量控制等功能。

（6）截获数据报文：在网络间截获发送到远地网络段的网络层数据报文，并转发出去。

路由器转发数据主要依据设备内部路由表。路由表或称路由择域信息库（RIB），是一个存储在路由器或者联网计算机中的电子表格（文件）或类数据库。路由表存储着指向特定网络地址的路径。路由表中含有网络周边的拓扑信息。路由表建立的主要目的是实现路由协议和静态路由选择（路由协议将在第 6 章详细介绍）。

如图 4-24 所示，显示了两台路由器中的路由表所包含的一些关键信息，第一列网络表示该路由器可路由的网络的网络号，第二列下一跳（nexthop）表示从数据要前往的下一个节点接口，第三列表示数据从该节点到目的网络的开销，若为 0，则表示目的网络与该节点是直连关系。

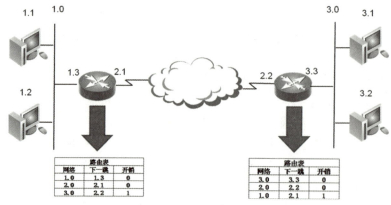

图 4-24　路由表

图 4-25 所示是网络中某台路由器的路由表条目查询情况，查询指令为

display ip routing-table

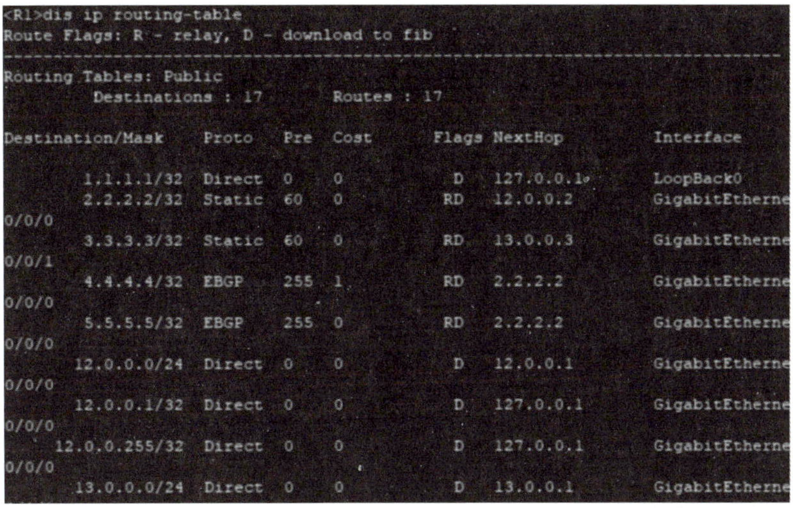

图4-25 路由表1

路由条目主要包含的信息如下：

Destination/Mask：显示路由器可路由的网络。

Proto：显示路由条目形成的方式，后面章节会学到路由条目的形成主要有三种形式：直连路由、静态路由和动态路由。

Pre：表示路由优先级。如果有多条相同的路由，路由器可以根据优先级来选择路径进行数据转发。

Cost：表示该路由条目到达目的网络的开销。其影响路由器的路由选择。开销的值大小可以人为根据链路带宽、跳数等因素进行设定。

Flags：R是Relay的首字母，说明是迭代路由，会根据路由下一跳的IP地址获取出接口。配置静态路由时，如果只指定下一跳IP地址，而不指定出接口，那么就是迭代路由，需要根据下一跳IP地址的路由获取出接口。D是Download的首字母，表示该路由下发到FIB表。FIB表的作用主要是降低路由器路径遍历的负担，不必为所有到达某个网络的数据报进行路由。

NextHop：下一跳表示数据从该节点转发出去后，下一个节点接收该数据的接口地址，因此下一跳也称为网关（Gateway）地址。

网关（Gateway）又称网间连接器、协议转换器。默认网关在网络层以上实现网络互连，是最复杂的网络互连设备，仅用于两个高层协议不同的网络互连。网关既可以用于广域网互连，也可以用于局域网互连 。路由器即可称为一种很好的网关设备。

Interface：在路由表中，这个字段表示的是数据包从该节点的哪个接口转发出去，为数据的转发提供了一个出接口信息。

所以，路由表是一个存储路由信息的表格，其中包含了网络设备所知道的所有网络地址和它们之间的关系。路由表中的每一条记录都包含了目的网络地址、下一跳地址、出接口等信息，用于指导网络设备将数据包从源地址传输到目的地址。路由表是网络设备的核心组成部分，它决定了网络设备如何转发数据包。

4.2.2 路由器的工作原理

当一个数据包被路由器接收时，路由器检查数据包目的 IP 地址，并判断这个数据包是否可路由。如果路由器判断这个数据包是可路由的，它就会接收；如果不可路由，这个数据包就会被丢弃。路由器默认丢弃广播包，所有路由器具有隔离广播域的作用。

路由器通过遍历路由表来判断它所接收到的数据包是否可路由，由于数据包的头部字段中不包含掩码信息，所以，在遍历路由表的时候，要为这个 IP 地址匹配掩码信息来计算该 IP 地址在路由表中可能匹配的可路由网络号。

例如，数据包的 IP 地址为 9.1.100.10，如图 4 - 26 所示，其中第三条和第四条路由所在网络包含了该 IP 地址，这个数据包会匹配到 9.1.0.0/16 这条路由，从 S1/0/0 接口转发出去。由于路由器为数据包匹配路由的时候，是根据最长掩码匹配原则，因此无法匹配到第三条路由。第四条路由的掩码比第三条路由的掩码要长。路由器在为目的 IP 地址匹配掩码时，掩码的取值范围为 0 ~ 32，一般从 32 开始为 IP 地址计算其可能所在网络。最长掩码匹配原则这种路由选择算法，用于在路由表中查找最佳匹配的路由，可以提高路由器的路由选择效率和准确性，减少路由器的负载和网络延迟。

```
[Huawei]display ip routing-table
Route Flags: R - relay, D - download to fib
------------------------------------------------------------
Routing Tables: Public  Destinations : 2        Routes : 2
Destination/Mask  Proto   Pre  Cost  Flags NextHop    Interface

0.0.0.0/0         Static  60   0       D   120.0.0.2  Serial1/0/0
8.0.0.0/8         RIP     100  3       D   120.0.0.2  Serial1/0/0
9.0.0.0/8         OSPF    10   50      D   20.0.0.2   Ethernet2/0/0
9.1.0.0/16        RIP     100  4       D   120.0.0.2  Serial1/0/0
11.0.0.0/8        Static  60   0       D   120.0.0.2  Serial2/0/0
20.0.0.0/8        Direct  0    0       D   20.0.0.1   Ethernet2/0/0
20.0.0.1/32       Direct  0    0       D   127.0.0.1  LoopBack0
```

图 4 - 26　路由表

前面提到路由器转发数据时，会使用到 FIB 表，如果没有 FIB 表，路由器每次为 IP 地址匹配完掩码，计算出一个网络号之后，都要遍历一遍路由表，这对于路由器 CPU 而言是非常大的负担，而使用了 FIB 表之后，可以实现快速转发，路由器为到达同一网络的数据流的第一个数据包进行遍历匹配后，后续的数据包就可以不用再进行遍历，大大降低了路由器负担和数据处理的时延。

FIB（Forwarding Information Base，转发信息库）表是路由表的一种优化形式，它是路由表的一个子集，其中只包含了最终的路由信息。FIB 表中的每一条记录都包含了目的网络地址和下一跳地址，但不包含出接口等信息。FIB 表的作用是加速数据包的转发，因为它只包含最终的路由信息，而不需要像路由表那样包含所有的路由信息。当网络设备收到一个数据包时，它会首先在 FIB 表中查找目的地址的下一跳地址，然后直接将数据包转发到该地址，从而加快了数据包的转发速度。在实际环境中可以通过 display fib 进行查询。

4.2.3 路由器配置实践

如图4－27所示，将两个不同网络的PC通过网线与路由器相连，路由器自主学习直连路由达到两个网络相通的目的。

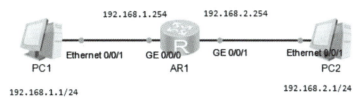

图4－27 路由器基本配置

步骤一：启动eNSP，按照拓扑要求建立拓扑。

步骤二：按照网络规划要求配置PC的IP地址和网关。

步骤三：按照以下指令配置AR1设备的G0/0/0接口IP地址和G0/0/1接口IP地址。

```
< Huawei > system - view    //进入路由器系统视图
Enter system view, return user view with Ctrl + Z.
[Huawei]sysname AR1        //修改路由器名称
[AR1]interface g0/0/0      //进入g0/0/0接口视图
[AR1 - GigabitEthernet0/0/0]ip address 192.168.1.254 24   //配置G0/0/0接口IP地址
[AR1 - GigabitEthernet0/0/0]interface g0/0/1
[AR1 - GigabitEthernet0/0/1]ip address 192.168.2.254 24
[AR1 - GigabitEthernet0/0/1]
```

步骤四：通过指令display ip routing - table查询路由信息，可以看到路由器已经自动学习到192.168.1.0/24和192.168.2.0/24两条路由，表明该路由器可以向这两个网络方向转发数据。

```
[AR1]display ip routing - table
Route Flags: R - relay, D - download to fib
------------------------------------------------------------------------
Routing Tables: Public
     Destinations : 10    Routes : 10
Destination/Mask   Proto  Pre Cost   Flags NextHop      Interface
    127.0.0.0/8    Direct 0   0      D  127.0.0.1       InLoopback0
    127.0.0.1/32   Direct 0   0      D  127.0.0.1       InLoopback0
127.255.255.255/32 Direct 0   0      D  127.0.0.1       InLoopback0
  192.168.1.0/24   Direct 0   0      D  192.168.1.254   GigabitEthernet 0/0/0
 192.168.1.254/32  Direct 0   0      D  127.0.0.1       GigabitEthernet 0/0/0
 192.168.1.255/32  Direct 0   0      D  127.0.0.1       GigabitEthernet 0/0/0
  192.168.2.0/24   Direct 0   0      D  192.168.2.254   GigabitEthernet 0/0/1
 192.168.2.254/32  Direct 0   0      D  127.0.0.1       GigabitEthernet 0/0/1
 192.168.2.255/32  Direct 0   0      D  127.0.0.1       GigabitEthernet 0/0/1
255.255.255.255/32 Direct 0   0      D  127.0.0.1       InLoopback0
[AR1]
```

步骤五：在 PC1 中执行 ping 192.168.2.1 或者从 PC2 ping 192.168.1.1 测试两个网络间的连通性，如图 4-28 所示。

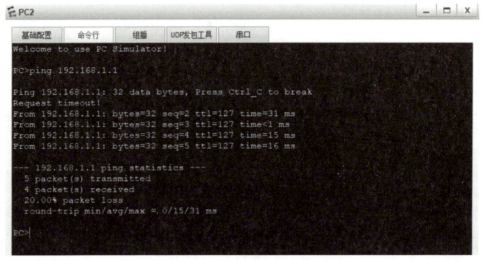

图 4-28　路由器基本配置

4.2.4　路由器远程管理

路由器的远程管理功能可以通过多种协议进行访问，包括 Telnet、SSH 和 HTTPS 等。

1. Telnet

Telnet 是一种基于文本的远程管理协议，可以通过命令行界面远程管理路由器。但是，Telnet 协议传输的数据是明文的，容易被黑客截获并窃取敏感信息，因此不太安全。

如图 4-29 所示，进行 Telnet 配置实验，通过 AR1 管理 AR2。

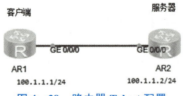

图 4-29　路由器 Telnet 配置

步骤一：通过 sysname 指令修改两台路由器名称，分别为 AR1 和 AR2，并按照拓扑要求为两个端口配置 IP 地址。

步骤二：开启 AR2 的 Telnet 服务。

```
[Huawei]sysname AR2
[AR2]user - interface vty 0 4
[AR2 -ui -vty0 -4]authentication -mode aaa   //登录设备的认证方式为 aaa
[AR2 -ui -vty0 -4]user privilege level 3   //用户级别为 3
[AR2 -ui -vty0 -4]set authentication password cipher 123456 //设置用户登录密码
[AR2 -ui -vty0 -4]quit
[AR2]aaa   //进入 3A 数据库
```

```
[AR2-aaa]local-user admin password cipher 123456   /* 添加"admin"新用户,密码为
123456 */
    [AR2-aaa] local-user admin privilege level 3   //用户权限级别为 3
    [AR2-aaa]local-user admin service-type telnet   //为用户提供服务类型为 telnet
```

步骤三：在 AR1 的用户视图模式下执行 telnet 100.1.1.2。

```
<AR1>telnet 100.1.1.2
Press CTRL_] to quit telnet mode
Trying 100.1.1.2 …
Connected to 100.1.1.2 …
Login authentication
Username:admin   //输入用户名
Password:        //输入密码 123456
Info:The max number of VTY users is 10, and the number of current VTY users on
line is 1. The current login time is 2023-04-12 17:04:40.
<AR2>   //进入 AR2 的管理界面
```

2. SSH

SSH 是一种加密的远程管理协议，可以通过命令行界面远程管理路由器。SSH 协议传输的数据是加密的，可以保证数据的安全性，因此比 Telnet 更安全。

步骤一：按照图 4-29 建立拓扑，通过 sysname 指令修改两台路由器名称，分别为 AR1 和 AR2，并按照拓扑要求为两个端口配置 IP 地址。

步骤二：同样以 AR2 作为服务器开启 SSH 服务。

```
[AR2]stelnet server enable
[AR2]user-interface vty 0 4
[AR2-ui-vty0-4]protocol inbound all
[R2-ui-vty0-4]authentication-mode aaa
[AR2-ui-vty0-4] aaa
[AR2-aaa]local-user huawei password cipher huawei@ 123
[AR2-aaa]local-user huawei privilege level 15
[AR2-aaa]local-user huawei service-type ssh
[AR2-aaa]quit
[AR2]rsa local-key-pair create //全局模式下添加本地密钥对,密钥对大小值采用默认
The range of public key size is (512~2048).
```

步骤三：R1 测试登录前允许 SSH 客户端初次启用。

```
[AR1]ssh client first-time enable
[AR1]stelnet 100.1.1.2
Please input the username:huawei
The server is not authenticated. Continue to access it? (y/n)[n]:y
Save the server's public key? (y/n)[n]:y
Enter password:
<AR2>    //进入 AR2 路由器管理界面
```

3. HTTPS

HTTPS 是一种基于 SSL/TLS 加密的 Web 协议，可以通过 Web 界面远程管理路由器。HTTPS 协议传输的数据是加密的，可以保证数据的安全性，同时也比 Telnet 更方便易用。

【本章总结】

以太网工作原理是以 CSMA/CD 机制来降低在总线架构中的数据传输发生的冲突概率。

交换式以太网使用交换机来代替传统的集线器，以提高网络性能和可靠性。交换机维护 MAC 地址表，将数据帧转发到目标设备，并可以将网络分割成多个虚拟网络。这些技术使得交换式以太网成为一种高效可靠的局域网技术。

路由器是一种网络设备，用于将数据包从一个网络传输到另一个网络。通过最长掩码匹配原则为数据包匹配路由条目。为了方便远程管理，路由器提供了 Telnet、SSH 和 HTTPS 等服务功能，其工作原理可以概括为以下几个步骤：

（1）接收数据包：路由器通过其网络接口接收数据包，这些数据包可能来自同一网络或不同网络。

（2）查找目标地址：路由器检查数据包的目标地址，并使用路由表来确定应该将数据包发送到哪个网络接口。

（3）转发数据包：一旦路由器确定了数据包的目标网络接口，它将数据包转发到该接口。

（4）更新路由表：如果路由器发现路由表中的信息不正确或过时，它将更新路由表，以确保数据包能够正确地转发到目标网络。

（5）过滤数据包：路由器可以根据配置过滤数据包，例如根据源地址、目标地址、端口号等进行过滤。

【本章练习】

1. 简述 CSMA/CD 的工作机制。
2. 简述交换机学习 MAC 地址的过程。
3. 简述路由器的工作原理。
4. 简述路由器遍历路由表的过程。
5. 交换机在处理广播帧和未知单播帧时会采取泛洪的处理方式，简述在环路的情况下会发生的现象。

第5章 局域网的部署

在企业网络中经常会遇到一个比较常见的现象：正常运行的网络，有时候会突然变得卡顿，甚至数据丢失，或者重启网络设备一两分钟后，又出现同样的问题。导致这种现象的原因不会太复杂，无非是技术问题和机房管理问题。技术问题可能是广播风暴、虚拟局域网划分不合理、生成树协议部署不完整等。机房管理问题一般是由于可接触机房设备的人员操作不当，导致设备连接出了问题。那么为什么这些问题会导致网络性能下降呢？让我一起在本章学习实践局域网相关技术的部署实践吧。

【本章目标】
1. 理解：VLAN、STP 和链路聚合的基本工作原理。
2. 掌握：VLAN、STP 和链路聚合技术的配置。
3. 运用：交换网络环境搭建设计。

5.1 局域网技术

5.1.1 局域网的工作原理

传统以太网在速率、冲突、安全和管理上存在缺陷，逐渐被交换式以太网取代。交换机根据目的 MAC 地址转发或过滤数据帧，隔离了冲突域，工作在数据链路层。由于硬件的发展，每个端口都实现全双工转发。所以交换机每个端口都是单独的冲突域。如果工作站直接连接到交换机的端口，此工作站独享带宽。

在网络中，各种协议的功能都需要频繁发送广播帧数据来发挥作用，如 ARP、DHCP、STP、SMNP 等。由于交换机对广播帧采取的处理策略是洪泛的操作，网络会面临广播泛滥的问题，并且网络规模越大或者网络中有环路时，广播问题越严重，越会导致网络性能急剧下降甚至瘫痪。如图 5 – 1 所示。由于广播帧会被转发到所有端口，所以，所有通过交换机连接的工作站都处于同一个广播域之中。

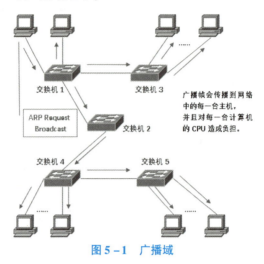

图 5 – 1　广播域

以交换机、网桥、集线器、中继器组建的局域网在一个广播域内，其中，集线器与中继器是一个冲突域，交换机与网桥能终止冲突域。路由器虽然具有隔离广播的作用，但使用路由器的成本高，流量较大时会影响网络的性能。VLAN 的出现不仅可以有效地解决广播泛滥的问题，在成本和网络性能方面也比路由器更有优势，如图 5 – 2 所示。

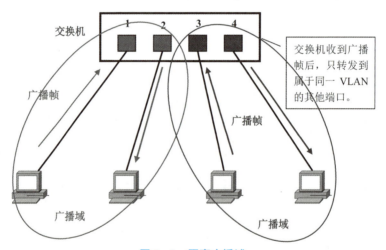

图 5 – 2　隔离广播域

1. VLAN 的定义

VLAN（Virtual Local Area Network）是一种虚拟局域网技术，它可以将一个物理局域网划分成多个逻辑上的子网，每个子网可以独立地进行管理和配置。VLAN 可以将不同的设备划分到不同的子网中，从而实现更加灵活的网络管理和安全控制。

VLAN 的实现是通过在交换机上进行配置，将不同的端口划分到不同的 VLAN 中。在同一个 VLAN 中的设备可以直接通信，而不同 VLAN 中的设备需要通过路由器进行通信。VLAN 可以提高网络的安全性，不同的 VLAN 之间的流量是隔离的，可以有效地防止网络攻击和数据泄露。

VLAN 的应用非常广泛，特别是在大型企业和组织中。例如，可以将不同的部门或者不同的用户划分到不同的 VLAN 中，从而实现更加细粒度的网络管理和控制。

VLAN 的标准化由 IEEE（Institute of Electrical and Electronics Engineers，电气与电子工程协会）组织负责，目前有两个标准：IEEE 802.1Q 和 IEEE 802.1ad。

IEEE 802.1Q 是最常用的 VLAN 标准，它定义了 VLAN 的基本概念和实现方式。IEEE 802.1Q 标准规定了 VLAN ID 的范围为 1~4 094，其中，1~1 000 为保留 ID，1 002~1 005 为 FDDI 和 Token Ring 使用的 ID，其余的 ID 可供用户使用。此外，IEEE 802.1Q 还规定了 VLAN 的帧格式和 VLAN 的管理方式。

IEEE 802.1ad 是 IEEE 802.1Q 的扩展标准，也称为"Q – in – Q"。它允许在一个 VLAN 中再嵌套一个 VLAN，从而实现更加灵活的网络拓扑结构。IEEE 802.1ad 标准规定了 VLAN ID 的范围为 1~4 094，其中，1~1 000 为保留 ID，1 002~1 005 为 FDDI 和 Token Ring 使用的 ID，其余的 ID 可供用户使用。此外，IEEE 802.1ad 还规定了 VLAN 的帧格式和 VLAN 的管理方式。

2. VLAN 的功能

简化网络管理：使用 VLAN 可将单一的交换架构，一个广播域分隔成多个广播域，相当于分隔出物理上分离的多个单独的网络。每个子网可以独立配置和管理，提高网络性能。

提高网络可变性：VLAN 配置，成员的添加、移去、修改都是通过在交换机上进行配置实现的。一般情况下无须更改物理网络与增添新设备及更改布线系统，所以 VLAN 提供了极大的灵活性。

提高安全性：将一个网络划分 VLAN 后，不同 VLAN 内的主机间通信必须通过 3 层设备，而在 3 层设备上可以设置 ACL 等实现第 3 层的安全性，即 VLAN 间的通信是在受控的方式下完成的。相对于没有划分 VLAN 的网络，所有主机可直接通信而言，VLAN 提供了较高的安全性。另外，用户想加入某一 VLAN，必须通过网络管理员在交换机上进行配置才能加入特定 VLAN，相应地提高了安全性。

3. 划分 VLAN 的方法

VLAN 的划分即 VLAN 的绑定，确定将数据中的什么字段用来与 VLANID 建立映射关系，这种映射关系的依据可以是端口、MAC 地址、协议、子网、组播、策略等。

1）基于端口的 VLAN

根据以太网交换机的端口划分 VLAN，如交换机的 1~4 端口为 VLAN A，5~17 为 VLAN B，18~24 为 VLAN C。基于端口划分 VLAN 的端口可以是连续的，也可以是不连续的，具体看网络的需求。

如图 5 – 3 所示，端口 1 和端口 3 被指定属于 VLAN 10，端口 2 和端口 4 被指定属于 VLAN 20。PC1 和 PC3 连接在端口 1、7 上，因此它们属于 VLAN 10；同理，PC2 和 PC4 属于 VLAN 20。

如果有多个交换机的话，也可以跨交换机划分 VLAN，即使不在同一个交换机的端口，也可以划归为一个 VLAN。例如，可以指定交换机 1 的 1~12 端口和交换机 2 的 1~4 端口为同一 VLAN，根据端口划分 VLAN 的方法很常用，其定义 VLAN 成员时非常简单，只要将所有的端口都指定一下就可以了。这种方式的 VLANID 和用户主机没有绑定关系，如果用户位置比较灵活，需要给用户特定 VLAN 访问权限时就无法实现。此时需要换一种绑定策略。

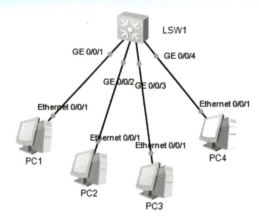

图 5-3 基于端口的 VLAN

2）基于 MAC 地址的 VLAN

基于 MAC 地址的 VLAN 划分方法使用设备的 MAC 地址来确定设备所属的 VLAN，通常被称为 MAC 地址绑定或 MAC 地址过滤。

在基于 MAC 地址的 VLAN 划分中，管理员将每个设备的 MAC 地址与特定的 VLAN 关联。当设备连接到网络时，交换机会检查设备的 MAC 地址，并将其分配到相应的 VLAN 中，可以确保只有授权的设备可以访问特定的 VLAN，从而提高网络的安全性。

基于 MAC 地址的 VLAN 可以实现动态 VLAN 划分，交换机会根据设备的 MAC 地址自动将其分配到相应的 VLAN 中，从而减少管理员的工作量，并提高网络的灵活性。

该 VLAN 类型的优势表现在，打印机和工作站等网络设备可以在不需要重新配置的情况下在网络内部任意移动。但是由于网络上所有主机的 MAC 地址需要掌握和配置，所以管理任务较重。

3）基于协议的 VLAN

基于协议的 VLAN 将物理网络划分成基于协议的虚拟局域网。在端口接收帧时，它的 VLAN 由该信息包的协议决定。例如，IP、IPX 和 Appletalk 可能有各自独立的 VLAN。IP 广播帧只被广播到 IP VLAN 中的所有端口接收。

基于协议的 VLAN 主要应用于在企业网络中需要区分语音、视频监控或为不同的用户分配不同的流量场景中，也就是 QoS 的一些部署场景。

4）基于子网的 VLAN

基于子网的 VLAN 是基于协议的 VLAN 的一个子集，根据帧所属的子网决定一个帧所属的 VLAN。要做到这一点，交换机必须查看入帧的网络层包头。这种 VLAN 划分与路由器相似，把不同的子网分成不同的广播域。

5）基于组播的 VLAN

基于组播的 VLAN 划分是一种网络设计方法，它使用组播技术将不同的 VLAN 之间进行划分和通信。每个 VLAN 都被分配唯一的组播地址，可以通过组播地址来识别和区分不同的 VLAN。

在基于组播的 VLAN 划分中，网络管理员可以使用 IGMP（Internet Group Management Protocol，互联网组管理协议）来管理组播组。IGMP 允许主机加入或离开组播组，并向路由器发送组播组成员的信息。路由器可以根据这些信息来转发组播数据包，从而实现不同

VLAN 之间的通信。

6）基于策略的 VLAN

基于策略的 VLAN 划分基于网络管理员定义的策略，例如根据用户身份、应用程序类型、数据敏感性将网络设备分组并分配到不同的 VLAN 中，是一种将网络设备划分为不同 VLAN 的方法，能够实现更好的网络管理和安全性。

4. VLAN 帧结构

帧在网络中传输时，如果能用某种方法表示出该帧所属的 VLAN，就可以在一条链路上传输多个 VLAN 的业务。IEEE 802.1Q 定义了 VLAN 帧格式，如图 5 - 4 所示，标记头在原始的以太网帧上加入了 4 字节，这样使以太网的最大帧长度变为 1 518 字节。这个值大于 IEEE 802.3 标准中所规定的 1 514 字节，但是目前正预期对其进行修改，以便使带有 VLAN 标记长度为 1 518 字节的以太网帧能够被支持。

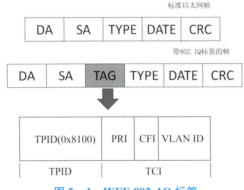

图 5 - 4　IEEE 802.1Q 标签

4 字节的标记头的组成如下：

（1）标记协议标识符（TPID）：2 字节的 TPID 字段的值为 16 进制的 8100，表明了这个帧承载的是 802.1Q/802.1p 标签信息。这个值必须区别于以太网类型字段中的任何值。

（2）标记控制信息（TCI）：TCI 中包含一个 3 比特的用户优先级字段，用来在支持 IEEE 802.1p 规范的交换机进行帧转发的过程中标识帧的优先级。TCI 中还包含 1 比特的规范格式标识符（CFI），用于标识 MAC 地址信息是否是规范格式的。此外，TCI 中还有一个 12 bit 长的 VID，指明数据帧所属 VLAN 的 ID，范围为 0～4 095（VID 字段取值范围为 0～4 095，但是 0 和 4 095 是保留 ID，不能作为 VLAN 号使用，所以可用的 VLAN 范围为 1～4 094）。

在一个交换网络环境中，以太网的帧有两种格式：有些帧是没有加上这四字节标志的，称为未标记的帧（Untagged Frame）；有些帧加上了这四字节的标志，称为带有标记的帧（Tagged Frame）。

5. VLAN 的链路类型

VLAN 可以跨越交换机，不同交换机上相同 VLAN 的成员处于一个广播域，可以直接相互访问。图 5 - 5 所示，所有 VLAN 3 的数据都能通过中间的过渡交换机实现通信，同样，VLAN 5 的数据也可以相互转递。

（1）Access 类型：Access 链路是指连接到交换机的普通主机或其他终端设备。在 Access 链路上，每个端口只能属于一个 VLAN，交换机会将该端口上的所有数据帧都标记为该 VLAN 的数据帧。

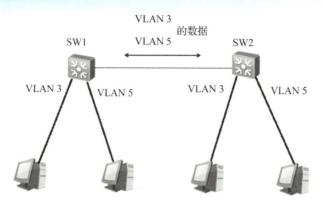

图 5-5　VLAN 跨交换机传递

（2）Trunk 类型：Trunk 链路是指连接两个交换机或交换机与路由器之间的链路。在 Trunk 链路上，可以传输多个 VLAN 的数据帧。交换机会在 Trunk 链路上传输的数据帧中添加 VLAN 标记，以便在接收端交换机上正确地将数据帧转发到相应的 VLAN。

Trunk 链路是用来在不同的设备之间（如交换机和路由器之间、交换机和交换机之间）承载 VLAN 数据的，不属于任何一个具体的 VLAN。通过配置，Trunk 链路可以承载所有的 VLAN 数据，也可以配置为只能传输指定的 VLAN 数据。Trunk 链路虽然不属于任何一个具体的 VLAN，但是可以给 Trunk 链路配置一个 PVID（Port Vlan ID）。当 Trunk 链路由于某种原因出现了没有带标记的帧时，交换机就给这个帧增加带有 PVID 的 VLAN 标记，然后进行处理。

6. VLAN 的端口类型

VLAN 的端口分三种类型：Access 端口、Trunk 端口、Hybrid 端口。

（1）Access 端口一般在连接 PC 时使用，而 PC 机不支持 VLAN 协议，无法识别带 VLANID 的报文，因此，交换机给 PC 机发送的报文不带标签。即交换机发送带 VLAN 的报文给 PC 之前，要先把报文中的 VLAN 协议字段剥离。一个 Access Port 只能绑定一个 VLAN。默认所有端口都绑定为 VLAN1，并且都是 Access 端口。Access 端口的 PVID 值与其所属的 VLAN 相关。

（2）Trunk 端口一般用于交换机级联端口传递多组 VLAN 信息时使用。一个 Trunk Port 可以属于多个 VLAN。Trunk 端口的 PVID 与所属 VLAN 无关，默认值为 1。

（3）Hybrid 端口是混合端口，可以用于交换机之间的连接，也可以用于接用户的计算机。Hybrid 端口可以属于多个 VLAN，可以接收和发送多个 VLAN 的报文。Hybrid 端口和 Trunk 端口在接收数据时，处理方法是一样的，唯一不同之处在于，发送数据时，Hybrid 端口可以允许多个 VLAN 的报文发送时不打标签，而 Trunk 端口只允许默认 VLAN 的报文发送时不打标签。

7. VLAN 端口数据转发

在介绍 VLAN 端口数据转发之前，先来了解一下 PVID 和 VLANID 的区别。

PVID 是交换机上的一个端口属性，用于指定该端口上未标记的数据包所属的 VLAN。当一个数据包进入一个未标记的端口时，交换机会将该数据包的 VLANID 设置为该端口的 PVID。因此，PVID 是用于未标记数据包的默认 VLANID。

VLANID（VLAN Identifier）是用于标识虚拟局域网（VLAN）的数字。VLAN是一种将网络划分为多个逻辑子网的技术，可以将不同的设备划分到不同的VLAN中，从而实现网络隔离和安全性。

因此，PVID和VLANID的作用和使用场景不同。PVID用于指定未标记数据包的默认VLANID，而VLANID用于标识不同的VLAN。

1）Access 端口

Access端口允许唯一的VLANID通过，当VLANID值与端口的PVID相同时，该端口收到的对端设备发送的帧是untagged，交换机则强制加上该接口的PVID。Access端口发送对端设备的以太网帧永远是untagged frame。交换机默认的端口类型是Access，PVID默认值为1，VLAN 1由系统创建，不能被删除。

Access端口收发报文如图5-6所示。

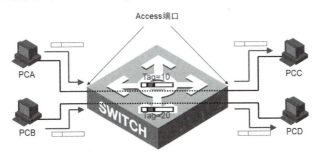

图5-6　Access 端口收发报文

2）Trunk 端口

接收报文：判断是否有VLAN信息，如果没有，则打上端口的PVID，并进行交换转发；如果有，则判断该Trunk端口是否允许该VLAN的数据进入，如果允许，则转发，否则丢弃。

发送报文：比较端口的PVID和将要发送报文的VLAN信息，如果两者相等，则剥离VLAN信息再发送，如果不相等，则查询VLANID允许列表，存在信息则发送，否则丢弃。

Trunk端口收发报文如图5-7所示。

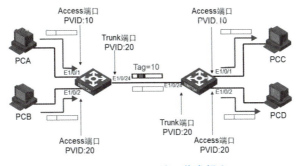

图5-7　Trunk 端口收发报文

3）Hybrid 端口

接收报文：判断是否有VLAN信息，如果没有，则打上端口的PVID，并进行交换转发；如果有，则判断该Hybrid端口是否允许该VLAN的数据进入，如果允许则转发，否则丢弃（此时端口上的untag配置是不用考虑的，untag配置只对发送报文时起作用）。

Hybrid 端口按照以下原则发送：

（1）判断该 VLAN 在本端口的属性。

（2）如果是 untag，则剥离 VLAN 信息后发送；如果是 tag，则直接发送。

在 Hybrid 端口类型的配置中，报文是否带标签发送，按照网络需求由工程师进行配置，如图 5-8 所示。

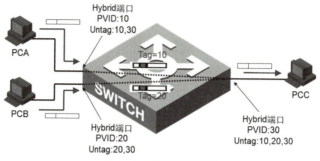

图 5-8   标签变化过程

5.1.2   VLAN 部署实践

1. Access 端口和 Trunk 端口部署

如图 5-9 所示，所有主机与交换机之间的端口配置为 Access 端口，SW1 和 SW2 互连端口设置为 Trunk 端口，将 SW1 和 SW2 的 G0/0/1 端口配置为 VLAN10，两台交换机的 G0/0/2 端口分别配置为 VLAN20。

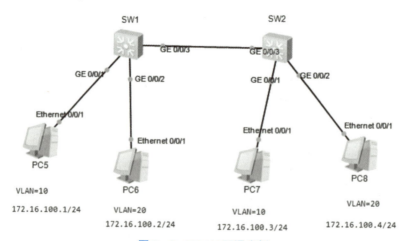

图 5-9   VLAN 互通实例

步骤一：按照 eNSP 建立好拓扑结构，并启动相关设备，按照规划配置好主机 IP 地址。

步骤二：对四个端口进行 Access 端口类型和 VLANID 配置。

```
<Huawei>system-view
[Huawei]system name SW1
[SW1]vlan batch 10 20    //在交换机上创建 VLAN10 和 VLAN20
```

```
[SW1]interface g0/0/1
[SW1-GigabitEthernet0/0/1]port link-type access   //配置端口类型为 Access
[SW1-GigabitEthernet0/0/1]port default vlan 10 //配置端口 PVID=10
[SW1-GigabitEthernet0/0/1]quit
[SW1]interface g0/0/2
[SW1-GigabitEthernet0/0/2]port link-type access
[SW1-GigabitEthernet0/0/2]port default vlan 20
[SW1]interface g0/0/3
[SW1-GigabitEthernet0/0/3]port link-type Trunk   //配置端口类型为 Trunk
[SW1-GigabitEthernet0/0/3]port trunk allow-pass vlan 10 20 /* 配置端口允许
VLAN 通过 VLAN */
```

```
<Huawei>system-view
[Huawei]system name SW2
[SW2]vlan batch 10 20   //在交换机上创建 VLAN10 和 VLAN20
[SW2]interface g0/0/1
[SW2-GigabitEthernet0/0/1]port link-type access    //配置端口类型为 Access
[SW2-GigabitEthernet0/0/1]port default vlan 10 //配置端口 PVID=10
[SW2-GigabitEthernet0/0/1]quit
[SW2]interface g0/0/2
[SW2-GigabitEthernet0/0/2]port link-type access
[SW2-GigabitEthernet0/0/2]port default vlan 20
[SW2]interface g0/0/3
[SW2-GigabitEthernet0/0/3]port link-type Trunk   //配置端口类型为 Trunk
[SW2-GigabitEthernet0/0/3]port trunk allow-pass vlan 10 20 /* 配置端口允许
VLAN 通过 VLAN */
```

如果需要设置的端口数量比较多，可以采用以下方式进行批量设置。将 GE0/0/1 ~ GE0/0/10 共 10 个端口配置为 Access 接口，这些端口的配置信息相对固定，均保持一致，可以选择永久端口组。

```
[SW]vlan 10 //创建 VLAN10
[SW]port-group VLAN10 //创建名为 VLAN10 的永久端口组
[SW-port-group-vlan10]group-member GigabitEthernet 0/0/1 to GigabitEther-
net 0/0/10   //把 GE0/0/1 到 GE0/0/10 端口加入 VLAN10 的端口组中
[SW-port-group-vlan10]port link-type access //配置端口为 Access 口
[SW-port-group-vlan10]port default vlan 10 //把端口组下的端口划入 VLAN10
```

使用命令 display port-group all 查看永久端口组信息，使用命令 undo port-group vlan10 删除永久端口组。

步骤三：验证 VLAN 内部的连通性，如图 5-10 所示。

2. Hybrid 端口配置

如图 5-11 所示，利用 Hybrid 配置方式，实现三个 room 之间无法互相通信，但是可以跟 Server 进行互通。

67

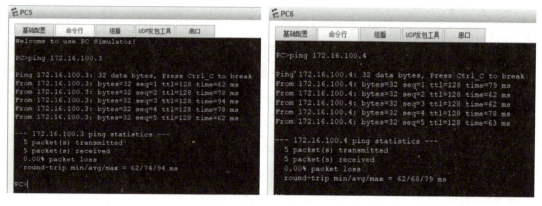

图 5-10   通过 Ping 命令验证

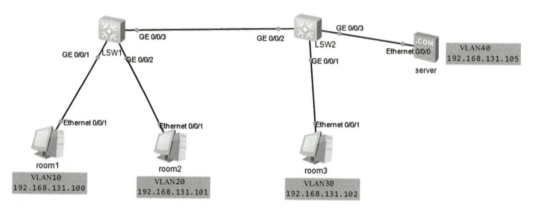

图 5-11   Hybrid 端口配置

步骤一：按照 eNSP 建立好拓扑结构，并启动相关设备，按照规划配置好主机 IP 地址。

步骤二：在交换机上进行 Hybrid 端口相关配置。

```
<Huawei >undo ter monitor    //关闭修改提示
<Huawei >sys    //进入系统视图
[Huawei]sys SW1    //修改设备名称
[SW1]vlan batch 10 20 30 40    //批量创建 VLAN
[SW1]int g0/0/1    //进入接口
[SW1 - GigabitEthernet0/0/1]port link - type hybrid    //配置端口类型
[SW1 - GigabitEthernet0/0/1]port hybrid pvid vlan 10    //该接口归属到 VLAN10
[SW1 - GigabitEthernet0/0/1]port hybrid untagged vlan 10 40    /* 该接口配置
VLAN10、VLAN40 不带标签 */
[SW1 - GigabitEthernet0/0/1]q    //退出接口
[SW1]int g0/0/2    //进入接口
[SW1 - GigabitEthernet0/0/2]port link - type hybrid    //配置接口类型
```

[SW1-GigabitEthernet0/0/2]port hybrid pvid vlan 20   //该接口归属到 VLAN20

[SW1-GigabitEthernet0/0/2]port hybrid untagged vlan 20 40   //该接口配置 VLAN20、VLAN40 不带标签

[SW1-GigabitEthernet0/0/2]q   //退出接口

[SW1]int g0/0/3   #进入接口

[SW1-GigabitEthernet0/0/3]port link-type trunk   //配置接口类型

[SW1-GigabitEthernet0/0/3]port trunk allow-pass vlan all   /* 配置该接口允许所有 VLAN 通过 */

[SW1-GigabitEthernet0/0/3]q   //退出

查看 VLAN 配置：

```
[SW1]disp vlan
The total number of vlans is : 5
--------------------------------------------------------------------
U: Up;          D: Down;          TG: Tagged;          UT: Untagged;
MP: Vlan-mapping;                 ST: Vlan-stacking;
#: ProtocolTransparent-vlan;      *: Management-vlan;
--------------------------------------------------------------------
VID  Type    Ports
--------------------------------------------------------------------
1    common  UT:GE0/0/1(U)      GE0/0/2(U)      GE0/0/3(U)      GE0/0/4(D)
GE0/0/5(D)      GE0/0/6(D)      GE0/0/7(D)      GE0/0/8(D)
GE0/0/9(D)      GE0/0/10(D)     GE0/0/11(D)     GE0/0/12(D)
GE0/0/13(D)     GE0/0/14(D)     GE0/0/15(D)     GE0/0/16(D)
GE0/0/17(D)     GE0/0/18(D)     GE0/0/19(D)     GE0/0/20(D)
GE0/0/21(D)     GE0/0/22(D)     GE0/0/23(D)     GE0/0/24(D)
10   common  UT:GE0/0/1(U)
TG:GE0/0/3(U)
20   common  UT:GE0/0/2(U)
TG:GE0/0/3(U)
30   common  TG:GE0/0/3(U)
40   common  UT:GE0/0/1(U)      GE0/0/2(U)
TG:GE0/0/3(U)
VID  Status  Property    MAC-LRN Statistics Description
1    enable  default     enable  disable     VLAN 0001
10   enable  default     enable  disable     VLAN 0010
20   enable  default     enable  disable     VLAN 0020
30   enable  default     enable  disable     VLAN 0030
40   enable  default     enable  disable     VLAN 0040
```

<Huawei>undo ter monitor   //关闭修改提示

<Huawei>sys   //进入系统视图

[Huawei]sys SW1   //修改设备名称

[SW2]vlan batch 10 20 30 40   //批量创建 VLAN

[SW2]int g0/0/1   //进入接口

```
[SW2 - GigabitEthernet0/0/1]port link - type hybrid    //配置接口类型
[SW2 - GigabitEthernet0/0/1]port hybrid pvid vlan 30    //该接口归属到 VLAN30
[SW2 - GigabitEthernet0/0/1]port hybrid untagged vlan 30 40    //配置接口 VLAN30、
VLAN40 不带标签 */
[SW2 - GigabitEthernet0/0/1]q    //退出
[SW2]int g0/0/2    //进入接口
[SW2 - GigabitEthernet0/0/2]port link - type trunk    //配置接口类型
[SW2 - GigabitEthernet0/0/2]port trunk allow - pass vlan all    //允许所有接口通过
[SW2 - GigabitEthernet0/0/2]q    //退出
[SW2]int g0/0/3    //进入接口
[SW2 - GigabitEthernet0/0/3]port link - type hybrid    //配置接口类型
[SW2 - GigabitEthernet0/0/3]port hybrid pvid vlan 40    //该接口归属 VLAN40
[SW2 - GigabitEthernet0/0/3]port hybrid untagged vlan 10 20 30 40    /* 配置接口
VLAN10、VLAN20、VLAN30、VLAN40 不带标签 */
```

查看 VLAN 配置：

```
[SW2]disp vlan
The total number of vlans is : 5
-----------------------------------------------------------------------------
U: Up;          D: Down;         TG: Tagged;          UT: Untagged;
MP: Vlan - mapping;              ST: Vlan - stacking;
#: ProtocolTransparent - vlan;    *: Management - vlan;
-----------------------------------------------------------------------------
VID  Type    Ports
-----------------------------------------------------------------------------
1    common  UT:GE0/0/1(U)     GE0/0/2(U)      GE0/0/3(U)      GE0/0/4(D)
GE0/0/5(D)      GE0/0/6(D)      GE0/0/7(D)      GE0/0/8(D)
GE0/0/9(D)      GE0/0/10(D)     GE0/0/11(D)     GE0/0/12(D)
GE0/0/13(D)     GE0/0/14(D)     GE0/0/15(D)     GE0/0/16(D)
GE0/0/17(D)     GE0/0/18(D)     GE0/0/19(D)     GE0/0/20(D)
GE0/0/21(D)     GE0/0/22(D)     GE0/0/23(D)     GE0/0/24(D)
10   common  UT:GE0/0/3(U)
TG:GE0/0/2(U)
20   common  UT:GE0/0/3(U)
TG:GE0/0/2(U)
30   common  UT:GE0/0/1(U)     GE0/0/3(U)
TG:GE0/0/2(U)
40   common  UT:GE0/0/1(U)     GE0/0/3(U)
TG:GE0/0/2(U)
VID  Status  Property        MAC - LRN Statistics Description
-----------------------------------------------------------------------------
1    enable  default         enable    disable    VLAN 0001
10   enable  default         enable    disable    VLAN 0010
20   enable  default         enable    disable    VLAN 0020
30   enable  default         enable    disable    VLAN 0030
40   enable  default         enable    disable    VLAN 0040
```

步骤三：验证互连特性。room1 的访问结果如图 5 – 12 所示。

（a）

（b）

（c）

图 5 – 12　room1 的访问结果

（a）访问 room2；（b）访问 room3；（c）访问 room4

room4 被访问的结果如图 5 – 13 所示。

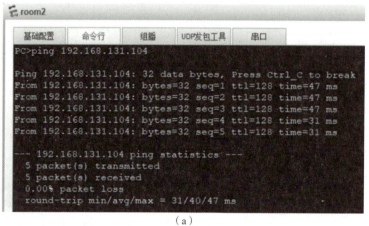

（a）

（b）

图 5 – 13　room4 被访问的结果
（a）room2 访问 room4；（b）room3 访问 room4

5.2　STP 生成树协议

5.2.1　STP 的工作原理

为了提高整个网络的可靠性，消除单点失效故障，通常在网络设计中采用多台设备、多个端口、多条线路的冗余连接方式，如图 5 – 14 所示。

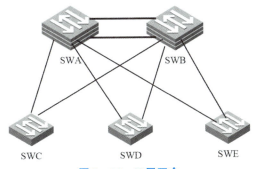

图 5－14　二层冗余

环型拓扑可以为网络提供有效的冗余保护，同时也由于物理环路的存在而导致严重的网络问题，如广播风暴、负载不均衡、交换机 MAC 地址表震荡等问题。

在一个存在物理环路的二层网络中，如图 5－15 所示，主机 A 发送了一个广播数据帧，交换机 B 从上方的端口接收到广播帧并做泛洪处理，复制至其他的端口。

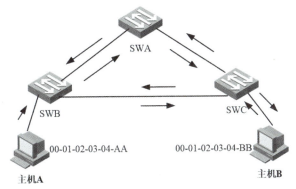

图 5－15　广播风暴的产生

由于交换机执行的是透明桥的功能，转发数据帧时不对帧做任何处理，所以对于再次到来的广播帧，交换机 A 和交换机 C 不能识别出此数据帧已经被转发过，还将对此广播帧做泛洪的操作。

在很短的时间内大量重复的广播帧被不断循环转发，从而消耗掉整个网络的带宽，连接在这个网段上的所有主机设备也会受到影响，极大地消耗系统的处理能力，严重的可能导致死机。

一旦产生广播风暴，系统无法自动恢复，必须由系统管理员人工干预恢复网络状态。某些设备在端口上可以设置广播限制，一旦特定时间内检测到广播帧超过了预先设置的阈值，即可进行某些操作，如关闭此端口一段时间以减轻广播风暴对网络带来的损害。但这种方法并不能真正消除二层的环路带来的危害。

如图 5－16 所示，主机 A 发送一个 ARP 广播数据帧，存在以下过程。

过程一：SWB 泛洪该帧，并将 A 的 MAC 地址与 G0/0/3 接口绑定。

过程二：SWA 和 SWC 泛洪该帧，数据帧回到 SWB。

过程三：SWB 接收到该帧之后，将 A 的 MAC 地址与 G0/0/2 绑定。

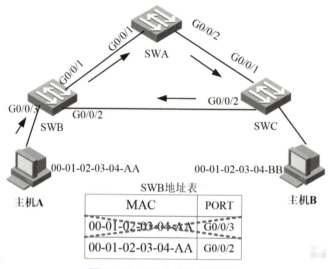

图 5 – 16 MAC 地址表震荡

在该环路之中，广播没有人为干预是不会消失的，对于网络中的三台交换机，主机 A 的 MAC 地址与端口的绑定关系随着广播的泛洪会被一直修改，而导致没有稳定的 MAC 地址表，从而导致网络无法正常转发数据。这种现象也被称为 MAC 地址漂移。

二层环型拓扑是一种简单有效的冗余结构，但是二层环路给网络带来的损害是很严重的，并且往往一旦发生，不会自动愈合。在实际的组网实际应用中经常会需要比这更复杂的多环路连接。因此，需要一种既能有效保障网络可靠冗余的作用，且又不会产生环路的解决方案来满足需求。

1. STP 协议原理

用生成树协议（Spanning – Tree Protocol，STP）可以破坏二层逻辑环路的产生。在二层网络中，生成树协议通过在有物理环路的网络上构建一个无环路的物理二层网络结构，提供冗余连接，消除环路的威胁。

STP 协议的基本思想十分简单。大家知道，自然界中生长的树一般情况下是不会出现环路的，如果网络也能够像一棵树一样生长，就不会出现环路。于是，STP 协议中定义了根桥（Root Bridge）——生成树的参考点、根端口（Root Port）——非根桥到达根桥的最近端口、指定端口（Designated Port）——连接各网段的转发端口、路径开销（Path Cost）——整个路径上端口开销之和等概念，目的就在于通过构造一棵自然树的方法达到裁剪冗余环路的目的，同时实现链路备份和路径最优化。

如图 5 – 17 所示，生成树协议能够自动发现冗余网络拓扑中的环路，保留最佳链路作为转发链路，阻塞其他冗余链路，并且在网络拓扑结构发生变化的情况下重新收敛，保证所有网段的可达且无环路。

理解 STP 的原理后，思考一个问题：在成环后的链路中，交换机会阻塞部分端口，这个被阻塞的端口是如何确定下来的？

2. 桥接协议数据单元（BPDU）

为了计算生成树，交换机之间需要交换相关信息和参数，这些信息和参数被封装在配置 BPDU（Configuration Bridge Protocol Data Unit，网桥协议数据单元）中，在交换机之间传递。

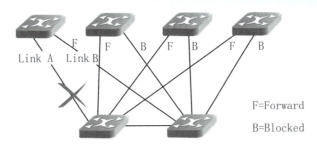

图 5－17 STP 阻塞一部分端口

BPDU 是指桥接协议数据单元，泛指交换机之间运行的协议交互信息时使用的数据单元，其结构如图 5－18 所示。配置 BPDU 是 BPDU 的一种。

Bytes	Field	
2	Protocol ID	协议ID
1	Version	版本号
1	Message Type	报文类型
1	Flags	标记域
8	Root ID	根网桥ID
4	Cost of Path	根路径成本
8	Bridge ID	发送网桥ID
2	Port ID	端口ID
2	Message Age	报文老化时间
2	Maximum Time	报文最大老化时间
2	Hello Time	访问时间
2	Forward Delay	发送延时

图 5－18 BPDU 结构

BPDU 的作用除了在 STP 刚开始运行时选举根桥外，其他的作用还包括检测发生环路的位置；通告网络状态的改变；监控生成树的状态等。

当配置 BPDU 只用于计算生成树，不用于传递拓扑改变信息的时候，Protocol ID（协议标识）、Version（版本号）、BPDU Type（BPDU 类型）、Flags（标志）四个部分设置为 0。

Root ID、Cost of Path、Bridge ID 和 Port ID 四个部分用于检测最优的配置 BPDU，进行生成树计算。

Message Age 随时间增长而变大；Max Age 默认为 20 s，如果 Message Age 达到 Max Age，则此配置 BPDU 被认为已经过期。Hello Time 默认为 2 s，也即在指定端口上，配置 BPDU 每隔两秒发送一次。Forward Delay 默认为 15 s。

3. STP 算法

生成树算法很复杂，但是其过程可以归纳为选择根网桥、选择根端口、选择指定端口三个步骤。

1）选择根网桥

选择根网桥的依据是网桥 ID，即 BID。网桥 ID 由两部分组成：两字节长度的交换机优先级和六字节长度的 MAC 地址。

交换机优先级是可以配置的，取值范围是 0～65 535，默认值为 32 768。网络中交换机标识最小的称为根交换机，首先比较优先级，如果优先级相同，则比较 MAC 地址，值越小越优先。

交换机以自己为根，如图 5 – 19 所示。

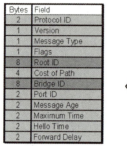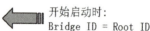

开始启动时：
Bridge ID = Root ID

图 5 – 19　交换机以自己为根

步骤一：启动 STP 时，所有交换机都以根桥的身份发出 BPDV，即将 ROOT ID 设置为自己的桥 ID。

步骤二：当收到其他交换机发出的 BPDU 并比较出最小的 BID，交换机将学习到的具有最小桥 ID 的交换机作为 STP 的根桥。

根桥选出以后，在正常情况下，只有根桥每隔 2 s 从所有指定端口发出 BPDU，其他网桥不再产生 BPDV，而只处理或转发 BPDV 来维护网络拓扑。

2）选择根端口

比较根路径开销如图 5 – 20 所示。

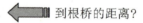

到根桥的距离？

图 5 – 20　比较根路径开销

完成根桥的选举后，需要确定环路中每个端口的类型。端口有根端口（Root Port）、指定端口（Designated Port）和阻塞端口（Blocking Port）三种类型。

（1）根端口是指向根交换机的最佳路径的端口，每个非根交换机只能有一个根端口，所有的非根 Switch 将发送它们收到的 BPDU 到它们的根端口，并通过该端口传输所有数据帧。因此，选择最佳路径的计算是非常重要的。

根端口的选举原则如下：

①优先级（Priority）：优先级最低的交换机将被选为根节点。

②MAC 地址：如果交换机的优先级相同，则 MAC 地址最低的交换机将被选为根节点。

③路径 Cost：如果 MAC 地址相同，则选择从交换机到根交换机的路径成本最小的交换机。

（2）指定端口是指在一个交换机上，STP 通过选举确定每个端口的状态，来决定是否转发数据帧。当一个端口被确定为指定端口时，它才能用于转发数据帧。

指定端口的选举原则如下：

①路径 Cost：每个交换机都将其到根交换机的距离传递给相邻的交换机，这个距离可以是端口成本或路径成本，距离更短的端口将被选为指定端口。

②优先级：当两个端口的距离相同时，端口优先级更高的将被选为指定端口。STP 允许管理员配置端口的优先级，以便手动选择所需的端口。

③带宽（Bandwith）：如果路径 Cost 和优先级都相同，则选择带宽更大的端口作为指定端口。

④MAC 地址：如果以上条件都相同，则选择 MAC 地址更小的端口作为指定端口。

（3）阻塞端口是最后剩余的既不是根端口也不是指定端口的交换机端口，也被称为非指定端口。非指定端口不转发数据，处于阻塞状态（Blocking）。

至此，STP 端口选举的工作完成，无环逻辑拓扑结构收敛完成，并进入正常的数据转发状态。

4. STP 的端口状态

交换机的端口在 STP 环境中共有 5 种状态：阻塞（Blocking）、倾听（Listening）、学习（Learning）、转发（Forwading）、关闭（Off），如图 5 - 21 所示。

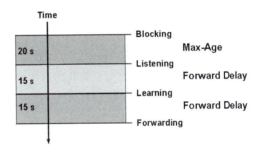

最大老化时间（Bridge Max Age）的数值范围为 6 ~ 40 s，默认为 20 s。如果在超出最大老化时间之后还没有从原来转发的端口收到根桥发出的 BPDU，交换机则认为链路或端口发

图 5 - 21　交换机端口状态

生故障，需要重新计算生成树，打开一个原来阻塞掉的端口。如果交换机在超出最大老化时间之后没有在任何端口收到 BPDU，说明此交换机与根桥失去了联系，此交换机将充当根桥向其他所有的交换机发出 BPDU 数据包。如果该交换机确实具有最小的桥 ID，它将成为根桥。

当拓扑发生变化时，新的配置消息要经过一定的时延才能传播到整个网络，这个时延称为转发延迟（Forward Dclay），协议默认值是 15 s。

在所有网桥收到这个变化的消息之前，若旧拓扑结构中处于转发状态的端口还没有发现自己应该在新的拓扑中停止转发，则可能存在临时环路。为了解决临时环路的问题，生成树使用了一种定时器策略，即在端口从阻塞状态到转发状态中间加上一个只学习 MAC 地址但不参与转发的中间状态，两次状态切换的时间长度都是转发延迟，这样就可以保证在拓扑变化的时候不产生临时环路。

但由此导致 STP 的切换时间比较长，典型的切换时间为最大的老化时间加 2 次转发延迟时间，约为 50 s。

5. 临时的环路

在端口角色以及状态的变化过程中，可能会出现临时环路问题，如图 5 - 22 所示。

初始状态下，SW1 为根交换机，所有的交换机端口中，只有 SW4 的 fei_0/2 端口为阻塞端口，处于不转发状态。

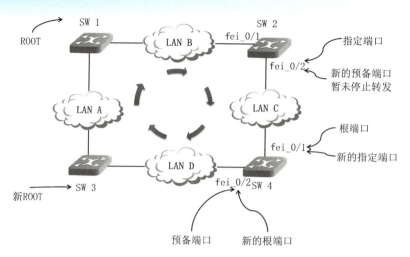

图 5-22　临时的环路

修改 SW3 的优先级，使 SW3 成为新的根交换机，SW4 的 fei_0/2 接口成为新的根端口，进入转发状态，fei_0/1 接口成为新的指定端口，处于转发状态，SW2 的 fei_0/2 应当成为新的阻塞端口，进入不转发状态。如果在 SWB 的 fei_0/2 从转发状态进入不转发状态之前，SW4 的 fei_0/2 就从不转发状态进入转发状态，则网络中会出现临时环路。

解决临时环路的方法是：在一个端口从不转发状态进入转发状态之前（例如 SW3 的 fei_0/1 端口），需要等待一个足够长的时间，以使需要进入不转发状态的端口有足够时间完成生成树计算，并进入不转发状态。在一个端口从不转发状态进入转发状态之前，需要等待两次转发延迟间隔。

5.2.2　STP 部署实践

如图 5-23 所示，在某公司的二层交换网络中，为了提高网络可靠性，需要在二层交换网络中增加冗余链路。为了阻止冗余链路可能带来的广播风暴、MAC 地址漂移等负面影响，需要在交换机之间部署生成树协议。

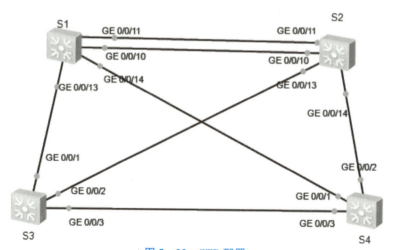

图 5-23　STP 配置

配置思路如下：

（1）使能设备上的 STP 功能。

（2）修改桥优先级来控制根桥的选举。

（3）修改接口参数来控制端口角色。

步骤一：全局使能 STP，并查看 STP 状态。以 S1 为例：

```
<S1>system-view
Enter system view, return user view with Ctrl+Z.
[S1]stp enable
[S1]display stp
-------[CIST Global Info][Mode STP]-------
CIST Bridge          :32768.4c1f-cc33-7359          //自身的桥 ID
Config Times         :Hello 2s MaxAge 20s FwDly 15s MaxHop 20
Active Times         :Hello 2s MaxAge 20s FwDly 15s MaxHop 20
CIST Root/ERPC   :32768.4c1f-cc10-5913 /20000   //当前的根桥的 ID 与根路径开销
CIST RegRoot/IRPC    :32768.4c1f-cc33-7359 /0
CIST RootPortId      :128.14
BPDU-Protection      :Disabled
TC or TCN received   :47
TC count per hello   :0
STP Converge Mode    :Normal
Time since last TC   :0 days 0h:0m:38s
Number of TC         :15
Last TC occurred     :GigabitEthernet0/0/14
```

步骤二：查看各交换机上生成树的状态信息摘要。

```
[S1]display stp brief
MSTID  Port                      Role    STP State      Protection
0  GigabitEthernet0/0/10         DESI    FORWARDING     NONE
0  GigabitEthernet0/0/11         DESI    FORWARDING     NONE
0  GigabitEthernet0/0/13         DESI    FORWARDING     NONE
0  GigabitEthernet0/0/14         ROOT    FORWARDING     NONE
[S2]display stp brief
MSTID  Port                      Role    STP State      Protection
0  GigabitEthernet0/0/10         ALTE    DISCARDING     NONE
0  GigabitEthernet0/0/11         ALTE    DISCARDING     NONE
0  GigabitEthernet0/0/13         DESI    FORWARDING     NONE
0  GigabitEthernet0/0/14         ROOT    FORWARDING     NONE
[S3]display stp brief
MSTID  Port                      Role    STP State      Protection
0  GigabitEthernet0/0/1          ALTE    DISCARDING     NONE
0  GigabitEthernet0/0/2          ALTE    DISCARDING     NONE
0  GigabitEthernet0/0/3          ROOT    FORWARDING     NONE
[S4]display stp brief
MSTID  Port                      Role    STP State      Protection
0  GigabitEthernet0/0/1          DESI    FORWARDING     NONE
0  GigabitEthernet0/0/2          DESI    FORWARDING     NONE
0  GigabitEthernet0/0/3          DESI    FORWARDING     NONE
```

步骤三：如图 5 – 24 所示，将端口状态标识在拓扑图中。

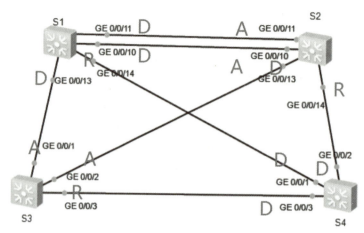

图 5 – 24　STP 运行结果

步骤四：修改设备参数，使得 S1 成为根桥，S2 成为备份根桥。

由于根桥在网络中的重要性，在根桥选举过程中，通常希望性能高、网络层次高的交换设备会被选举为根桥。但是，性能高、网络层次高的交换设备其优先级不一定高，因此可以通过执行相应命令配置其为根桥，以保证该设备成为根桥。stp root 命令用来配置当前交换设备为指定生成树的根桥或备份根桥。

在 S1 上执行 stp root primary 命令指定当前交换设备为根交换设备，则表示该设备在指定生成树中的优先级为 0，且优先级不能修改。

在 S2 上执行 stp root secondary 命令指定当前交换设备在指定生成树中为备份根桥，则表示该设备的优先级数值为 4096，且优先级不能修改。

重复步骤二看看结果是否有变化，并标识在拓扑中。

步骤五：通过修改端口的开销值，S4 的 GigabitEthernet0/0/2 接口成为根端口。

查看 S4 上的 STP 状态信息：

```
[S4]display stp
 -------[CIST Global Info][Mode STP] -------
 CIST Bridge          :32768.4c1f -cc10 -5913
 Config Times         :Hello 2s MaxAge 20s FwDly 15s MaxHop 20
 Active Times         :Hello 2s MaxAge 20s FwDly 15s MaxHop 20
 CIST Root/ERPC       :0  .4c1f -cc33 -7359 /20000 //当前 S4 到 S1 的根路径开销为 20000
 CIST RegRoot/IRPC    :32768.4c1f -cc10 -5913 /0
 CIST RootPortId      :128.1
 BPDU -Protection     :Disabled
 TC or TCN received   :93
 TC count per hello   :0
 STP Converge Mode    :Normal
 Time since last TC   :0 days 0h:9m:5s
 Number of TC         :18
 Last TC occurred     :GigabitEthernet0 /0 /1
```

修改 S4 的 GigabitEthernet0/0/1 的 STP 开销值为 50 000：

```
[S4]interface GigabitEthernet 0/0/1
[S4 -GigabitEthernet0/0/1]stp cost 50000
```

查看 S4 的 STP 端口信息：

```
[S4]display stp brief
MSTID  Port                  Role     STP State           Protection
0      GigabitEthernet0/0/1  ALTE     DISCARDING          NONE
0      GigabitEthernet0/0/2  ROOT     FORWARDING    NONE
0      GigabitEthernet0/0/3  ALTE     DISCARDING          NONE
```

5.2.3 实践拓展

在交换机上开启 STP，避免环路的出现。配置 STP 参数，通过修改优先级、端口开销等来控制 STP 根交换机、根端口、指定端口的选举，并记录每个步骤的操作结果。

STP 配置实例如图 5-25 所示。

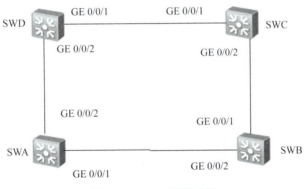

图 5-25 STP 配置实例

5.3 链路聚合部署实践

5.3.1 链路聚合工作原理

以太网链路聚合（Ethernet Link Aggregation），也称为网络接口绑定（Network Interface Bonding）或端口绑定（Port Bonding），是将多个以太网物理链路绑定成一个逻辑链路的技术，以提高传输带宽和冗余性，如图 5-26 所示。该技术可以将多个链路视为单个逻辑链路，使得流量可以均衡地分布在多个物理链路之间，从而提高网络吞吐量和可用性。

多个以太网物理链路通过以太网链路聚合技术被绑定成一个逻辑链路，称为聚合组。聚合组可以由多个物理链路组成，这些链路可以是同样的速率，也可以是不同的速率。最常见

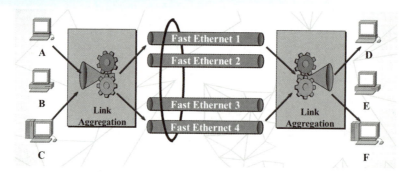

图 5 – 26　链路聚合

的是使用两个物理链路进行聚合。

以太网链路聚合可以提高网络吞吐量、可用性和可靠性，提供了一种简单而有效的方法，以增加网络连接和服务器之间的带宽，并提高对链路故障的容错能力。

链路聚合的优点如下：

（1）提高带宽：通过将多个物理链路捆绑在一起，可以实现更高的带宽，从而满足大量数据传输的需求。此外，链路聚合还支持从故障中自动恢复，提高整个网络的可用性。

（2）提高可靠性：链路聚合可以保证即使某个物理链路发生问题，其他链路仍然可以继续工作，从而避免单点故障导致整个网络宕机的情况，如图 5 – 27 所示。此外，链路聚合还支持链路备份，当主链路出现故障时，备用链路会自动接替主链路，从而进一步提高了可靠性。

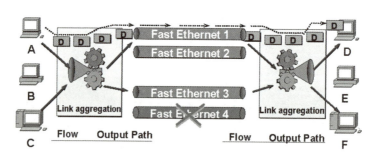

图 5 – 27　实现链路冗余

（3）避免二层环路：链路聚合协议可以帮助交换机选择最优的路径，并避免产生环路。

（4）负载均衡：链路聚合可以均衡地分配网络流量到不同的物理链路上，从而实现负载均衡，并避免因为某个链路过载而导致整个网络运行缓慢或者崩溃的情况，如图 5 – 28 所示。此外，链路聚合还可以结合其他的网络管理功能，如流量控制和优先级设置，实现更灵活的流量管理。

1. 链路聚合原理

以太网链路聚合有两种实现方式：静态聚合和动态聚合。静态聚合需要在网络设备中手动进行配置。动态聚合需要使用 Link Aggregation Control Protocol（LACP，链路聚合控制协议）等协议进行动态配置。LACP 是一个标准化的协议，它可以自动检测物理链路的状态，从而实现链路的动态聚合。

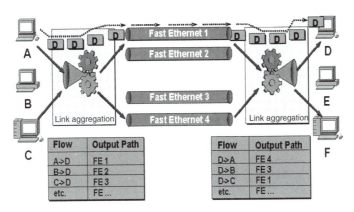

图 5 - 28 实现负载均衡

（1）静态 Trunk 将多个物理端口直接加入 Trunk 组，形成一个逻辑端口，如图 5 - 29 所示。这种方式不利于观察链路聚合端口的状态。静态 Trunk 聚合的缺点是在发生故障时，无法进行负载分担，数据容易溢出，造成部分业务中断。

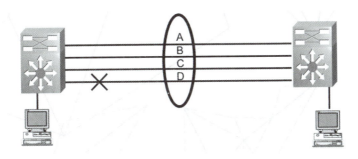

图 5 - 29 静态链路聚合

（2）LACP 遵循 IEEE 802.3ad 标准。LACP 通过协议将多个物理端口动态聚合到 Trunk 组，形成一个逻辑端口。LACP 自动产生聚合，以获得最大的带宽。

链路聚合功能需要遵循以下原则，端口的以下几个属性完全一致：

（1）相同速度和双全工模式：在进行链路聚合时，所有组成聚合的物理端口必须具有相同的速度和双向全工模式。例如，如果一个端口以 1 000 Mb/s 运行，另一个端口必须以同样的速度运行。

（2）端口在同一虚拟局域网（VLAN）中：为了成功地创建聚合链接，所有端口必须属于同一个 VLAN。如果端口属于不同的 VLAN，则无法进行链路聚合。

（3）相同的特征和配置：为了保持稳定的链路聚合，必须确保所有物理端口具有相同的特征和配置。这包括启用/禁用流控制、速率限制、广播风暴抑制等设置。

一般情况下，一台交换机可以配置 7 个 Trunk 组，每个 Trunk 组最多包含 8 个成员端口。

2. LACP

IEEE 802.3ad 标准的 LACP 是一种实现链路动态汇聚的协议。LACP 通过 LACPDU（Link Aggregation Control Protocol Data Unit，链路聚合控制协议数据单元）与对端交互信息。

端口开启 LACP 后，该端口将通过发送 LACPDU 向对端通告自己的系统优先级、系统

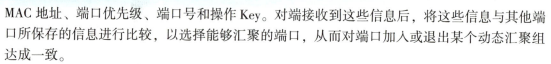

MAC 地址、端口优先级、端口号和操作 Key。对端接收到这些信息后，将这些信息与其他端口所保存的信息进行比较，以选择能够汇聚的端口，从而对端口加入或退出某个动态汇聚组达成一致。

端口成员模式设置为 Active 或 Passive 时，运行 LACP。Active 指端口为主动协商模式，Passive 指端口为被动协商模式。配置动态链路聚合时，应当将一端端口的聚合模式设置为 Active，另一端设置为 Passive，或者两端都设置为 Active，当两端都是 Passive 时，聚合会失效。

5.3.2　链路聚合部署实践

如图 5-30 所示，S1 与 S2 之间有多个环路，需要运行 STP 来解决环路问题，而运行了 STP，必然导致其中的两条链路无法同时处于数据转发的状态。为了充分利用这两条链路的带宽，需要在 S1 和 S2 之间配置以太网链路聚合。

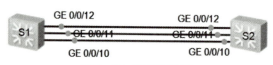

图 5-30　实验拓扑图

配置思路如下：

（1）配置手工模式链路聚合。

（2）配置 LACP 模式链路聚合。

（3）通过修改参数来控制活动链路。

（4）修改负载分担方式配置流程。

步骤一：配置手工模式链路聚合。以 S1 为例：

```
[S1]interface Eth-Trunk 1
```

interface Eth-Trunk 命令用来进入已经存在的 Eth-Trunk 接口，或创建并进入 Eth-Trunk 接口。数字 "1" 代表接口编号，编号范围根据设备情况有所不同。

设置 Eth-Trunk 接口的聚合模式，以 S1 为例：

```
[S1-Eth-Trunk1]mode manual load-balance
```

mode 命令用来配置 Eth-Trunk 的工作模式，有 LACP 模式和手工负载分担模式（手工模式）两种，缺省情况下，Eth-Trunk 的工作模式为手工负载分担模式。此处 S1 上的模式配置仅为示范目的，实际操作时不需要。

步骤二：将成员接口加入聚合组。

```
[S1]interface GigabitEthernet 0/0/10
[S1-GigabitEthernet0/0/10]eth-trunk 1    /* 成员接口的接口视图下,逐一添加到Eth-
Trunk接口,也可以进入Eth-Trunk接口视图下添加端口成员 */
    Info: This operation may take a few seconds. Please wait for a moment...done.
[S1-GigabitEthernet0/0/10]quit
```

```
[S1]interface GigabitEthernet 0 /0 /11
[S1 - GigabitEthernet0 /0 /11]eth - trunk 1
Info: This operation may take a few seconds. Please wait for a moment...done.
[S1 - GigabitEthernet0 /0 /11]quit
[S1]interface GigabitEthernet 0 /0 /12
[S1 - GigabitEthernet0 /0 /12]eth - trunk 1
Info: This operation may take a few seconds. Please wait for a moment...done.
[S1 - GigabitEthernet0 /0 /12]quit
```

验证结果如下：

```
[S1]display eth - trunk 1
Eth - Trunk1's state information is:
WorkingMode: NORMAL          Hash arithmetic: According to SIP - XOR - DIP
Least Active - linknumber: 1          Max Bandwidth - affected - linknumber: 32
Operate status: up          Number Of Up Port In Trunk: 3
  --------------------------------------------------------------------
PortName                                Status    Weight
GigabitEthernet0 /0 /10                 Up        1
GigabitEthernet0 /0 /11                 Up        1
GigabitEthernet0 /0 /12                 Up        1
```

步骤三：查看 Eth - Trunk 接口状态，静态聚合完成，可以手动断开某条链路测试网络状态。

步骤四：修改聚合模式为 LACP，以 S1 为例。

```
[S1]interface Eth - Trunk 1
[S1 - Eth - Trunk1]mode lacp   //指定 Eth - Trunk 工作模式为 LACP 模式
[S1]interface Eth - Trunk 1
[S1 - Eth - Trunk1]trunkport GigabitEthernet 0 /0 /10 to 0 /0 /12   /* 在聚合组视图下添加成员端口 */
Info: This operation may take a few seconds. Please wait for a moment...done.
[S1]display eth - trunk 1   //查看聚合组状态
Eth - Trunk1's state information is:
Local:
LAG ID: 1                    WorkingMode: STATIC
Preempt Delay: Disabled          Hash arithmetic: According to SIP - XOR - DIP
System Priority: 32768          System ID: 4c1f - cc33 - 7359
Least Active - linknumber: 1          Max Active - linknumber: 8
Operate status: up          Number Of Up Port In Trunk: 3
  --------------------------------------------------------------------
ActorPortName           Status    PortType  PortPri  PortNo  PortKey  PortState  Weight
GigabitEthernet0 /0 /10  Selected  1GE       32768    11      305      10111100   1
GigabitEthernet0 /0 /11  Selected  1GE       32768    12      305      10111100   1
GigabitEthernet0 /0 /12  Selected  1GE       32768    13      305      10111100   1
Partner:
  --------------------------------------------------------------------
ActorPortName           SysPri    SystemID          PortPri  PortNo  PortKey  PortState
GigabitEthernet0 /0 /10  32768     4c1f - ccc1 - 4a02  32768    11      305      10111100
GigabitEthernet0 /0 /11  32768     4c1f - ccc1 - 4a02  32768    12      305      10111100
GigabitEthernet0 /0 /12  32768     4c1f - ccc1 - 4a02  32768    13      305      10111100
```

5.3.3 实践拓展

如图 5 – 31 所示，要求端口上运行 LACP，聚合四条物理链路，使得链路组能转发 VLAN 2 和 VLAN 5 的数据。

图 5 – 31　拓扑图

【本章总结】

VLAN 是一种逻辑划分局域网的方法，其主要作用有分割广播域、提高网络安全性、优化网络流量。

STP 生成树协议可以构建一个无环的网络拓扑结构。其中根链路是一条在整个网络范围内拥有最低代价的链路，从根交换机到其他交换机都是这条链路；而备份链路则保留在备份状态下，在根链路失效时，可以用来替代根链路的链路。

链路聚合是将多个物理链路组合成一个高带宽、高可靠性的逻辑链路的技术。它可以提高网络的带宽和可靠性，同时避免二层环路的发生。

【本章练习】

1. 简述 VLAN 划分的方法及其常用的划分方法。
2. 简述环型物理拓扑的优势和缺点。
3. 简述 STP 根桥及端口选举的原则。
4. 简述链路聚合的优点，以及一个聚合组一般可以聚合的物理链路数量。
5. 判断连接两台交换机的物理链路的两个端口能不能同时处于转发状态。

第6章　路由协议

局域网无法满足人们日常资源共享的需求，不同的网段之间不能直接通信，因此需要实现不同网络之间的互联来共享资源、部署公共平台和服务器。本章介绍一些解决这些问题的新设备和技术，以实现更大规模的网络部署。

【本章目标】

1. 理解：路由协议的工作原理。
2. 掌握：路由协议的配置与部署。
3. 运用：静态和动态路由协议组建网络。

6.1　静态路由协议

6.1.1　静态路由和默认路由

在第4章对路有基础做了详细讲解。路由类型分为直连路由、静态路由和动态路由。本章重点学习静态路由和动态路由。

1. 静态路由

静态路由协议是由网络管理员手动配置的路由表，在这个路由表中，指定了路由器如何传递数据包到目的地。其优点是不占用网络、系统资源、安全；其缺点是当一个网络故障发生后，静态路由不会自动修正，必须由网络管理员手工逐条配置，不能自动对网络状态变化做出相应的调整。

静态路由是否出现在路由表中取决于下一跳是否可达，即此路由的下一跳地址所处网段对本路由器是否可达。

静态路由在路由表中的协议类型为静态（Static），华为路由优先级为60，其Cost值为

0。不同厂家的默认值不同，图 6 – 1 描述了静态路由的显示内容。

```
[Huawei]display ip routing-table
Route Flags: R - relay, D - download to fib
----------------------------------------------------------------
Routing Tables: Public  Destinations : 2        Routes : 2
Destination/Mask  Proto  Pre  Cost  Flags  NextHop    Interface
0.0.0.0/0         Static  60   0      D    120.0.0.2   Serial1/0/0
8.0.0.0/8         RIP    100   3      D    120.0.0.2   Serial1/0/0
9.0.0.0/8         OSPF    10   50     D    20.0.0.2    Ethernet2/0/0
9.1.0.0/16        RIP    100   4      D    120.0.0.2   Serial1/0/0
11.0.0.0/8        Static  60   0      D    120.0.0.2   Serial2/0/0
20.0.0.0/8        Direct   0   0      D    20.0.0.1    Ethernet2/0/0
20.0.0.1/32       Direct   0   0      D    127.0.0.1   LoopBack0
```

图 6 – 1　静态路由表示图例

2. 默认路由

默认路由又称缺省路由，是一种特殊的静态路由。当一个设备需要连接到另一个网络，但不能找到该网络的直接路由时，会发送数据包到默认路由器，以便默认路由器将数据包转发到正确的网络上。由于许多数据包的目的地在不同的网络中，默认路由通常被设为连接到互联网的设备的默认路由，从而大幅度简化路由表条目，减轻路由器的处理负担。

如果一个报文不能匹配上任何路由，那么这个报文只能被路由器丢掉，而把报文丢向"未知"的目的地是我们所不希望的，为了使路由器完全连接，它一定要有一条路由连到某个网络上。路由器既要保持完全连接，又不需要记录每个单独路由时，就可以使用默认路由。通过默认路由，可以指定一条单独的路由来表示所有的其他路由。

6.1.2　静态路由的配置及应用

如图 6 – 2 所示，R1、R2、R3 都是各自网络的网关设备，本实验将通过 IPv4 地址以及 IPv4 静态路由的配置，来实现这些网络之间的互联互通。

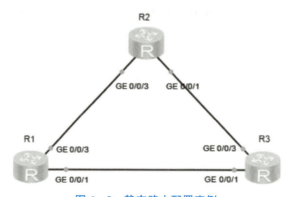

图 6 – 2　静态路由配置实例

配置思路如下：

（1）配置路由器上各接口的 IP 地址；

（2）配置静态路由来实现互联互通。

步骤一：按照拓扑规划，执行 sysname 指令设置设备名称。

步骤二：进入具体实验之前先查看路由器当前接口 IP 地址配置与路由表，收集信息，以方便与后面实验结果进行比对。以 R1 为例：

```
[R1]display ip interface brief    /* 该命令用来查看接口与 IP 相关的简要信息,包括 IP
地址、子网掩码、物理状态和协议状态以及处于不同状态的接口数目等 */
*down: administratively down
^down: standby
(l): loopback
(s): spoofing
(E): E - Trunk down
The number of interface that is UP in Physical is 3
The number of interface that is DOWN in Physical is 5
The number of interface that is UP in Protocol is 1
The number of interface that is DOWN in Protocol is 10

Interface                 IP Address/Mask      Physical      Protocol
GigabitEthernet0/0/1      unassigned           up            down
GigabitEthernet0/0/2      unassignedup         down
GigabitEthernet0/0/3      unassignedup         down
    /* 当前 R1 上的 GigabitEthernet0/0/1 和 GigabitEthernet0/0/3 接口由于尚未配置 IP 地
址,所以 IP Address/Mask 字段为 unassigned 状态,Protocol 字段为 down 状态,Physical 字段
为 up 状态。*/
[R1]display ip routing - table    //查询 IP 路由表信息
Route Flags: R - relay, D - download to fib
------------------------------------------------------------------------
Routing Tables: Public
    Destinations : 4        Routes : 4

    Destination/Mask  Proto   Pre   Cost    Flags   NextHop       Interface

       127.0.0.0/8    Direct   0     0        D      127.0.0.1    InLoopback0
       127.0.0.1/32   Direct   0     0        D      127.0.0.1    InLoopback0
  127.255.255.255/32  Direct   0     0        D      127.0.0.1    InLoopback0
  255.255.255.255/32  Direct   0     0        D      127.0.0.1    InLoopback0
/* 当前路由条目中除了设备内部路由外,没有指向外部网络的路由信息 */
```

InLoopback0 为设备上默认创建的环回接口，它是一个特殊的、固定的 Loopback 接口。InLoopback0 接口使用环回地址 127.0.0.1/8，用来接收所有发送给本机的数据包。该接口上的 IP 地址是不可以改变的，也不通过路由协议对外发布。

步骤三：规划接口地址，并配置路由物理接口的 IP 地址，见表 6 - 1。

表 6-1　物理接口 IP 地址规划

R1	GigabitEthernet0/0/1	100.0.1.1/24
	GigabitEthernet0/0/3	100.0.3.1/24
R2	GigabitEthernet0/0/1	100.0.2.1/24
	GigabitEthernet0/0/3	100.0.3.2/24
R3	GigabitEthernet0/0/1	100.0.1.2/24
	GigabitEthernet0/0/3	100.0.2.2/24

```
<R1>system-view
[R1]interface GigabitEthernet0/0/1
[R1-GigabitEthernet0/0/1]ip address 100.0.1.1 24
[R1-GigabitEthernet0/0/1]quit
[R1]interface GigabitEthernet0/0/3
[R1-GigabitEthernet0/0/3]ip address 100.0.3.1 24
[R1-GigabitEthernet0/0/3]quit
```

```
<R2>system-view
[R2]interface GigabitEthernet0/0/3
[R2-GigabitEthernet0/0/1]ip address 100.0.2.1 24
[R2-GigabitEthernet0/0/1]quit
[R2]interface GigabitEthernet0/0/4
[R2-GigabitEthernet0/0/3]ip address 100.0.3.2 24
[R2-GigabitEthernet0/0/3]quit
```

```
<R3>system-view
[R3]interface GigabitEthernet0/0/1
[R3-GigabitEthernet0/0/1]ip address 100.0.1.2 24
[R3-GigabitEthernet0/0/1]quit
[R3]interface GigabitEthernet0/0/3
[R3-GigabitEthernet0/0/3]ip address 100.0.2.2 24
[R3-GigabitEthernet0/0/3]quit
```

完成配置之后，Ping 测试相邻接口的连通性，确认 IP 地址配置没有问题。

查看路由表信息，此时除了实验之前的设备内部路由之外，还会有路由器接口所属网段路由信息。以 R1 为例：

```
[R1]display ip routing-table
Route Flags:R - relay,D - download to fib
-----------------------------------------------------------------
Routing Tables:Public
Destinations:10    Routes:10
    Destination/Mask Proto Pre  Cost Flags  NextHop        Interface
```

```
       100.0.1.0/24      Direct  0    0     D    100.0.1.1    GigabitEthernet0/0/3
//指向接口所在网段的路由
       100.0.1.1/32      Direct  0    0     D    127.0.0.1    GigabitEthernet0/0/3
//指向接口 IP 地址的主机路由
      100.0.1.255/32     Direct  0    0     D    127.0.0.1    GigabitEthernet0/0/3
//指向接口所在网段广播地址的主机路由
       100.0.3.0/24      Direct  0    0     D    100.0.3.1    GigabitEthernet0/0/1
       100.0.3.1/32      Direct  0    0     D    127.0.0.1    GigabitEthernet0/0/1
      100.0.3.255/32     Direct  0    0     D    127.0.0.1    GigabitEthernet0/0/1
       127.0.0.0/8       Direct  0    0     D    127.0.0.1    InLoopback0
       127.0.0.1/32      Direct  0    0     D    127.0.0.1    InLoopback0
   127.255.255.255/32    Direct  0    0     D    127.0.0.1    InLoopback0
   255.255.255.255/32    Direct  0    0     D    127.0.0.1    InLoopback0
```

步骤四：为 R1、R2、R3 创建 loopback 环回接口，并配置地址，见表 6 – 2。

表 6 – 2　环回接口 IP 地址规划

路由器	接口	IP Address/Mask
R1	Loopback0	1. 1. 1. 1/32
R2	Loopback0	2. 2. 2. 2/32
R3	Loopback0	3. 3. 3. 3/32

该配置比较简单，以 R1 为例：

```
[R1]interface Loopback0
[R1-Loopback0]ip address 1.1.1.1 32
```

再次查看路由表，路由表中将会为 loopback 接口生成新的路由条目信息（不再举例）。
Ping 测试 LB 接口之间的连通性，会发现 LB 接口之间无法 Ping 通。

```
[R1]ping -a1.1.1.1 2.2.2.2   //-a 参数原来指定 ICMP 协议发送测试数据包中的源 IP 地址
  PING 10.0.1.2:56 data bytes, press CTRL_C to break
   Request time out
   Request time out
   Request time out
   Request time out
   Request time out

  --- 10.0.1.2 ping statistics ---
   5 packet(s) transmitted
   0 packet(s) received
    100.00% packet los
```

因此，在本实验中，需要在设备上为这些 LB 接口配置静态路由。

步骤五：静态路由配置。

在 R1 上配置到达 R2 和 R3 的 Loopback0 接口的路由条目：

```
[R1]ip route-static 2.2.2.2 32 100.0.3.2
[R1]ip route-static 3.3.3.3 32 100.0.1.2
```

查看 R1 路由表变化：

```
[R1]display ip routing-table
Route Flags: R - relay, D - download to fib
--------------------------------------------------------------------------------
Routing Tables: Public
Destinations : 10    Routes : 10
      Destination/Mask  Proto   Pre  Cost  Flags  NextHop      Interface

       100.0.1.0/24     Direct  0    0     D      100.0.1.1    GigabitEthernet0/0/3
         3.3.3.3/32     Static  60   0     RD     100.0.3.2    GigabitEthernet0/0/3
         2.2.2.2/32     Static  60   0     RD     100.0.1.2    GigabitEthernet0/0/1

       100.0.1.1/32     Direct  0    0     D      127.0.0.1    GigabitEthernet0/0/3
     100.0.1.255/32     Direct  0    0     D      127.0.0.1    GigabitEthernet0/0/3
       100.0.3.0/24     Direct  0    0     D      100.0.3.1    GigabitEthernet0/0/1
       100.0.3.1/32     Direct  0    0     D      127.0.0.1    GigabitEthernet0/0/1
     100.0.3.255/32     Direct  0    0     D      127.0.0.1    GigabitEthernet0/0/1
       127.0.0.0/8      Direct  0    0     D      127.0.0.1    InLoopback0
       127.0.0.1/32     Direct  0    0     D      127.0.0.1    InLoopback0
 127.255.255.255/32     Direct  0    0     D      127.0.0.1    InLoopback0
 255.255.255.255/32     Direct  0    0     D      127.0.0.1    InLoopback0
```

在 R1 上测试 R2 和 R3 的连通性：

```
[R1]ping -a 1.1.1.1 2.2.2.2
  PING 2.2.2.2: 56  data bytes, press CTRL_C to break
    Request time out
    Request time out
    Request time out
    Request time out
    Request time out

  --- 10.0.1.2 ping statistics ---
    5 packet(s) transmitted
    0 packet(s) received
    100.00% packet loss
```

因为此时 R2 上没有到 R1 的 Loopback0 的路由，所以还是无法 Ping 通 R2 的 Loopback0 接口。需要在 R2 和 R3 上添加到达 R1 的 Loopback0 的路由：

```
[R2]ip route-static 1.1.1.1 32 100.0.3.1
```

```
[R3]ip route-static 1.1.1.1 32 100.0.1.1
```

此时 R1 的 Loopback0 已经可以和 R2 的 Loopback0 实现互通（不再举例 ping 测试）。按照以上方式，配置完整的 R2 到 R3、R3 到 R2 的静态路由，并测试。

步骤六：默认路由配置。在 R2 上再创建一个 LB 接口，并配置接口地址 2.2.2.20/32。

```
[R2]interface Loopback1
[R2 - Loopback0]ip address 2.2.2.20 32
```

在 R1 上配置默认路由：

```
[R1]ip route - static 0.0.0.0 32 100.0.3.2
```

此时查看 R1 的路由表，表中没有到达 LB1 的路由，但是通过 ping 测试，R1 的 LB0 到 R2 的 LB1 接口是通的。

```
[R1]ping - a 1.01.1.1 2.2.2.20
  PING 2.2.2.20：56   data bytes, press CTRL_C to break
   Reply from 2.2.2.20：bytes =56 Sequence =1 ttl =255 time =50 ms
   Reply from 2.2.2.20：bytes =56 Sequence =2 ttl =255 time =30 ms
   Reply from 2.2.2.20：bytes =56 Sequence =3 ttl =255 time =20 ms
   Reply from 2.2.2.20：bytes =56 Sequence =4 ttl =255 time =40 ms
  Reply from 2.2.2.20：bytes =56 Sequence =5 ttl =255 time =20 ms

  --- 2.2.2.20 ping statistics ---
  5 packet(s) transmitted
  5 packet(s) received
   0.00% packet loss
   round - trip min /avg /max = 20 /32 /50 ms
```

6.1.3 实践拓展

如图 6 – 3 所示，路由器 R1 和 R2 相连，要求设置静态路由，3 台主机能够互通。

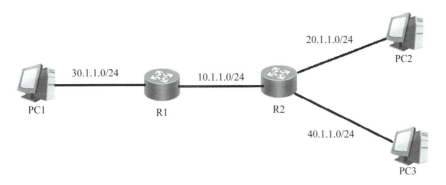

图 6 – 3 静态路由训练

6.2 VLAN 间路由

6.2.1 VLAN 间路由方法

一个网络在使用 VLAN 进行分割之后，各个 VLAN 之间是不能互相访问的，其业务流量相当于在物理上隔离。但是，隔离网络并不是建网的最终目的，选择 VLAN 隔离的主要目的是隔离广播，优化网络性能，在业务上还需要在各 VLAN 之间互相通信。

VLAN 是基于二层的技术，VLAN 之间的通信需要通过三层路由功能来实现。

由于路由器对以太网上的广播报文默认不转发，因此中间配置的路由器仍然不会改变原本划分 VLAN 所要达到的隔离广播的目的。因此，VLAN 之间的通信的解决方法之一，是在 VLAN 之间配置三层设备，这样 VLAN 内部的流量仍然通过原来的 VLAN 内部的二层网络进行，从一个 VLAN 到另外一个 VLAN 的通信流量，通过路由在三层上进行转发，转发到目的网络后，再通过二层交换网络把报文最终发送给目的主机。

在 VLAN 之间做互联使用的三层设备上，可以通过各种配置，比对路由协议的配置、对访问控制的配置等，形成对 VLAN 之间互相访问的控制策略，使网络处于受控的状态。VLAN 之间的通信使用路由器进行，那么在建立网络的时候，就有存在联网的选择问题。

目前实现 VLAN 间路由可以采用普通路由、单臂路由或三层交换机。

1. 普通路由

按照传统的建网原则，为了实现不同 VLAN 之间的互通，需要在交换机和路由器之间建立物理连接并为每个需要通信的 VLAN 分别配置独占的交换机端口和路由器端口，在路由器上为每个 VLAN 配置一个不同的缺省网关 IP 地址，在交换机上将每个端口设置为 ACCESS PORT 并分配给不同的 VLAN。这样就可以保证不同 VLAN 之间的通信，从而构建出一个具有多个独立子网的局域网，如图 6-4 所示。

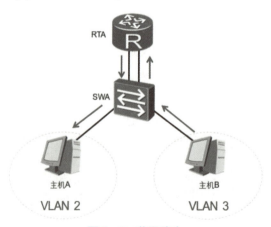

图 6-4 普通路由

应用这种方式，只需要简单地配置路由器接口即可实现 VLAN 的互访。当需要增加 VLAN 时，在交换机上很容易实现，但在路由器上需要为此 VLAN 增加新的物理接口，而路由器的物理接口有限，所以这种方式的最大缺点是成本高，拓扑更复杂；其优点是路由器上普通的以太口即可用于 VLAN 间路由。

2. 单臂路由

单臂路由是指在路由器的一个接口上通过配置子接口（逻辑上划分出多个接口）的方式，实现原来相互隔离的不同 VLAN 之间的互访。

如果路由器以太网接口支持 802.1Q 封装，可实现单臂路由的方式。使用这种技术，可以使多个 VLAN 的业务流量共享相同的物理连接，通过在单臂路由的物理连接上传递打标记的帧将各个 VLAN 的流量区分开来。如图 6 – 5 所示。

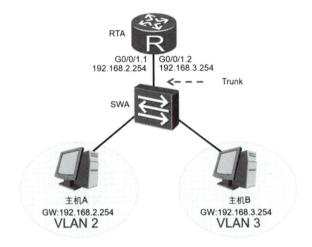

图 6 – 5　单臂路由

在做 VLAN 间互通的时候，对于网络中的多个 VLAN，只需要共享一条物理链路。在交换机上配置连接到路由器的端口为 Trunk 端口，在路由器上支持 802.1Q 封装的以太接口设置多个子接口，将路由器的以太口子接口设置封装类型为 dot1Q，指定此子接口与哪个 VLAN 关联，即此子接口处于哪个 VLAN 的广播域之中，然后将子接口的 IP 地址设置为此 VLAN 成员的默认网关地址。

路由器上的路由接口和物理接口是多对一的对应关系，路由器在进行 VLAN 间路由的时候，把报文从一个路由子接口上转发到另一个路由子接口上，但从物理接口上看，是从一个物理接口上转发回同一个物理接口上去，VLAN 标记在转发后被替换为目标网络的标记。

在通常的情况下，VLAN 间路由的流量不足以达到链路的线速度，使用 VLAN Trunk 的配置，可以提高链路的带宽利用率，节省端口资源，以及简化管理。例如，当网络需要增加一个 VLAN 的时候，只要维护一下设备的配置就行了，不需要对网络布线进行修改。

单臂路由技术易于实现且拓扑简单，能够完成 VLAN 间的路由，但存在以下几个比较明显的问题：

（1）数据包在进出网关时经过多次的处理，会增加延迟时间并降低网络速率；

（2）需要对路由器进行更复杂的配置，对 VLAN 的 ID 和子网掩码等参数进行精细的设置，花费更多的人力和时间；

（3）路由器出现故障时，会影响整个 VLAN 间的互访；

（4）只能连接少数的 VLAN，如果要扩展到更多的 VLAN，就需要设置多个单臂路由，限制了网络拓扑的可扩展性。

在实际的工程环境中，不建议使用单臂路由实现 VLAN 之间的互访。三层交换机使用硬件完成交换，可以实现线性转发，所以三层交换机的可扩展性与可用性都远远高于单臂路由技术。由此就诞生了三层交换机，利用三层交换技术来进一步改善性能。

3. 三层/多层交换机

三层交换机是现代化网络组建必不可少的设备，是现今最流行的组网设备之一。三层交换机就是具有部分路由器功能的交换机。从宏观角度讲，三层交换技术就是二层交换技术与三层路由技术相集成的，如图 6-6 所示。

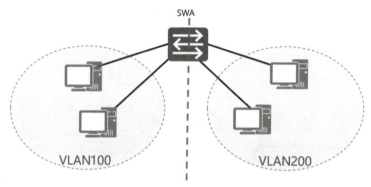

图 6-6　三层交换机实现 VLAN 间互访

三层交换机是具有路由能力的交换机，既能像路由器一样根据路由表转发数据包，也能像二层交换机一样根据 MAC 地址表来实现网络内的数据交换。但它并不是路由器和交换机的简单叠加。

三层交换机的最主要功能就是完成大型网络内部的数据快速转发，为它加上路由能力也是为此目的服务的。下面就来看看它的转发流程。

主机 A 发送数据包给主机 B 时，数据包先到达三层交换机。交换机查看数据包的目的 MAC 地址，如果该 MAC 地址在交换机的 MAC 地址表中有对应的端口，则直接将数据包转发到该端口上。如果目的 MAC 地址不在交换机的 MAC 地址表中，交换机则用 ARP 协议向网络中发送广播请求，寻找目的主机的 MAC 地址。得到目标主机的 MAC 地址后，三层交换机会将源主机和目的主机之间的路径存储到交换机的路由表中。接着交换机会检查数据包的目的 IP 地址，并在路由表中查找与该地址匹配的出口端口。最后，交换机将数据包转发到相应的出口端口，继而到达主机 B，完成数据包的转发。

6.2.2　VLAN 间路由配置

1. 普通路由的 VLAN 间路由配置

如图 6-7 所示，交换机的端口 G0/0/1 和 G0/0/2 属于 VLAN10，为 Access 端口；端口 G0/0/3 和 G0/0/4 属于 VLAN20，为 Access 端口；端口 G0/0/1 和 G0/0/4 与路由器互联。通过简单的配置普通路由方式实现 VLAN 间路由。

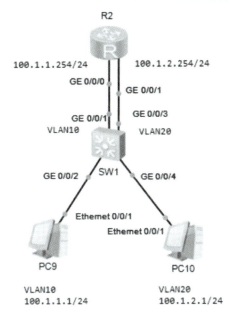

图 6 - 7 普通路由的 VLAN 间路由配置实例

步骤一：按照网络拓扑规划建立拓扑并启动设备。

步骤二：按照规划配置主机 IP 地址和网关。

步骤三：在交换机上配置 VLAN。

```
[SW1]vlan batch 10 20
Info：This operation may take a few seconds. Please wait for a moment...done.
[SW1]interface g0 /0 /2
[SW1 - GigabitEthernet0 /0 /2]port link - t access
[SW1 - GigabitEthernet0 /0 /2]port default vlan 10
[SW1]interface g0 /0 /4
[SW1 - GigabitEthernet0 /0 /4]port link - t access
[SW1 - GigabitEthernet0 /0 /4]port default vlan 20
[SW1]interface g0 /0 /3
[SW1 - GigabitEthernet0 /0 /3]port link - t access
[SW1 - GigabitEthernet0 /0 /3]port default vlan 20
[SW1]interface g0 /0 /1
[SW1 - GigabitEthernet0 /0 /1]port link - t access
[SW1 - GigabitEthernet0 /0 /1]port default vlan 10
```

步骤四：在 R2 上配置接口地址。

```
[R2]interface g0 /0 /0
[R2 - GigabitEthernet0 /0 /0]ip address 100.1.1.254 24
[R2 - GigabitEthernet0 /0 /0]interface g0 /0 /1
[R2 - GigabitEthernet0 /0 /1]ip address 100.1.2.254 24
```

步骤五：测试 PC1 和 PC2 的连通性。

```
PC >ping 100.1.2.1    //从 PC1 去 ping 主机 PC2 IP 地址

Ping 100.1.2.1: 32 data bytes, Press Ctrl_C to break
From 100.1.2.1: bytes =32 seq =1 ttl =127 time =125 ms
From 100.1.2.1: bytes =32 seq =2 ttl =127 time =94 ms
From 100.1.2.1: bytes =32 seq =3 ttl =127 time =94 ms
From 100.1.2.1: bytes =32 seq =4 ttl =127 time =94 ms
From 100.1.2.1: bytes =32 seq =5 ttl =127 time =78 ms

--- 100.1.2.1 ping statistics ---
  5 packet(s) transmitted
  5 packet(s) received
  0.00%  packet loss
  round - trip min/avg/max = 78 /97 /125 ms
```

2. 单臂路由方式的 VLAN 间路由配置

如图 6 – 8 所示，交换机的端口 G0/0/2 属于 VLAN10，为 Access 端口；端口 G0/0/3 属于 VLAN20，为 Access 端口；端口 G0/0/1 与路由器互联，为 Trunk 端口。通过配置单臂路由的方式实现 VLAN 间路由。

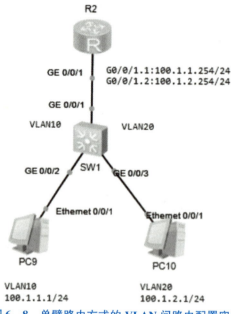

图 6 – 8 单臂路由方式的 VLAN 间路由配置实例

步骤一：配置 PC 主机的 IP 地址和网关。

步骤二：配置交换机上的 VLAN 和端口类型。

```
[SW1]vlan batch 10 20
Info: This operation may take a few seconds. Please wait for a moment...done.
[SW1]interface GigabitEthernet 0 /0 /2
[SW1 – GigabitEthernet0 /0 /2]port link – type access
[SW1 – GigabitEthernet0 /0 /2]port default vlan 10
```

```
[SW1-GigabitEthernet0/0/2]quit
[SW1]interface GigabitEthernet 0/0/3
[SW1-GigabitEthernet0/0/3]port link-type access
[SW1-GigabitEthernet0/0/3]port default vlan 20
[S1]interface GigabitEthernet 0/0/1
[SW1-GigabitEthernet0/0/3]port link-type trunk
[S1-GigabitEthernet0/0/1]port trunk allow-pass vlan 10 20    /* 因为 VLAN 间互访
```
数据要由 R1 来终结 VLAN,所以 S1 和 R1 之间的链路要允许 VLAN10 和 VLAN20 通过。*/

步骤三：在 R2 上配置 dot1q 终结子接口。

```
[R2]interface GigabitEthernet 0/0/1.2    /* 创建并进入子接口视图。2 代表子接口的编
号,一般建议子接口编号与 VLAN ID 相同,方便记忆。*/
[R2-GigabitEthernet0/0/1.2]dot1q termination vid 10    /* 配置子接口 Dot1q 终结
的 VLAN ID */
[R2-GigabitEthernet0/0/1.2]arp broadcast enable    /* 终结子接口不能转发广播报
文,在收到广播报文后,它们直接把该报文丢弃。为了允许终结子接口能转发广播报文,可以通过在子接
口上执行命令 arp broadcast enable 使能终结子接口的 ARP 广播功能。部分设备默认使能该功能,
此命令的配置根据设备而定。*/
[R2-GigabitEthernet0/0/1.2]ip address 100.1.1.254 24
[R2-GigabitEthernet0/0/1.2]quit
[R2]interface GigabitEthernet 0/0/1.3
[R2-GigabitEthernet0/0/1.3]dot1q termination vid 20
[R2-GigabitEthernet0/0/1.3]arp broadcast enable
[R2-GigabitEthernet0/0/1.3]ip address 100.1.2.254 24
[R2-GigabitEthernet0/0/1.3]quit
```

步骤四：测试连通性,数据包途经节点跟踪。

```
<PC>ping 100.1.2.1
  PING 100.1.2.1: 56  data bytes, press CTRL_C to break
    Reply from 100.1.2.1: bytes=56 Sequence=1 ttl=254 time=60 ms
    Reply from 100.1.2.1: bytes=56 Sequence=2 ttl=254 time=40 ms
    Reply from 100.1.2.1: bytes=56 Sequence=3 ttl=254 time=110 ms
    Reply from 100.1.2.1: bytes=56 Sequence=4 ttl=254 time=70 ms
    Reply from 100.1.2.1: bytes=56 Sequence=5 ttl=254 time=100 ms


  --- 100.1.2.1 ping statistics ---
    5 packet(s) transmitted
    5 packet(s) received
    0.00% packet loss
    round-trip min/avg/max = 40/76/110 ms

  <PC>tracert 100.1.2.1
  traceroute to  100.1.2.1(100.1.2.1), max hops: 30 ,packet length: 40,press CTRL_C
to break

  1 100.1.1.254 30 ms  50 ms  50 ms    //测试数据经由 G0/0/1.2 子接口转发出去

  2 100.1.2.1 70 ms  60 ms  60 ms
```

3. 三层交换机方式的 VLAN 间路由配置

使用图 6-8 所示的拓扑，在以上实验配置基础上，通过在三层交换机上配置 VLANIF 接口的方式实现 VLAN 间路由。

步骤一：清除交换机和路由器相关配置。

```
[SW1]interface GigabitEthernet 0/0/1
[SW1-GigabitEthernet0/0/1]undo port trunk allow-pass vlan 10 20
[SW1-GigabitEthernet0/0/1]undo port link-type
```

路由器接口配置清除也可以不执行，因为上一步交换机清除已经断开和路由器的关系。

```
[R2]undo interface GigabitEthernet 0/0/1.2
[R2]undo interface GigabitEthernet 0/0/1.3
```

步骤二：在交换机上创建 VLANIF 接口。

```
[SW1]interface Vlanif 10    /* 创建 VLANIF 接口并进入 VLANIF 接口视图。只有先通过命令创建 VLAN 后,才能执行 interface vlanif 命令创建 VLANIF 接口。*/
[SW1-Vlanif2]ip address 100.1.1.254 24
[SW1-Vlanif2]quit
[SW1]interface Vlanif 20
[SW1-Vlanif3]ip address 100.1.2.254 24
[SW1-Vlanif3]quit
```

步骤三：检测 VLAN 间互访连通性。

```
<PC>ping 100.1.2.1
  PING 100.1.2.1: 56  data bytes, press CTRL_C to break
    Reply from 100.1.2.1: bytes=56 Sequence=1 ttl=254 time=60 ms
    Reply from 100.1.2.1: bytes=56 Sequence=2 ttl=254 time=40 ms
    Reply from 100.1.2.1: bytes=56 Sequence=3 ttl=254 time=110 ms
    Reply from 100.1.2.1: bytes=56 Sequence=4 ttl=254 time=70 ms
    Reply from 100.1.2.1: bytes=56 Sequence=5 ttl=254 time=100 ms

  --- 100.1.2.1 ping statistics ---
    5 packet(s) transmitted
    5 packet(s) received
    0.00% packet loss
    round-trip min/avg/max = 40/76/110 ms

<PC>tracert 100.1.2.1
  traceroute to  100.1.2.1(100.1.2.1), max hops: 30 ,packet length: 40,press CTRL_C
to break

  1 100.1.1.254 30 ms  50 ms  50 ms    //测试数据经由 VLANIF10 子接口转发出去

  2 100.1.2.1 70 ms  60 ms  60 ms
```

6.2.3 实践拓展

如图6-9所示，SW1为三层交换机，SW2、SW3为二层交换机；交换机之间的端口为Trunk端口，交换机与PC之间的端口为Access端口；要求不同VLAN之间的主机能够互通。

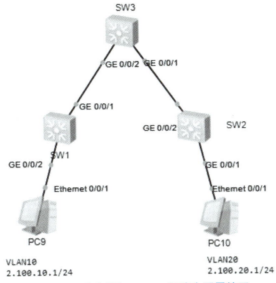

图6-9 跨交换机VLAN间路由配置练习

6.3 RIP 动态路由协议部署实践

6.3.1 动态路由协议

1. 动态路由协议概述

动态路由协议是一种计算机网络协议，用于自动更新路由表中的信息，可以根据网络拓扑、带宽、延迟等因素来确定最佳的路由路径，从而提高数据包传输的效率和可靠性。

静态路由协议需要手动配置路由，需要管理员手动维护和更新路由表。这意味着当网络拓扑或链路状况发生变化时，需要手动更新路由表，使得网络管理变得复杂且容易出错，当网络规模较大时，也难以应用。而动态路由选择协议可以根据网络系统的运行情况而自动调整。根据所配置的路由选择协议提供的功能，动态路由协议可以自动学习和记忆网络运行情况，在需要时，自动计算数据传输的最佳路径。

目前常见的动态路由协议有RIP、OSPF、ISIS、IGRP、BGP、EIGRP等。所有的动态路由协议在TCP/IP协议栈中都属于应用层的协议，但是不同的路由协议使用的底层协议不同。动态路由协议在协议栈中的位置如图6-10所示。

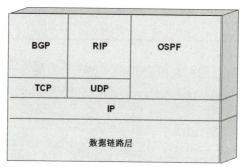

图 6 – 10   动态路由协议在协议栈中的位置

OSPF 工作在网络层，将协议报文直接封装在 IP 报文中，协议号为 89，由于 IP 本身是不可靠传输协议，所以 OSPF 传输的可靠性需要协议本身来保证；BGP 工作在应用层，使用 TCP 作为传输协议，端口号是 179；RIP 工作在应用层，使用 UDP 作为传输协议，端口号是 520。

配置了动态路由选择协议后，动态路由协议通过交换路由信息，生成并维护转发引擎所需的路由表。当网络拓扑结构改变时，动态路由协议可以自动更新路由表，并负责决定数据传输最佳路径。

2. 动态路由协议的分类

动态路由协议有几种划分方法，如图 6 – 11 所示。

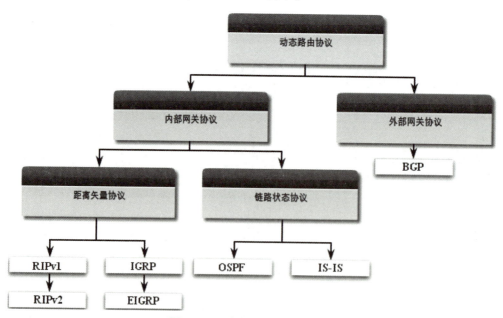

图 6 – 11   动态路由协议的分类

1）按工作范围分类

动态路由协议按工作范围，分为内部网关协议（Interior Gateway Protocol，IGP）和外部网关协议（Exterior Gateway Protocol，EGP）。

（1）IGP 在同一个自治系统内交换路由信息。RIP 和 IS – IS 都属于 IGP。IGP 的主要目的是发现和计算自治域内的路由信息。

（2）EGP用于连接不同的自治系统，在不同的自治系统之间交换路由信息，主要使用路由策略和路由过滤等控制路由信息在自治域间的传播，应用的一个实例是BGP。

自治系统（Autonomous System，AS）是指一个网络的一部分，由一组互相交换路由信息的网络节点和它们所连接的子网系统组成，这些节点和子网系统受到统一管理和控制。一个AS可以是一些运行单个IGP的路由器集合，也可以是一些运行不同路由选择协议但都属于同一个组织机构的路由器集合。在互联网中，自治系统是一种通过边界网关协议（Border Gateway Protocol，BGP）或其他路由协议进行自治路由选择的网络集合。AS可以将其内部网络视为一个单独的单位，并自主决定如何将其路由数据包传输到互联网上。一个自治系统往往对应一个组织实体（如一个公司或大学）内部的网络与路由器集合。

每个自治系统都有编号。自治系统编号是由因特网号码分配机构（IANA）授权的32位数字，用于唯一标识一个自治系统。两个自治系统之间的网络通信需要通过路由器来传递数据包。路由器使用路由协议来确定最佳路径，并通过自治系统编号来识别每个自治系统。这样，路由器就可以根据自治系统编号来决定如何传递数据包，以保证数据的安全、可靠和高效传输。需要注意的是，自治系统编号并不是简单地由IANA分配给各个组织或企业的，而是在全球范围内统一管理和分配。自治系统编号的分配需要符合一定的规则和程序，例如需要提交申请、经过审核等。

自治系统的编号范围是1～65 535，其中，1～64 511是注册的因特网编号，64 512～65 535是专用网络编号。

2) 按路由信息的传递方式和内容分类

按照路由信息的传递方式和内容，路由协议可以分为距离矢量协议（Distant – Vector）和链路状态协议。距离矢量协议包括RIP（Route Information Protocol，路由信息协议）和BGP（Border Gateway Protocol，边界网关协议），链路状态协议包括OSPF、IS – IS。

BGP是一种路径向量协议（Path Vector Protocol），与距离矢量协议和链路状态协议不同。路径向量协议是一种高级的路由协议，记录了从一个节点到另一个节点的完整路径信息，包括中间经过的所有其他路由器。

（1）距离矢量路由协议基于贝尔曼 – 福特算法，使用D – V算法的路由器通常以一定的时间间隔向相邻的路由器发送完整的路由表。接收到路由表的邻居路由器将收到的路由表和自己的路由表进行比较，新的路由或到已知网络但开销（Metric）更小的路由都被加入路由表中。相邻路由器然后再继续向外广播它自己的路由表（包括更新后的路由）。距离矢量路由器关心的是到目的网段的距离（Metric）和矢量（方向，从哪个接口转发数据）。

在发送数据前，路由协议计算到目的网段的Metric；在收到邻居路由器通告的路由时，将学到的网段信息和收到此网段信息的接口关联起来，以后有数据要转发到这个网段时，就使用这个关联的接口。

距离矢量路由协议的优点：配置简单，占用较少的内存和CPU处理时间。缺点：扩展性较差，比如RIP最大跳数不能超过16跳。

（2）链路状态路由协议基于Dijkstra算法，有时被称为最短路径优先算法。L – S算法提供比RIP等D – V算法更大的扩展性和快速收敛性，但是它的算法耗费更多的路由器内存和处理能力。D – V算法关心网络中链路或接口的状态（up或down、IP地址、掩码），每个路由器将自己已知的链路状态向该区域的其他路由器通告，这些通告称为链路状态通告

（Link State Advitisement，LSA）。通过这种方式，区域内的每台路由器都建立了一个本区域完整的链路状态数据库。然后路由器根据收集到的链路状态信息来创建它自己的网络拓扑图，形成一个到各个目的网段的带权有向图。

6.3.2 RIP

1. RIP 概述

路由器的关键作用是用于网络的互连，每个路由器与两个以上的实际网络相连，负责在这些网络之间转发数据报。在讨论 IP 进行选路和对报文进行转发时，总是假设路由器包含了正确的路由，而且路由器可以利用 ICMP 重定向机制来要求与之相连的主机更改路由（具体请看 IP 部分的相应项目）。但在实际情况下，IP 进行选路之前必须先通过某种方法获取正确的路由表。在小型的、变化缓慢的互连网络中，管理者可以用手工方式来建立和更改路由表。而在大型的、迅速变化的环境下，人工更新的办法慢得不能接收。这就需要自动更新路由表的方法，即所谓的动态路由协议，RIP 是其中最简单的一种。

RIP 是基于 D - V 算法（又称为 Bellman - Ford 算法）的内部动态路由协议，是最简单的动态路由协议。D - V 是 Distance - Vector 的缩写，因此 D - V 算法又称为距离向量算法。这种算法在 ARPARNET 早期就用于计算机网络路由的计算。

RIP 是最广泛使用的 IGP 之一，著名的路径刷新程序 Routed 便是根据 RIP 实现的。RIP 被设计用于使用同种技术的中型网络，适用于大多数的校园网和使用速率变化不是很大的连续性的地区性网络。

在实现时，RIP 作为一个系统长驻进程（Daemon）而存在于路由器中，它负责从网络系统的其他路由器接收路由信息，从而对本地 IP 层路由表做动态的维护，保证 IP 层发送报文时选择正确的路由，同时广播本路由器的路由信息，通知相邻路由器做相应的修改。RIP 处于 UDP 的上层，如图 6 - 12 所示。

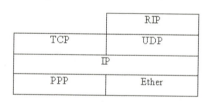

图 6 - 12 路由器协议结构

RIP 根据 D - V 算法的特点，将协议的参加者分为主动机和被动机两种。主动机主动向外广播路由刷新报文，被动机被动地接收路由刷新报文。一般情况下，主机作为被动机，路由器则既是主动机又是被动机，即在向外广播路由刷新报文的同时，接收来自其他主动机的 D - V 报文，并进行路由刷新。

RIP 规定，路由器每 30 秒向外广播一个 D - V 报文，报文信息来自本地路由表。RIP 的 D - V 报文中，其距离以驿站计：与信宿网络直接相连的路由器规定为一个驿站，相隔一个路由器则为两个驿站，依此类推。一条路由的距离为该路由（从信源机到信宿机）上的路由器数。为防止寻径环长期存在，RIP 规定，长度为 16 的路由为无限长路由，即不存在的路由。所以，一条有效的路由长度不得超过 15。正是这一规定限制了 RIP 的使用范围，使

RIP 局限于中小型的网络网点中。

为了保证路由的及时有效性，RIP 采用触发刷新技术和水平分割法。当本地路由表发生修改时，触发广播路由刷新报文，以迅速达到最新路由的广播和全局路由的有效。水平分割法是指当路由器从某个网络接口发送 RIP 路由刷新报文时，其中不包含从该接口获取的路由信息。这是由于从某网络接口获取的路由信息对于该接口来说是无用信息，同时也解决了两路由器间的慢收敛问题。

对于局域网的路由，RIP 规定了路由的超时处理。主要是考虑到这样一个情况：如果完全根据 D－V 算法，一条路由被刷新是因为出现一条路由开销更小的路由，否则路由会在路由表中一直保存下去，即使该路由崩溃。这势必造成一定的错误路由信息。为此，RIP 规定，所有机器对其寻径表中的每一条路由都设置一个时钟，每增加一条新路由，相应设置一个新时钟。在收到的 D－V 报文中，假如有关于此路由的表目，则将时钟清零，重新计时。假如，在 120 s 内一直未收到该路由的刷新信息，则认为该路由崩溃，将其距离设为 16，广播该路由信息。如果再过 60 s 后仍未收到该路由的刷新信息，则将它从路由表中删除。如果某路由在距离被设为 16 后，在被删除前路由被刷新，也将时钟清零，重新计时，同时，广播被刷新的路由信息。至于路由被删除后是否有新的路由来代替被删除路由，取决于去往原路由所指信宿有无其他路由。假如有，相应路由器会广播之。机器一旦收到其他路由的信息，自然会利用 D－V 算法建立一条新路由。否则，去往原信宿的路由不再存在。

2. RIP 的工作过程

某路由器刚启动 RIP 时，以广播的形式向相邻路由器发送请求报文，相邻路由器的 RIP 收到请求报文后，响应请求，回发包含本地路由表信息的响应报文。RIP 收到响应报文后，修改本地路由表的信息，同时，以触发修改的形式向相邻路由器广播本地路由修改信息。相邻路由器收到触发修改报文后，又向其各自的相邻路由器发送触发修改报文。在一连串的触发修改广播后，各路由器的路由都得到修改并保持最新信息。同时，RIP 每 30 s 向相邻路由器广播本地路由表，各相邻路由器的 RIP 在收到路由报文后，对本地路由进行维护，在众多路由中选择一条最佳路由，并向各自的相邻网广播路由修改信息，使路由达到全局有效。

同时，RIP 采取一种超时机制对过时的路由进行超时处理，以保证路由的实时性和有效性。RIP 作为内部路由器协议，正是通过这种报文交换的方式，提供路由器了解本自治系统内部网络路由信息的机制。

RIP－2 支持版本 1 和版本 2 两种版本的报文格式。在版本 2 中，RIP 还提供了对子网的支持和认证报文形式。版本 2 的报文提供子网掩码域，来提供对子网的支持；另外，当报文中的路由项地址域值为 0xFFFF 时，默认该路由项的剩余部分为认证。

3. RIP 的局限性

随着网络规模的发展，RIP 表现出其在网络中的局限性：

（1）收敛慢，RIP 的路由更新速度比较慢，只能每隔 30 s 周期性地向邻居节点发送自己整个路由表信息，会产生大量的网络流量。

（2）路由选取到无限，当两个节点之间的连接被切断时，该节点会将路由跳数增加到最大值 15，并将这个值传播到网络中。其他节点接收到这个跳数后，也将对应的路由跳数设置为 15。此时，如果连接失效的节点又恢复了，它仍然将路由跳数设置为 15，并传播给其他节点。因此，整个网络可能会出现循环路径，导致数据丢失和延迟。

（3）RIP1 版本不能按照子网进行路由宣告。

（4）不能检测路由环路，协议本身没有防止环路的算法，需要补充额外的协议进行防环。

（5）度量值只是跳跃计数，路径算法简单，可能无法计算出最优数据转发路由。

（6）网络直径小（15 个跳跃），限制了网络规模。

随着 OSPF 与 IS – IS 的出现，许多人都相信 RIP 已经过时了。事实上，尽管新的 IGP 比 RIP 优越得多，但 RIP 也有它的一些优点。首先，在一个小型网络中，RIP 对于使用带宽以及网络的配置和管理方面的要求是很少的，与新的 IGP 相比，RIP 非常容易实现。其次，现在 RIP 还在大量使用，这是 OSPF 与 IS – IS 所不能比的。最后，看起来这种状况还将持续一些年。既然 RIP 在许多领域和一定时期内仍具有使用价值，那么就有理由增加 RIP 的有效性，这是毫无疑问的，对已有技术进行改造所获收益比起彻底更新要现实得多。

6.3.3 RIP 的配置

如图 6 – 13 所示，R1、R2、R3 和 R4 运行 RIPv2 协议，使路由器上各环回接口可以互通。

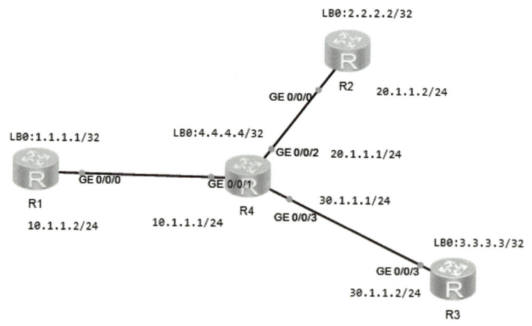

图 6 – 13　RIP 配置实例

步骤一：按照拓扑规划要求，建立拓扑启动设备。

步骤二：配置设备的物理接口地址和 LB 地址（前面实验已经练习多次地址配置，此处不再罗列指令）。

步骤三：所有设备开启全局 RIPv2，以 R1 为例：

```
[R1]rip 1    //启动全局RIP,并配置进程号为"1"
[R1-rip-1]version 2    //启动RIPv2
```

步骤四：查看当前路由表信息，以 R4 为例，路由表中只有本地直连路由信息。

```
[R4-GigabitEthernet0/0/3]dis ip ro   //指令缩写(display ip routing-table)
Route Flags: R - relay, D - download to fib
-------------------------------------------------------------------
Routing Tables: Public
    Destinations : 9    Routes : 9

Destination/Mask     Proto  Pre  Cost    Flags  NextHop     Interface

    4.4.4.4/32       Direct 0    0         D    127.0.0.1   Loopback0
    10.1.1.0/24      Direct 0    0         D    10.1.1.1    GigabitEthernet
0/0/1
    10.1.1.2/32      Direct 0    0         D    127.0.0.1   GigabitEthernet
0/0/1
    20.1.1.0/24      Direct 0    0         D    20.1.1.1    GigabitEthernet
0/0/2
    20.1.1.1/32      Direct 0    0         D    127.0.0.1   GigabitEthernet
0/0/2
    30.1.1.0/24      Direct 0    0         D    30.1.1.1    GigabitEthernet
0/0/3
    30.1.1.1/32      Direct 0    0         D    127.0.0.1   GigabitEthernet
0/0/3
    127.0.0.0/8      Direct 0    0         D    127.0.0.1   InLoopback0
    127.0.0.1/32     Direct 0    0         D    127.0.0.1   InLoopback0
```

将每天路由器当前所能到达的网段通过 RIP 协议宣告出去，以 R4 为例，R4 目前可达网段网段有 4.4.4.4/32、10.1.1.0/24 、20.1.1.0/24、30.1.1.0/24。具体配置如下：

```
[R4-rip-1]network 4.0.0.0
[R4-rip-1]network 10.0.0.0
[R4-rip-1]network 20.0.0.0
[R4-rip-1]network 30.0.0.0
```

步骤五：所有设备配置完步骤三后，查看路由表信息，以 R1 为例：

```
[R1-rip-1]dis ip routing-table
Route Flags: R - relay, D - download to fib
-------------------------------------------------------------------
Routing Tables: Public
    Destinations : 9    Routes : 9


Destination/Mask Proto  Pre  Cost   Flags  NextHop     Interface
```

```
1.1.1.1/32   Direct  0     0     D     127.0.0.1  Loopback0
2.2.2.2/32   RIP     100   2     D     10.1.1.1   GigabitEthernet 0/0/0
3.3.3.3/32   RIP     100   2     D     10.1.1.1   GigabitEthernet 0/0/0
4.4.4.4/32   RIP     100   1     D     10.1.1.1   GigabitEthernet 0/0/0
10.1.1.0/24  Direct  0     0     D     10.1.1.2   GigabitEthernet 0/0/0
10.1.1.2/32  Direct  0     0     D     127.0.0.1  GigabitEthernet 0/0/0
20.1.1.0/24  RIP     100   1     D     10.1.1.1   GigabitEthernet 0/0/0
30.1.1.0/24  RIP     100   1     D     10.1.1.1   GigabitEthernet 0/0/0
127.0.0.0/8  Direct  0     0     D     127.0.0.1  InLoopback0
127.0.0.1/32 Direct  0     0     D     127.0.0.1  InLoopback0
```

从路由信息看，R1 已经有由 RIP 协议生成的去往 R2、R3、R4 的环回接口路由，再看 R3 路由表信息。

```
[R3 -GigabitEthernet0/0/3]dis ip ro
Route Flags: R - relay, D - download to fib
------------------------------------------------------------------------

Routing Tables: Public
    Destinations : 10    Routes : 10

Destination/Mask   Proto   Pre  Cost Flags NextHop    Interface

   1.1.1.1/32      RIP     100  2    D     30.1.1.1   GigabitEthernet 0/0/3
   2.2.2.2/32      RIP     100  2    D     30.1.1.1   GigabitEthernet 0/0/3
   3.3.3.3/32      Direct  0    0    D     127.0.0.1  Loopback0
   4.4.4.4/32      RIP     100  1    D     30.1.1.1   GigabitEthernet 0/0/3
   10.1.1.0/24     RIP     100  1    D     30.1.1.1   GigabitEthernet 0/0/3
   20.1.1.0/24     RIP     100  1    D     30.1.1.1   GigabitEthernet 0/0/3
   30.1.1.0/24     Direct  0    0    D     30.1.1.2   GigabitEthernet 0/0/3
   30.1.1.2/32     Direct  0    0    D     127.0.0.1  GigabitEthernet 0/0/3
   127.0.0.0/8     Direct  0    0    D     127.0.0.1  InLoopback0
   127.0.0.1/32    Direct  0    0    D     127.0.0.1  InLoopback0
```

从 R1 环回接口 ping R3 环回接口测试连通性，如图 6－14 所示。

图 6－14　R1 和 R3 的连通性测试

6.3.4 实践拓展

如图6-15所示，按照拓扑规划，利用RIP动态路由协议，建立两边PC所在网络的连通性。

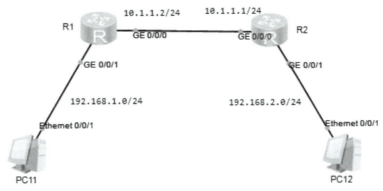

图6-15 RIP实训拓扑图

6.4 OSPF 动态路由协议部署实践

6.4.1 OSPF 动态路由协议

OSPF协议是一种开放式标准的、基于链路状态的路由协议，用于在IP网络中的节点之间交换路由信息并计算最短路径。OSPF协议的标准由IETF（Internet Engineering Task Force，国际互联网工程任务组）负责制定和维护。

OSPF协议的制定始于1987年，最初由美国科学院的研究人员提出，并于1989年正式发布，成为当时互联网上唯一的开放式标准路由协议。自此以后，OSPF协议不断发展壮大，并在网络行业得到广泛应用，被认为是目前较为成熟和可靠的路由协议之一。为了确保OSPF协议的稳定性和互操作性，IETF制定了一系列RFC（Request for Comments，请求注释）文档，其中最具代表性的是RFC 2328，即OSPF的标准文档。这些标准文档定义了OSPF协议的各种特性、消息格式、路由计算规则等内容，并被各个厂商的设备和网络操作系统所支持和实现。

除了OSPF标准文档，IETF还制定了许多与OSPF相关的RFC文档，如RFC 1247（OSPF Version 2）、RFC 2154（OSPF with Digital Signatures）等。这些文档扩展了OSPF协议的功能和用途，使其能够更好地适应不同类型的网络环境和需求。

与距离矢量路由协议相比，OSPF链路状态协议更快的收敛时间、更好的可扩展性、更安全的路由传输等优势，可以更有效地管理网络。

（1）更快的收敛时间：OSPF使用Dijkstra算法来计算最短路径，可以更快地收敛网络并更新路由表。

（2）于链路状态的路由协议：OSPF 是一种链路状态（Link State）路由协议，它会记录所有网络设备之间的链路状态信息，并使用这些信息来计算最短路径。相比之下，RIP 是一种距离向量（Distance Vector）路由协议，其中每个路由器仅知道到达目标网络的下一跳路由器和该路径的距离。

（3）支持 VLSM：OSPF 支持可变长度子网掩码（Variable Length Subnet Mask，VLSM），可以更有效地利用 IP 地址空间。

（4）更好的可扩展性：OSPF 可以支持更大规模的网络拓扑，而 RIP 由于其限制，很难应对大型网络拓扑。

（5）更安全的路由传输：OSPF 使用数字签名来保护路由信息的传输，并且支持 MD5 加密认证，可以更好地保护路由器之间的通信安全。而 RIP 没有明确的安全机制，因此容易受到欺骗和攻击。

1. OSPF 协议的基本概念

（1）Router ID：OSPF 协议使用一个被称为 Router ID 的 32 位无符号整数来唯一标识一台路由器。基于这个目的，每一台运行 OSPF 的路由器都需要一个 Router ID。选择顺序为：如果有 Loopback 地址，则选择最小的作为 Router ID，否则，在物理接口中选择最小的 IP 地址作为 Router ID，一般建议手工指定 Router ID。

（2）协议号：OSPF 协议用 IP 报文直接封装协议报文，协议号是 89，如图 6-16 所示。

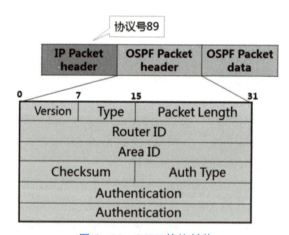

图 6-16　OSPF 协议封装

（3）Interface（接口）：路由器和具有唯一 IP 地址及子网掩码的网络之间的连接。其也称为链路（Link）。

（4）DR（指定路由器）和 BDR（备份指定路由器）：在一个广播型多路访问环境中的路由器必须选举一个 DR 和 BDR 来代表这个网络。

（5）Adjacency（邻接关系）：邻接关系在广播或 NBMA 网络的 DR 和非指定路由器之间形成。

（6）Neighboring Routers（相邻路由器）：带有到公共网络的接口的路由器。

（7）Neighbor Database（邻居表）：包括所有建立联系的邻居路由器。

（8）Link State Datebase（链路状态数据库）：包含了网络中所有路由器的链接状态。它表示着整个网络的拓扑结构。同 Area 内的所有路由器的链接状态表都是相同的。

（9）Routing Table（路由表）：也称转发表，在链接状态表的基础之上，利用 SPF 算法计算而得。

2. OSPF 协议的算法

由于 OSPF 是一个链路状态协议，OSPF 路由器通过建立链路状态数据库生成路由表，这个数据库里具有所有网络和路由器的信息。路由器使用这些信息构造路由表，为了保证可靠性，所有路由器必须有一个完全相同的链路状态数据库。

链路状态数据库是由链路状态公告（Link State Advertisement，LSA）组成的，而 LSA 是每个路由器产生的，并在整个 OSPF 网络上传播。LSA 有许多类型，完整的 LSA 集合将为路由器展示整个网络的精确分布图。

在 OSPF 网络中，LSA 用来描述每个路由器及其连接的信息的协议，包含的内容如下：

（1）路由器 ID：表示该 LSA 属于哪个路由器，由 32 位的 IP 地址组成。

（2）序列号：16 位的数值，用于判断 LSA 是否更新。

（3）链接状态类型：指示该 LSA 是哪种类型的链路状态，如路由器链接、网络链接等。

（4）链接状态 ID：LSA 代表的对象的标识符，如网络号或者某个路由器的 ID。

（5）广告路由器：生成和广播该 LSA 的路由器 ID。

（6）掩码：指示该 LSA 描述了哪些地址或广告路由器的信息。

（7）直接连接的邻居：与该路由器相连的不同子网中的邻居路由器。

（8）链接的开销：链路中的带宽、延迟、可靠性（能够正常传输数据的时间比例）、MTU、COST（网络管理员的需要来指定）优先级。

为了从 LSA 数据库中生成路由表，路由器运行 SPF（最短路径优先算法）构建一棵开销路由树，路由器本身作为路由树的根。SPF 使路由器计算出它到网络上每一个节点的开销最低的路径，路由器将这些路径的路由存入路由表，如图 6 - 17 所示。

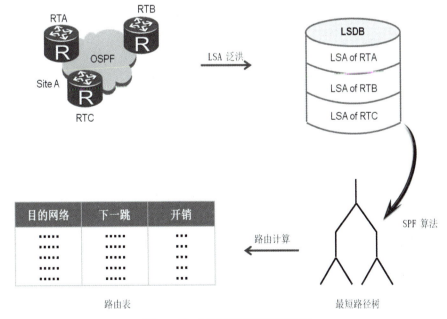

图 6 - 17 OSPF 协议算法流程图

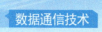

3. OSPF 协议的网络类型

OSPF 支持的网络类型有点到点（Point - to - Point）、广播（Broadcast）、非广播多点（NBMA）、点到多点（Point - to - Multipoint）。

（1）Point - to - Point：链路层协议是 PPP 或 LAPB 时，默认网络类型为 Point - to - Point，无须选举 DR 和 BDR，当只有两个路由器的接口要形成邻接关系的时候才使用。

（2）Broadcast：链路层协议是 Ethernet、FDDI、Token Ring 时，默认网络类型为 Broadcast，以组播的方式发送协议报文。

（3）NBMA：链路层协议是帧中继、ATM、HDLC 或 X. 25，默认网络类型为 NBMA，需要手工指定邻居。

（4）Point - to - Multipoint：没有一种链路层协议会被默认为 Point - to - Multipoint 类型。Point - to - Multipoint 必然是由其他网络类型强制更改的，常见的做法是将非全连通的 NBMA 改为 Point - to - Multipoint 网络。多播 Hello 包自动发现邻居，无须手工指定邻居。

4. OSPF 协议的 DR 和 BDR

在 OSPF 协议中，如果网络有很多个路由器直接相连，并且每个路由器都需要和其他路由器交换路由信息，这种情况下可能会出现一个问题：如果每个路由器都向所有邻居路由器发送一份完整的链路状态信息（LSA），网络中的 LSA 数量就会变得非常庞大，导致网络流量非常拥塞，延迟增加。

为了缓解这种情况，OSPF 引入了 DR（Designated Router）和 BDR（Backup Desig-nated Router）。一个路由器成为 DR 或 BDR 后，将负责转发 LSA，其他路由器则只需要将 LSA 发送给 DR 或 BDR 即可，从而大大减少了网络中的 LSA 数量，避免网络拥塞问题。另外，DR 和 BDR 可以提高网络的可靠性。当一个路由器失效时，DR 和 BDR 可以立即接管其工作，避免出现网络故障，保证网络的正常运行。因此，除了邻居关系外，OSPF 网络中还引入了邻接关系，只有 DR 和 BDR 可以和 DRother 建立邻接关系，互相交换路由信息。

在 OSPF 网络中，当一个多点网络（如带有许多邻居的广播网络）中的路由器超过两个时，会使用选举进程来选出一个 DR 和 BDR。

1）DR 的选举过程

（1）OSPF 路由器发送 Hello 报文。

（2）路由器在 Hello 报文中列出其相邻的邻居，并将这些邻居记录在其邻居列表中。

（3）路由器比较发送的 Hello 报文中的 DR 优先级，以决定 DR 和 BDR。

（4）如果存在一台路由器的 DR 优先级大于其他路由器，则该路由器被选为 DR。

（5）如果 DR 优先级相同，则在这些路由器之间选择一个具有最高回环地址的路由器作为 DR；如果没有回环地址，则选择最高 IP 地址的路由器作为 DR。

（6）路由器将已选定的 DR 和 BDR 的 ID 包括在自己的 LSA 中，并将其传播到整个 OSPF 域中。

（7）其他路由器在接收到这些 LSA 并更新它们的邻居表后，开始与 DR 和 BDR 建立邻居关系。

2）DR/BDR 的特点

（1）稳定：由于网段中的每台路由器都只和 DR 建立邻接关系。如果 DR 频繁更迭，则每次都要重新引起本网段内的所有路由器与新的 DR 建立邻接关系，这样会导致在短时间内网段中有大量的 OSPF 协议报文在传输，降低网络的可用带宽。所以，协议中规定应该尽量减少 DR 的变化。具体的处理方法是，每一台新加入的路由器并不急于参加选举，而是先考察一下本网段中是否已有 DR 存在。如果目前有 DR 存在，则不重新选择 DR。

（2）快速响应：如果 DR 由于某种故障而失效，这时必须重新选举 DR，并与之同步。这需要较长的时间，在这段时间内，路由计算是不正确的。为了能够缩短这个过程，OSPF 提出了 BDR（Backup Designated Router，备份指定路由器）的概念。BDR 实际上是对 DR 的一个备份，在选举 DR 的同时，也选举出 BDR，BDR 也和本网段内的所有路由器建立邻接关系并交换路由信息。当 DR 失效后，BDR 会立即成为 DR，由于不需要重新选举，并且邻接关系事先已建立，所以这个过程是非常短暂的。当然，这时还需要重新选举出一个新的 BDR，虽然一样需要较长的时间，但并不会影响路由计算。

3）注意事项

（1）网段中的 DR 并不一定是 priority 最大的路由器；同理，BDR 也并不一定就是 priority 第二大的路由器。

（2）DR 是某个网段中的概念，是针对路由器的接口而言的。某台路由器在一个接口上可能是 DR，在另一个接口上可能是 BDR，或者是 DROther。

（3）只有在 Broadcast 和 NBMA 类型的接口上才会选举 DR，在 Point – to – Point 和 Point – to – Multipoint 类型的接口上不需要选举。

（4）两台 DROther 路由器之间不进行路由信息的交换，但仍旧互相发送 Hello 报文。它们之间的邻居状态机停留在 2 – way 状态。

5. OSPF 协议的报文类型

OSPF 网络主要是通过 OSPF 的报文来传递链路状态信息、完成数据库同步的。OSPF 报文共有 5 种类型，如图 6 – 18 所示。

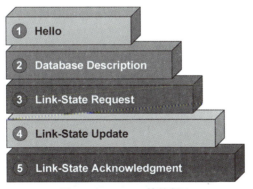

图 6 – 18　OSPF 协议报文

（1）Hello 报文（Hello Packet）用于发现邻接路由器，以及在邻接路由器之间建立邻居关系。当路由器收到 Hello 报文时，它会检查 Hello 报文中的信息，如发送方的 Router ID、OSPF 版本等，然后将其与自己的信息进行比较。报文内容如图 6 – 19 所示。

（2）DBD 报文（Database Description Packet）用于交换链路状态数据库（Link State Database，LSDB）的摘要信息，以检查两个相邻 OSPF 路由器的 LSDB 是否同步。DD 报文是由主机启动的，并且由其他路由器作为回应来响应。

（3）LSR 报文（Link – State Request Packet）用于请求邻居路由器发送缺失的链路状态

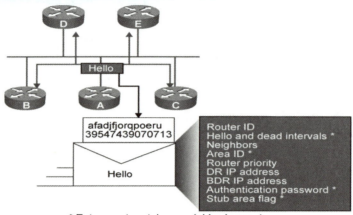

图 6-19 Hello 包携带信息

信息。每当一个路由器需要获得某个链路状态信息时，它都会向它的邻居路由器发送一个 LSR 报文，请求该路由器发送缺失的信息。

LSR 包含的 LSA 摘要信息内容如下：Router ID 用来发送 LSR 报文的路由器的标识符。Area ID 标识 LSA 所在的区域，LSA Type 标识被请求的 LSA 的类型，LSA ID 标识被请求的 LSA，Advertising Router 标识生成被请求的 LSA 的路由器。

（4）LSU 报文（Link - State Update Packet）用于向相邻的 OSPF 路由器发送链路状态信息。一个 LSU 报文包含多条 LSA，每条 LSA 描述了一个特定网络的拓扑结构信息，包括该网络中的路由器和链路信息。

（5）LSAck 报文（Link - State Acknowledgment Packet）用于确认收到相邻 OSPF 路由器发送的 LSU 报文。当一个 OSPF 路由器收到一个 LSU 报文时，它将向发送方发送一个 LSAck 报文，以确认收到该 LSU 报文，并将其中描述的信息存储到自己的 LSDB 中。

6. OSPF 协议的状态机

在数据库的同步过程中，OSPF 设备会在以下一些状态之间转换，共有 8 种状态，转换关系如图 6-20 所示。

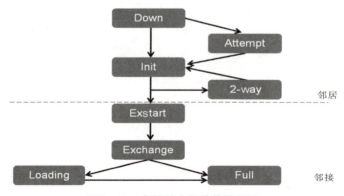

图 6-20 邻居状态机的转换关系

（1）Down：邻居状态机的初始状态，是指在过去的 Dead - Interval 时间内没有收到对方的 Hello 报文。

（2）Attempt：只适用于 NBMA 类型的接口。处于本状态时，定期向那些手工配置的邻居发送 Hello 报文。

（3）Init：本状态表示已经收到了邻居的 Hello 报文，但是该报文中列出的邻居中没有包含"我"的 Router ID（对方并没有收到"我"发的 Hello 报文）。

（4）2－way：本状态表示双方互相收到了对端发送的 Hello 报文，建立了邻居关系。在广播和 NBMA 类型的网络中，两个接口状态是 DROther 的路由器之间将停留在此状态。其他情况状态机将继续转入高级状态。

（5）Exstart：在此状态下，路由器和它的邻居之间通过互相交换 DBD 报文（该报文并不包含实际的内容，只包含一些标志位）来决定发送时的主/从关系。建立主/从关系主要是为了保证在后续的 DBD 报文交换中能够有序地发送。

（6）Exchange：路由器将本地的 LSDB 用 DBD 报文来描述，并发给邻居。

（7）Loading：路由器发送 LSR 报文向邻居请求对方的 DBD 报文。

（8）Full：在此状态下，邻居路由器的 LSDB 中所有的 LSA 本路由器全都有了。即，本路由器和邻居建立了邻接（adjacency）状态。

稳定的状态有（Down、2－way、Full），其他状态则是在转换过程中瞬间（一般不会超过几分钟）存在的状态。

7. OSPF 邻居关系的建立过程

当配置 OSPF 的路由器刚启动时，相邻路由器（配置有 OSPF 进程）之间的 Hello 包交换过程是最先开始的。网络中的路由器初始启动后，交换过程如图 6－21 所示。

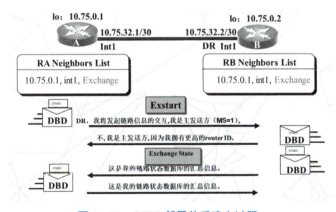

图 6－21　OSPF 邻居关系建立过程一

步骤一：路由器 A 在网络里刚启动时是 Down 状态，这是因为没有和其他路由器进行交换信息。它开始向加入 OSPF 进程的接口发送 Hello 报文，尽管它不知道任何路由器以及谁是 DR。Broadcast、Point－to－Point 网络 Hello 包是用多播地址 224.0.0.5 发送的，NBMA、Point－to－Multipoint、Virtual Link 这三种网络类型 Hello 包是用单播地址发送的。

步骤二：所有运行 OSPF 的与 A 路由器直连的路由器收到 A 的 Hello 包后，把路由器 A 的 ID 添加到自己的邻居列表中。这个状态是 Init 状态。

步骤三：所有运行 OSPF 的与 A 路由器直连的路由器向路由器 A 发送单播的回应 Hello 包，Hello 包中邻居字段内包含所有知道的路由器 ID，也包括路由器 A 的 ID。

步骤四：当路由器 A 收到这些 Hello 包后，它将其中所有包含自己路由器 ID 的路由器

都添加到自己的邻居表中。这个状态叫作 2 - way。这时，所有在其邻居表中包含彼此路由器 ID 记录的路由器就建立起了双向通信。

步骤五：如果网络类型是 Broadcast 或 NBMA 网络（就像以太网一样的 LAN），那么就需要选举 DR 和 BDR。DR 将与网络中所有其他的路由器之间建立双向的邻接关系。这个过程必须在路由器能够开始交换链路状态信息之前发生。

步骤六：路由器周期性地（Broadcast 网络中默认是 10 s）在网络中交换 Hello 数据包，以确保通信仍然在正常工作。更新用的 Hello 包中包含 DR、BDR 以及其 Hello 数据包已经被接收到的路由器列表。记住，这里的"接收到"意味着接收方的路由器在所接收到的 Hello 数据包中看到它自己的路由器 ID 是其中的条目之一。

8. OSPF 链路状态数据库的同步过程

一旦选举出了 DR 和 BDR，路由器就被认为进入准启动（Exstart）状态，并且它们也已经准备好发现有关网络的链路状态信息，以及生成它们自己的链路状态数据库。用来发现网络路由的这个过程称为交换协议，它使路由器进入通信的完全（Full）状态。这个过程中的第一步是使 DR 和 BDR 与网络中所有其他的路由器建立一个邻接关系。一旦邻接的路由器处于 Full 状态时，交换协议不会被重复执行，除非 Full 状态发生了变化。交换协议的运行步骤如图 6 - 22 所示。

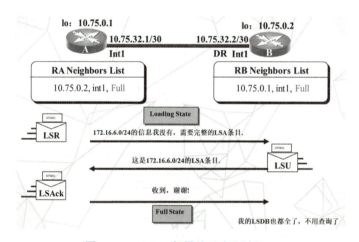

图 6 - 22　OSPF 邻居关系建立过程二

步骤一：在 ExStart 状态中，DR 和 BDR 与网络中其他的各路由器建立邻接关系。在这个过程中，各路由器与和它邻接的 DR 及 BDR 之间建立主从关系。拥有高路由器 ID 的路由器成为主路由器。

步骤二：主从路由器间交换一个或多个 DBD 数据包（也叫 DDP 数据包）。这时，路由器处于 Exchange 状态。

DBD 包含在路由器的链路状态数据库中出现的 LSA 条目的头部信息。LSA 条目可以是关于一条链路或是关于一个网络的信息。每一个 LSA 条目的头包括链路类型、通告该信息的路由器地址、链路的开销以及 LSA 的序列号等信息。LSA 序列号被路由器用来识别所接收到的链路状态信息的新旧程度。

步骤三：路由器收到 DBD 数据包后，通过检查 DBD 中 LSA 的头部序列号，将它接收到的信息和它拥有的信息做比较。如果 DBD 有一个更新的链路状态条目，那么路由器将向另一个路由器发送数据状态请求包（LSR）。发送 LSR 的过程叫作 Loading 状态。另一台路由器将使用链路状态更新包（LSU）回应请求，并在其中包含所请求条目的完整信息。当路由器收到一个 LSU 时，它将再一次发送 LSAck 包回应。

步骤四：路由器添加新的链路状态条目到它的链路状态数据库中。当给定路由器的所有 LSR 都得到了满意的答复时，邻接的路由器就被认为达到了同步并进入 Full 状态。路由器在能够转发数据流量之前，必须达到 Full 状态。

9. OSPF 协议的路由计算

图 6-23 描述了通过 OSPF 协议计算路由的过程。

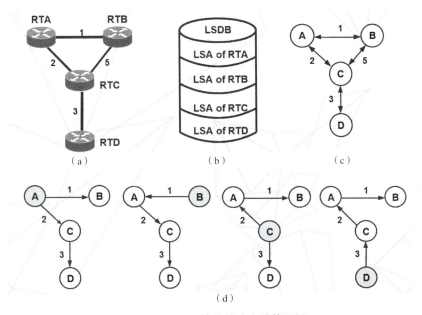

图 6-23 OSPF 协议的路由计算图例

（a）网络的拓扑结构；（b）每台路由器的 LSDB；（c）由链路状态数据库生成带权有向图；
（d）每台路由器分别以自己为根节点计算最小生成树

（1）由 4 台路由器组成的网络，连线旁边的数字表示从一台路由器到另一台路由器所需要的花费。为了简化问题，假定两台路由器相互之间发送报文所需花费是相同的。

（2）每台路由器都根据自己周围的网络拓扑结构生成一条 LSA，并通过相互之间发送的协议报文将这条 LSA 发送给网络中其他的所有路由器。这样每台路由器都收到了其他路由器的 LSA，所有的 LSA 放在一起称作 LSDB（链路状态数据库）。显然，6 台路由器的 LSDB 都是相同的。

（3）由于一条 LSA 是对一台路由器周围网络拓扑结构的描述，因此，LSDB 是对整个网络拓扑结构的描述。路由器很容易将 LSDB 转换成一张带权的有向图，这张图便是对整个网络拓扑结构的真实反映。显然，6 台路由器得到的是一张完全相同的图。

（4）接下来每台路由器在图中以自己为根节点，使用 SPF 算法计算出一棵最短路径树，由这棵树得到了到网络中各个节点的路由表。显然，6 台路由器各自得到的路由表是不同的，这样每台路由器都计算出了到其他路由器的路由。

6.4.2　OSPF 协议部署实践

如图 6-24 所示，R1、R2、R3 都是各自网络的网关设备，现在需要通过 OSPF 动态路由协议来实现这些网络之间的互联互通。

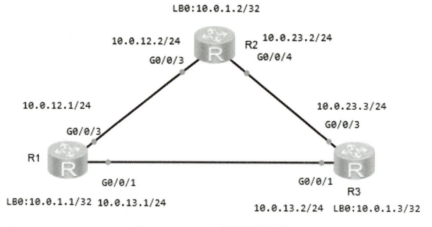

图 6-24　OSPF 协议配置拓扑

配置思路如下：

（1）创建设备上的 OSPF 进程并使能接口上的 OSPF 功能；

（2）配置 OSPF 认证；

（3）通过 OSPF 发布默认路由；

（4）通过修改 Cost 值控制 OSPF 选路。

步骤一：按照拓扑完成路由器的命名、物理接口和 Loopback 接口的 IP 地址配置。

步骤二：以 R1 为例查看路由表，此时设备上仅存在直连路由。

```
[R1]display ip routing-table
Route Flags: R - relay, D - download to fib
-----------------------------------------------------------------------
Routing Tables: Public
    Destinations : 11        Routes : 11

Destination/Mask      Proto    Pre  Cost    Flags  NextHop      Interface
    10.0.1.1/32       Direct   0    0       D      127.0.0.1    Loopback0
    10.0.12.0/24      Direct   0    0       D      10.0.12.1    GigabitEthernet0/0/3
    10.0.12.1/32      Direct   0    0       D      127.0.0.1    GigabitEthernet0/0/3
    10.0.12.255/32    Direct   0    0       D      127.0.0.1    GigabitEthernet0/0/3
    10.0.13.0/24      Direct   0    0       D      10.0.13.1    GigabitEthernet0/0/1
    10.0.13.1/32      Direct   0    0       D      127.0.0.1    GigabitEthernet0/0/1
    10.0.13.255/32    Direct   0    0       D      127.0.0.1    GigabitEthernet0/0/1
    127.0.0.0/8       Direct   0    0       D      127.0.0.1    InLoopback0
    127.0.0.1/32      Direct   0    0       D      127.0.0.1    InLoopback0
  127.255.255.255/32  Direct   0    0       D      127.0.0.1    InLoopback0
  255.255.255.255/32  Direct   0    0       D      127.0.0.1    InLoopback0
```

步骤三：OSPF 配置。

```
[R1]ospf 1   //创建 OSPF 进程为"1"
[R1-ospf-1]area 0  //创建 OSPF 区域并使能相应的接口
[R1-ospf-1-area-0.0.0.0]network 10.0.12.1 0.0.0.255   /* OSPF 使用反掩码,例
如 0.0.0.255 表示掩码长度 24 位 */
[R1-ospf-1-area-0.0.0.0]network 10.0.13.1 0.0.0.255
[R1-ospf-1-area-0.0.0.0]network 10.0.1.1 0.0.0.0
```

满足下面两个条件，OSPF 协议才能在接口上运行：

（1）接口的 IP 地址掩码长度 ≥ network 命令中的掩码长度。OSPF 使用反掩码，例如 0.0.0.255 表示掩码长度 24 位。

（2）接口的 IP 地址必须在 network 命令指定的网段范围之内。

此时三个接口都被使能，同时属于区域 0。

```
[R2]ospf
[R2-ospf-1]area 0
[R2-ospf-1-area-0.0.0.0]network 10.0.12.2 0.0.0.0
[R2-ospf-1-area-0.0.0.0]network 10.0.23.2 0.0.0.0
[R2-ospf-1-area-0.0.0.0]network 10.0.1.2 0.0.0.0
```

```
[R3]ospf
[R3-ospf-1]area 0
[R3-ospf-1-area-0.0.0.0]network 10.0.13.3 0.0.0.0
[R3-ospf-1-area-0.0.0.0]network 10.0.23.3 0.0.0.0
[R3-ospf-1-area-0.0.0.0]network 10.0.1.3 0.0.0.0
```

步骤四：查看 OSPF 邻居状态。

```
R1]display ospf peer

    OSPF Process 1 with Router ID 10.0.1.1
        Neighbors

Area 0.0.0.0 interface 10.0.13.1(GigabitEthernet0/0/1)'s neighbors
Router ID: 10.0.1.3       Address: 10.0.13.3
  State: Full  Mode:Nbr is  Master  Priority: 1
  DR: 10.0.13.3  BDR: 10.0.13.1  MTU: 0  //可以查看该路由器选举出来的 DR 和 BDR
  Dead timer due in 36  sec
  Retrans timer interval: 0
  Neighbor is up for 00:00:30
  Authentication Sequence: [ 0 ]

  Neighbors     //邻居信息

Area 0.0.0.0 interface 10.0.12.1(GigabitEthernet0/0/3)'s neighbors
Router ID: 10.0.1.2       Address: 10.0.12.2
  State: Full  Mode:Nbr is  Master  Priority: 1
```

```
DR：10.0.12.2  BDR：10.0.12.1  MTU：0
Dead timer due in 39  sec
Retrans timer interval：4
Neighbor is up for 00：00：28
Authentication Sequence：[ 0 ]
```

步骤五：查看 IP 路由表信息。以 R1 为例：

```
[R1]display ip routing－table protocol ospf   //列举由 OSPF 协议生成的路由表
Route Flags：R － relay，D － download to fib
--------------------------------------------------------------------------
Public routing table ：OSPF
    Destinations ：3    Routes ：4

OSPF routing table status ：<Active >
    Destinations ：3    Routes ：4

Destination/Mask    Proto  Pre  Cost  Flags  NextHop     Interface

    10.0.1.2 /32    OSPF   10   1     D      10.0.12.2   GigabitEthernet0 /0 /3
    10.0.1.3 /32    OSPF   10   1     D      10.0.13.3   GigabitEthernet0 /0 /1
    10.0.23.0 /24   OSPF   10   2     D      10.0.13.3   GigabitEthernet0 /0 /1
                    OSPF   10   2     D      10.0.12.2   GigabitEthernet0 /0 /3

OSPF routing table status ：< Inactive >
    Destinations ：0    Routes ：0
```

步骤六：配置 OSPF 认证，先在 R1 接口上配置。

```
[R1]interface GigabitEthernet0 /0 /1
[R1 － GigabitEthernet0 /0 /1]ospf authentication －mode md5 1 cipher HCIA － Datacom
[R1]interface GigabitEthernet0 /0 /3
[R1 － GigabitEthernet0 /0 /3]ospf authentication －mode md5 1 cipher HCIA － Datacom
[R1 － GigabitEthernet0 /0 /3]display this
#
interface GigabitEthernet0 /0 /3
ip address 10.0.12.1 255.255.255.0
ospf authentication －mode md5 1 cipher foCQTYsq － 4.A \'38y! DVwQ0 #   /* 由于 ci-
pher 是密文口令类型,所以查看配置时以密文方式显示口令。*/
#
```

查询当前邻居状态：

```
[R1]display ospf peer brief

        OSPF Process 1 with Router ID 10.0.1.1
            Peer Statistic Information
--------------------------------------------------------------------------
--------------------------------------------------
 Area Id    Interface            Neighbor id    State
```

```
-----------------------------------------------------------------------------
-------------------------------------------------
 Total Peer(s):    0     /* 显示为"0"个,这是由于其他路由器还未配置认证,所以认证不通
过,无邻居。*/
```

配置 R2 的接口认证,在查询邻居状态即可看到 R1 和 R2 成为邻居。

```
[R2]interface GigabitEthernet0/0/3
[R2 - GigabitEthernet0/0/3]ospf authentication - mode md5 1 cipher HCIA - Datacom
[R2]interface GigabitEthernet0/0/4
[R2 - GigabitEthernet0/0/4]ospf authentication - mode md5 1 cipher HCIA - Datacom
```

在 R2 上查看邻居状态:

```
[R2]display ospf peer brief

        OSPF Process 1 with Router ID 10.0.1.2
              Peer Statistic Information
 -----------------------------------------------------------------------------
-------------------------------------------------
 Area Id          Interface                 Neighbor id           State
 0.0.0.0          GigabitEthernet0/0/3       10.0.1.1             Full

 -----------------------------------------------------------------------------
-------------------------------------------------
 Total Peer(s):    1
```

R3 接口的认证配置依此类推,做同样的操作。

步骤七:以 R1 为其他所有网络的出口,在 R1 上宣告默认路由。

```
[R1]ospf
[R1 - ospf - 1]default - route - advertise always   /* 默认路由宣告指令,本地路由表中
没有默认路由,所以需要增加 always 参数 */
```

在 R2 或 R3 上查看路由表。

```
[R2]display ip routing - table
Route Flags: R - relay, D - download to fib
 -----------------------------------------------------------------------------
Routing Tables: Public
     Destinations : 15    Routes : 16

Destination/Mask      Proto   Pre  Cost  Flags  NextHop      Interface

     0.0.0.0/0        O_ASE   150  1      D     10.0.12.1    GigabitEthernet0/0/3
//R2 上已经学习到默认路由
     10.0.1.1/32      OSPF    10   1      D     10.0.12.1    GigabitEthernet0/0/3
     10.0.1.2/32      Direct  0    0      D     127.0.0.1    Loopback0
     10.0.1.3/32      OSPF    10   1      D     10.0.23.3    GigabitEthernet0/0/4
     10.0.12.0/24     Direct  0    0      D     10.0.12.2    GigabitEthernet0/0/3
```

```
     10.0.12.2/32       Direct   0   0      D 127.0.0.1      GigabitEthernet0/0/3
     10.0.12.255/32     Direct   0   0      D 127.0.0.1      GigabitEthernet0/0/3
     10.0.13.0/24       OSPF    10   2      D 10.0.12.1      GigabitEthernet0/0/3
                        OSPF    10   2      D 10.0.23.3      GigabitEthernet0/0/4
     10.0.23.0/24       Direct   0   0      D 10.0.23.2      GigabitEthernet0/0/4
     10.0.23.2/32       Direct   0   0      D 127.0.0.1      GigabitEthernet0/0/4
     10.0.23.255/32     Direct   0   0      D 127.0.0.1      GigabitEthernet0/0/4
     127.0.0.0/8        Direct   0   0      D 127.0.0.1      InLoopback0
     127.0.0.1/32       Direct   0   0      D 127.0.0.1      InLoopback0
127.255.255.255/32      Direct   0   0      D 127.0.0.1      InLoopback0
255.255.255.255/32      Direct   0   0      D 127.0.0.1      InLoopback0
```

步骤八：结果验证，使用 ping 或者 tracert 测试环回接口之间的连通性。

```
[R1]tracert - a 10.0.1.1 10.0.1.2

traceroute to  10.0.1.2(10.0.1.2), max hops: 30 ,packet length: 40,press CTRL_C
to break

1 10.0.13.3 40 ms  50 ms  50 ms

2 10.0.23.2 60 ms  110 ms  70 ms
```

6.4.3   实践拓展

如图 6 – 25 所示，将三台路由器的 G0/0/0 接口划归到 OSPF Area0，R1、R2、R3 建立 OSPF 邻居，能够互相学习到对方发布到同一区域的路由，并在图中标注出 DR 和 BDR。

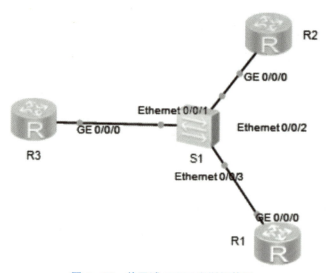

图 6 – 25   单区域 OSPF 实训拓扑图

【本章总结】

路由协议可以按照工作范围或者按照协议算法所需的信息内容进行分类。

距离矢量路由协议（Distance Vector Routing Protocol）使用 Bellman-Ford 算法来计算路由和路由之间的距离，并使路由器只知道其转发数据的下一跳路由器。RIP 是距离矢量路由协议的一种。

链路状态路由协议（Link State Routing Protocol）需要每个路由器向拓扑中的所有其他路由器发送自己的状态信息，以便每个路由器都可以了解整个网络的拓扑结构。通过 Dijkstra 算法计算到达每个节点的最短路径，从而找出到达目标节点的最优路线。OSPF 是常见的链路状态路由协议。

【本章练习】

1. 简述什么是静态路由及其优缺点。

2. 简述实现 VLAN 间路由的几种方式，并说明哪一种方式更适合进行较大规模网络的部署。

3. 简述 RIP 和 OSPF 协议工作的层次，以及相对于 RIP，OSPF 具有的优势。

4. 简述 OSPF 协议的报文类型、网络类型和路由器角色。

第7章　网络技术部署实践

企业或园区对网络的需求不仅是业务上的互通，还有稳定、安全、易于网络维护等需求。因此，当网络部署建设到后期时，就需要与互联网实现互通的并且部署一定的安全、管理、访问控制策略等网络技术来满足用户的需求。通过前面的章节我们知道，为了合理利用有限的 IP 地址空间，IP 地址被划分成 5 类。随着网络规模的迅猛增长，IP 地址已经耗尽，IPv4 协议无法满足为全球所有设备分配唯一的地址需求。这个问题在 IPv6 出现或者普及之前，还可以用 NAT、DHCP、IP 地址回收等技术进行缓解压力。本章将介绍一些常见的网络技术部署介绍。

【本章目标】

1. 了解：ACL、NAT、DHCP 和 VRRP 技术主要的应用场景。
2. 掌握：ACL、NAT、DHCP 和 VRRP 技术原理。
3. 运用：ACL、NAT、DHCP 和 VRRP 技术应用，以及 VRRP 技术增加网络的健壮性。

7.1　ACL 技术部署实践

7.1.1　ACL 的工作原理

1. ACL 的定义

ACL（Access Control List，访问控制列表）操作系统或网络设备中用于控制用户或进程对资源或服务的访问权限的一种机制。

由于计算机网络的普及和发展，在计算机网络中，不同用户或不同的使用者可能需要访问或操作网络资源，但是它们所具有的权限却不同。为了实现安全的网络访问控制，需要对网络资源进行访问控制管理，以确保只有被授权的用户才能访问相应的资源。最初的访问控制方法是通过基于 IP 地址或 MAC 地址的策略来限制网络资源的访问，但这种方法无法满足复杂的访问控制需求。于是，ACL 技术应运而生。

ACL 技术可以根据不同的用户或用户组，定义不同的资源访问权限，同时还可以规定特定用户组对特定资源的访问时间和访问次数等访问控制策略，从而更好地保障网络资源的安全性和可控性。该技术广泛应用于企业内部网络、互联网网关设备、路由器等网络设备中，成为保障网络资源安全的重要手段。

常见的网络威胁包括不合理的安全区域规划导致的非法访问流量、非法的网络接入、不受限制的网络设备访问、计算机病毒、网络攻击等。这种包过滤技术是在路由器上实现防火墙的一种主要方式，而实现包过滤技术最核心内容就是使用访问控制列表。

2. ACL 的作用

ACL 通常由访问规则和授权设置两个主要部分组成。

（1）访问规则是指 ACL 用来描述和定义哪些用户或用户组可以访问资源的规则，通常基于 IP 地址、协议类型、端口号、源 IP 地址、目标 IP 地址等条件进行过滤和控制。例如，一个 ACL 规则可以允许特定 IP 地址的用户访问某个端口，而拒绝其他用户的访问。

（2）授权设置是指确定 ACL 规则适用于哪些资源的设置。这些资源可以包括文件、文件夹、网络设备、服务器等。授权可以通过 ACL 规则来对资源进行更细粒度的控制。

3. ACL 的作用

（1）提高网络安全性：ACL 可以限制谁能访问网络资源，从而确保只有授权的用户才能访问资源，防止未经授权的用户访问、修改或删除重要数据等。

（2）节省带宽：ACL 可以通过限制某些用户或用户组的访问权限，以减少不必要的流量和拒绝服务（DDoS）攻击。

（3）满足合规性要求：ACL 可以帮助组织在满足各种 CDP、HIPAA、PCI 等合规要求方面表现出色。

（4）更好地管理网络：ACL 可以帮助管理员更好地管理网络，使其更容易管理和维护网络设备、服务和资源。

ACL 网络安全技术可以确保只有授权的用户才能访问目标资源，从而增强网络安全性和数据保护。

4. ACL 的分类

常用的访问控制列表有标准 ACL 和扩展 ACL。

（1）标准 ACL（Access Control List，访问控制列表）是网络设备（如路由器或防火墙）上的一种访问控制列表，用于限制特定网络流量的传输。它只能根据源 IP 地址、目标 IP 地址或协议类型等条件进行过滤和控制。适用于网络管理员需要基于源 IP 地址来控制网络流量的情况，但不能精确控制到更详细的条件，如端口号、目标 IP 地址等。

（2）扩展 ACL 能够更精确地过滤和控制数据包流量。扩展 ACL 的作用是允许或阻止特定 IP 地址、协议、端口号等网络流量通过网络设备。与标准 ACL 相比，它更具有灵活性和可定制性，可以进行更细粒度的控制。

在网络安全中，扩展 ACL 经常用于限制特定协议的网络流量，比如限制某些服务端口的访问，以保护网络免受潜在威胁。扩展 ACL 还可以用于实现用户和应用程序之间的访问控制。标准 ACL 和扩展 ACL 比较见表 7-1。

表 7-1　标准 ACL 和扩展 ACL 的比较

比较内容	标准 ACL	扩展 ACL
应用	适用于过滤源 IP 地址	适用于过滤源和目标 IP 地址、协议类型和端口号
范围	仅限于网络层	可以应用于网络层、传输层和应用层
规则位置	通常放置在离网络源最近的路由器或交换机上	通常放置在网络目标处的路由器或交换机上
运行效率	运行速度快	运行速度慢，需要更多的计算资源
防护范围	防护的范围较小，只能过滤出站流量	防护的范围更广，可以过滤进站和出站流量
防护精度	对流量进行了简单的过滤，无法提供精细的控制	可以实现更多精细的控制，可以满足更多高级需求
配置难度	配置简单，适合基本网络需求	配置复杂，需要更多专业知识和技能
安全性	安全性较低，无法提供有效的防护措施	安全性更高，可以实现更多针对性的防护机制
可读性	ACL 规则简单易懂，可以快速查找并诊断问题	ACL 规则较为复杂，需要更多时间和精力进行诊断和维护
适用场景	适用于小型网络中简单 IP 地址过滤的场景	适用于大型网络中需要精细控制流量的场景

5. ACL 工作原理

以路由器为例来说明 ACL 应用在网络设备的接口上，对进入设备的数据进行过滤或者对从出去的设备数据进行过滤，因此，ACL 在应用的时候需要指定过滤的作用方向。

（1）当 ACL 应用在出接口上时，工作流程如图 7-1 所示。

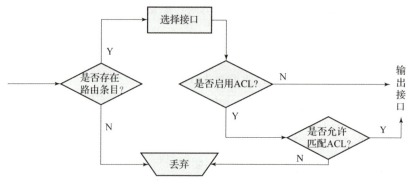

图 7-1　应用在出接口上的 ACL

数据包进入路由器的接口，根据目的地址查找路由表，找到转发接口（如果路由表中没有相应的路由条目，路由器会直接丢弃此数据包，并给源主机发送目的不可达消息）。确定外出接口后，需要检查是否在外出接口上配置了 ACL，如果没有配置 ACL，路由器将做与外出接口数据链路层协议相同的二层封装，并转发数据。如果在外出接口上配置了 ACL，则要根据 ACL 制定的原则对数据包进行判断，如果匹配了某一条 ACL 的判断语句并且这条语句的关键字是 permit，则转发数据包；如果匹配了某一条 ACL 的判断语句并且这条语句的关键字是 deny，则丢弃数据包。

（2）当 ACL 应用在入接口上时，工作流程与出接口的区别就是要先匹配 ACL 条件后，再决定是否匹配路由表。具体的匹配规则都是一样的，如图 7–2 所示。

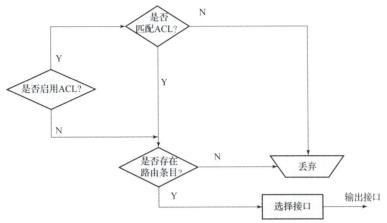

图 7–2　应用于入接口的 ACL

从以上的流程中可以看出，设备接口根据访问控制列表所配置的过滤条件来对数据包进行转发或者丢弃，甚至有时还会为每个接口配置自己的 ACL，为网络提供更细致、更高的安全性要求。

ACL 内部匹配规则如图 7–3 所示。

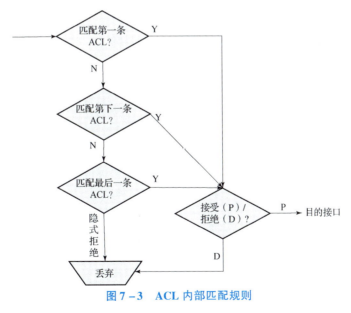

图 7–3　ACL 内部匹配规则

接口上的 ACL 启动之后，每个 ACL 可能会有多条语句（条件或者规则），按自上而下顺序根据每个条件中要求的字段匹配数据包中的数值，如果在某一条语句中比对成功，将会终止剩余语句的匹配，并且根据匹配成功的语句中设置的允许或者拒绝分别对数据包采取转发或者丢弃的策略。

如果 ACL 中的所有语句都无法匹配，该数据包就会被丢弃，因为缺省情况下每一个 ACL 在最后都有一条隐含的匹配所有数据包的条目，其关键字是 deny（拒绝）。

ACL 匹配的顺序有两种：配置顺序（config 模式）和自动排序（auto 模式）。缺省的 ACL 匹配顺序是 config 模式。配置顺序即系统按照 ACL 规则编号从小到大的顺序进行报文匹配，规则编号越小，越容易被匹配。自动排序，是指系统使用"深度优先"的原则，将规则按照精确度从高到低进行排序，并按照精确度从高到低的顺序进行报文匹配。规则中定义的匹配项限制越严格，规则的精确度就越高，即优先级越高，系统越先匹配。

6. ACL 的判别字段

ACL 的判别字段如图 7-4 所示。

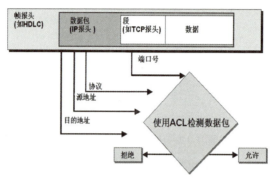

图 7-4 ACL 的判别字段

ACL 的判别字段包括源 IP、目的 IP、协议类型（IP、UDP、TCP、ICMP）、源端口号、目的端口号。ACL 可以将这 5 个要素中的一个或多个的组合来作为判别的标准。总之，ACL 可以根据 IP 包及 TCP 或 UDP 数据段中的信息来对数据流进行判断，即根据第 3 层及第 4 层的头部信息进行判断，即这些字段的使用要注意用 ACL 类别判断字段的适用情况。

7. 通配符掩码

在通配符掩码中，可以用 255.255.255.255 表示所有 IP 地址，因为全为 1 说明 32 位中所有位都不需检查，此时可用 any 替代。而 0.0.0.0 的通配符则表示所有 32 位都必须要进行匹配，它只表示一个 IP 地址，可以用 host 表示。

通配符中为"0"的位代表被检测的数据包中的地址位必须与前面的 IP 地址相应位一致，才被认为满足了匹配条件。而通配符中为"1"的位代表不论被检测的数据包中的地址位是否与前面的 IP 地址相应位一致，都认为满足了匹配条件。通配符的作用如图 7-5 所示。

128	64	32	16	8	4	2	1		举例
0	0	0	0	0	0	0	0	=	匹配所有比特位
0	0	1	1	1	1	1	1	=	忽略最后六位比特位
0	0	0	0	1	1	1	1	=	忽略最后四位比特位
1	1	1	1	1	1	0	0	=	匹配最后两位比特位
1	1	1	1	1	1	1	1	=	忽略所有比特位

图 7-5 通配符的作用

例如，用通配符指定特定地址范围 172.30.16.0/24 ～ 172.30.31.0/24，通配符该设置成 0.0.15.255，如图 7 - 6 所示。

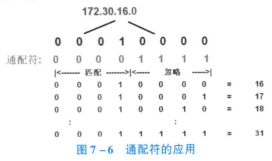

图 7 - 6   通配符的应用

7.1.2   ACL 的配置实践

如图 7 - 7 所示，R3 为服务器，R1 为客户端，客户端与服务器之间路由可达。其中 R1 和 R2 间互联物理接口地址分别为 10.1.2.1/24 和 10.1.2.2/24，R2 和 R3 间互联物理接口地址分别为 10.1.3.2/24 和 10.1.3.1/24。另外，R1 上创建两个逻辑接口 Loopback 0 和 Loopback 1 分别模拟两个客户端用户，地址分别为 10.1.1.1/24 和 10.1.4.1/24。

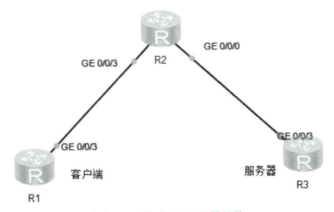

图 7 - 7   标准 ACL 配置拓扑

其中一个用户（R1 的 Loopback 1 接口）需要远程管理设备 R3，可以在服务器端配置 Telnet，用户通过密码登录，并配置基于 ACL 的安全策略，保证只有符合安全策略的用户才能登录设备。

步骤一：按照拓扑规划，在 eNSP 中完成设备组网。

步骤二：按照实验 IP 规划要求配置物理接口 IP 地址。

步骤三：配置 OSPF 协议，使得三台设备所有接口互通，并测试连通性。

步骤四：配置 R3 为 Telnet 服务器端。

```
[R3]telnet server enable
[R3]user - interface vty 0 4
[R3 - ui - vty0 - 4]user privilege level 3
[R3 - ui - vty0 - 4]set authentication password cipher
```

```
Warning: The "password" authentication mode is not secure, and it is strongly
recommended to use "aaa" authentication mode.
Enter Password( <8 –128 >):123456
Confirm password:123456
[R3 –ui –vty0 –4] quit
```

步骤五：配置 ACL 语句，根据前面所述，ACL 语句在接口上的启动又分为入接口和出接口两个作用方向，本步骤可以有两个选择。

（1）在 R3 telnet 的 vty 0 4 接口上配置入方向作用 ACL：

```
[R3]acl 3000
[R3 – acl – adv – 3000]rule 5 permit tcp source 10.1.4.1 0.0.0.0 destination
10.1.3.1 0.0.0.0 destination –port eq 23
[R3 – acl – adv – 3000]rule 10 deny tcp source any
[R3 – acl – adv – 3000]quit    //以上先完成 ACL 语句配置
[R3]user – interface vty 0 4
[R3 –ui –vty0 –4]acl 3000 inbound   //将 ACL 语句作用在 vty 0 4 接口入方向
```

配置完成后，在 R3 上查看 ACL 配置情况：

```
[R3]display acl 3000
Advanced ACL 3000, 2 rules   //序号为 3000,共 2 条规则
Acl's step is 5    //ACL 的步长为 5
rule 5 permit tcp source 10.1.4.1 0 destination 10.1.3.1 0 destination –port eq
telnet    //规则 5,允许源地址为 10.1.4.1、目的地址为 10.1.3.1 的数据包通过
rule 10 deny tcp    /* 规则 10,不允许任何 TCP 流量经过。因为这条语句在规则 5 之后执行,
表示除了规则 5 的流量通过外,其他 TCP 流量一概拒绝。*/
```

（2）在 R2 G0/0/0 接口出方向，配置 ACL 语句限制只有源地址为 10.1.4.1 接口流量可以通过。

```
[R2]acl 3001
[R2 – acl – adv – 3001]rule 5 permit tcp source 10.1.4.1 0.0.0.0 destination
10.1.3.1 0.0.0.0 destination –port eq 23
[R2 – acl – adv – 3001]rule 10 deny tcp source any
[R2 – acl – adv – 3001]quit
[R2]interface GigabitEthernet0 /0 /0
[R2 – GigabitEthernet0 /0 /0]traffic – filter outbound acl 3001    /* 将 ACL 作用在
R3 G0 /0 /0 的出接口方向 */
```

配置完成后，可以参考选择一查询指令，查询 ACL 配置情况。

步骤六：结果验证如下。

```
<R1 >telnet –a 10.1.1.1 10.1.3.1    /* 在 R1 上,以 LB0 为源地址验证 telnet 访问,在规
则上是不允许通过的 */
Press CTRL_] to quit telnet mode
Trying 10.1.3.1 ...
Error: Can't connect to the remote host   //无法远程登录主机
```

```
    <R1>telnet -a 10.1.4.1 10.1.3.1      /*以 LB1 地址为源地址进行 telnet,是规则中允许
通过的流量*/
    Press CTRL_] to quit telnet mode
    Trying 10.1.3.1 ...
    Connected to 10.1.3.1 ...

    Login authentication

    Password:    //输入之前设置的密码"123456"
    <R3>  //登录 R3 设备,表示 telnet 成功
```

7.2　NAT 技术部署实践

7.2.1　NAT 的工作原理

1. NAT 概述

在一个网络中,每台计算机都需要一个独特的 IP 地址来进行通信。然而,公共 IP 地址是有限的资源,因此,许多组织和家庭网络采用私有 IP 地址,以便在局域网内进行通信,而不需要对外部网络公开所有连接。私有 IP 地址是无法从互联网访问的,这就需要网络地址转换(Network Address Translation,NAT)技术。现在全世界的 IPv4 地址已经被宣布彻底耗尽,已经无法再为全世界的计算机都分配一个被公共网络认可的 IP 地址,RFC1918 为此定义了一个属于私有地址的空间供给企业或者家庭内部网络使用,以缓解 IPv4 地址资源紧张的问题。

NAT 技术在私有 IP 地址的网络中使用。当内部主机需要访问外部主机时,NAT 会将该内部主机的 IP 地址映射为一个外部唯一可识别的公用 IP 地址,从而使得返回的数据包正确到达内部目的主机。NAT 主要用于将内部网络地址映射到一个或多个外部网络地址上,并且用于转换的外部网络地址数目可以少于需要转换的内部网络 IP 地址数目。这样,NAT 可以帮助企业在私有网络和全球因特网之间建立连接。

NAT 技术在内部网络和外部网络连接的地方起作用,可使内部网络发送给外部网络的数据包隐藏其真正的内部私有地址,而代之以外部网络能够识别的公用地址。同时,当外部网络返回数据包时,NAT 把数据包的目的地址改回内部主机的私有地址。这样,对于外部网络来说,它看到的主机就是一个具备公用地址的主机,而并不知道这个主机是内部网络的一部分,从而保护了内部网络的隐私安全。对于内部主机来说,由于它们使用的仍是自己的私有地址,因此不需要关心它们被分配了什么样的公用地址。

2. NAT 的分类

根据 NAT 的实现方式和功能,可以将 NAT 分为静态 NAT、动态 NAT、NAPT(Network Address and Port Translation,网络地址和端口转换)、Easy – IP、NAT Server、SNAT 六种类型。

（1）静态 NAT 是一种最简单的 NAT 类型，它将一个固定的私有 IP 地址映射到一个公共 IP 地址上，并始终保持这种映射。这意味着无论何时，当内部设备使用此 IP 地址进行互联网通信时，都会使用固定的公共 IP 地址来传输数据。

（2）动态 NAT 与静态 NAT 类似，但它会在需要时动态地分配公共 IP 地址。当内部设备请求连接到互联网时，动态 NAT 将从一个公共 IP 地址池中选择一个可用的地址，并在通信结束后释放该地址。这样可以最大限度地利用可用的公共 IP 地址，但它也可能导致某些连接排队等待可用 IP 地址。

（3）NAPT 是一种基于端口的 NAT，它不仅将设备的 IP 地址映射到公共 IP 地址上，还使用不同的端口号将多个设备连接到单个公共 IP 地址上。这意味着多个内部设备可以同时使用单个公共 IP 地址进行互联网通信，而不必等待公共 IP 地址的可用性。

（4）Easy–IP 是思科公司开发的一种专有 NAT 技术，它将动态 NAT 和 NAPT 结合在一起，通过使用基于端口的映射来允许多个设备共享单个公共 IP 地址，并且可以使用多个 ISP 连接来提高可靠性和带宽。

（5）NAT Server 是一种特殊类型的动态 NAT，它允许外部设备使用公共 IP 地址访问位于内部网络上的服务器。这通常是通过将公共 IP 地址和端口号映射到内部服务器的私有 IP 地址和端口号上实现的。

（6）SNAT 即源网络地址转换，通常用于将私有 IP 地址转换为公共 IP 地址，从而实现 Internet 连接，允许多个主机在同一公共 IP 地址下共享 Internet 连接。

NAT Server 通常用于配置 Web 服务器、FTP 服务器或其他服务，以便允许外部用户通过公共 IP 地址访问这些服务。在这种情况下，NAT 将所有来自公共 IP 地址的请求转发到内部服务器，并将响应流量返回到外部设备。这种方式提高了内部服务器的安全性，因为外部用户只能访问映射到公共 IP 地址的指定端口，而无法直接访问内部网络中的其他设备。

3. NAT 的特点

NAT 技术能够提高网络安全性、节约 IP 地址、简化网络管理、降低网络成本。

（1）提高网络安全性：NAT 隐藏了内部网络的真实 IP 地址，对外界的攻击者起到了一定的保护作用。

（2）节约 IP 地址：由于 IPv4 地址资源日益紧张，NAT 技术可以在一定程度上缓解 IPv4 地址短缺的问题，节约地址资源。

（3）简化网络管理：NAT 技术可以简化网络管理，降低网络管理员的工作量。

（4）降低网络成本：NAT 技术可以降低企业或组织的网络建设成本，为中小型企业提供了可行的网络建设方案。

但 NAT 技术也限制了内网的应用、增加了网络延迟、降低网络可靠性。

（1）限制了内网应用：由于 NAT 隐藏了内部网络的真实 IP 地址，导致内部网络上的某些应用无法直接被外部访问。

（2）增加了网络延迟：由于 NAT 技术需要进行地址转换，会增加网络传输的延迟，对一些时间敏感的应用造成影响。

（3）降低了网络可靠性：NAT 技术可能会引入一些网络故障，如端口映射、地址固定等问题，影响网络的可靠性。

在使用 NAT 技术时，需要结合实际情况进行权衡。

4. NAT 的工作原理

在连接内部网络与外部公网的路由器上，NAT 将内部网络中主机的内部局部地址转换为公网可见的内部全局地址来响应外界请求。

报文的来源是通过内部或外部来区分的，而地址的可见范围则可以用局部或全局来描述。局部地址仅在内部网络中可见，不需要通过 NAT 进行转换，而全局地址需要被 NAT 转换成公网可见的地址，以满足外部网络的寻址需求。因此，内部局部地址只能在内部网络中使用，而内部全局地址可以在外部网络中被识别，但需要经过 NAT 的转换处理。

NAT 工作原理如图 7-8 所示。

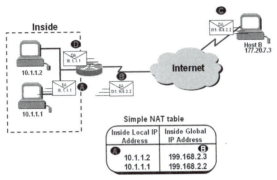

图 7-8　NAT 的工作原理

主机 10.1.1.1 要访问公网上的主机 177.20.7.3。当主机 10.1.1.1 发送数据时，它使用自己的内部 IP 地址 10.1.1.1 作为源地址，需要通过路由器才能到达公网。在路由器处，源 IP 地址被转换成一个内部全局 IP 地址 199.168.2.2，以便能够在公网上正确地传输数据。当从主机 B 返回数据包时，目标地址是内部全局 IP 地址 199.168.2.2，但是它需要通过路由器才能到达 10.1.1.1 主机。因此，在路由器处，目标地址被转换回内部局部地址 10.1.1.1，以确保数据包能够正确地到达主机 10.1.1.1。

7.2.2　NAT 的配置实践

如图 7-9 所示，以该组网形式分别部署静态 NAT、动态 NAT、Easy-IP、NAPT 技术，完成私网到 Server2 的访问。

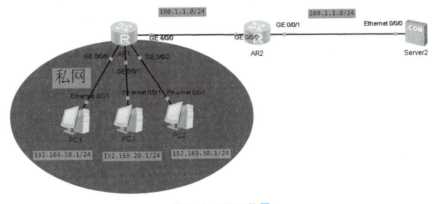

图 7-9　NAT 组网

步骤一：按照组网规划完成在 eNSP 的组网和接口地址配置，并验证网段间的连通性。

步骤二：部署 NAT 技术。

方式一：部署静态 NAT

```
[AR1]int g4/0/0
[AR1-GigabitEthernet4/0/0]nat static global 100.1.1.3 inside 192.169.10.1
net mask 255.255.255.255
//将公网地址100.1.1.3和192.169.10.1形成NAT映射绑定关系
[AR1-GigabitEthernet4/0/0]nat static global 100.1.1.4 inside 192.169.20.1
net mask 255.255.255.255
[AR1-GigabitEthernet4/0/0]nat static global 100.1.1.5 inside 192.169.30.1
net mask 255.255.255.255
```

结果验证：可以用 ping 测试连通性，然后使用 Wireshark 抓取 R1 两侧端口进行数据包地址比对。

方式二：部署动态 NAT

```
[AR1]nat address-group 1 100.1.1.3  100.1.1.254  /*创建公网侧可以作为转换使用的地址池*/
[AR1]acl 2000
[AR1-acl-basic-2000]rule 5 permit source 192.169.0.0 0.0.255.255
[AR1-acl-basic-2000]q
[AR1]
[AR1]int g4/0/0
[AR1-GigabitEthernet4/0/0]
[AR1-GigabitEthernet4/0/0]nat outbound 2000 address-group 1 no-pat
/* 流量中源地址属于192.169.0.0/16 网段的,将源地址转换为100.1.1.3 ~100.1.1.254 中任意未被使用的地址*/
```

结果验证：同方式一。

方式三：部署 NAPT

```
[AR1]nat address-group 1 100.1.1.3  100.1.1.3 /* NAPT 与 NAT 的区别在于,NAPT 不仅转换 IP 包中的 IP 地址,还对 IP 包中 TCP 和 UDP 的 Port 进行转换。这使得多台私有网主机利用 1 个 NAT 公共 IP 就可以同时和公共网进行通信。*/
[AR1]acl 2000
[AR1-acl-basic-2000]rule 5 permit source 192.169.0.0 0.0.255.255
[AR1-acl-basic-2000]q
[AR1]int g4/0/0
[AR1-GigabitEthernet4/0/0]
[AR1-GigabitEthernet4/0/0]nat outbound 2000 address-group 1
[AR1-GigabitEthernet4/0/0]
```

结果验证：可以查看 NAT 映射情况。

```
<Huawei>dis nat session all
 NAT Session Table Information:

   Protocol   : ICMP(1)
```

```
SrcAddr   Vpn  : 192.169.10.1
DestAddr  Vpn  : 200.1.1.1
Type Code IcmpId : 0  8  1517
NAT - Info
 New SrcAddr    : 100.1.1.3
 New DestAddr   : ----
 New IcmpId     : 10291

Protocol         : ICMP(1)
SrcAddr   Vpn  : 192.169.10.1
DestAddr  Vpn  : 200.1.1.1
Type Code IcmpId : 0  8  1518
NAT - Info
 New SrcAddr    : 100.1.1.3
 New DestAddr   : ----
 New IcmpId     : 10292

Protocol         : ICMP(1)
SrcAddr   Vpn  : 192.169.10.1
DestAddr  Vpn  : 200.1.1.1
Type Code IcmpId : 0  8  1516
NAT - Info
 New SrcAddr    : 100.1.1.3
 New DestAddr   : ----
 New IcmpId     : 10290

Total : 3
```

方式四：部署 Easy – IP

```
[AR1]acl 2000
[AR1 - acl - basic - 2000]rule 5 permit source 192.169.0.0 0.0.255.255
[AR1 - acl - basic - 2000]q
[AR1]int g4 /0 /0
[AR1 - GigabitEthernet4 /0 /0]
[AR1 - GigabitEthernet4 /0 /0]nat outbound 2000
[AR1 - GigabitEthernet4 /0 /0]
```

配置时不需要创建公网地址池。NAPT 能够实现私有 IP 地址和 NAT 的公共 IP 地址之间的动态转换。Easy – IP 能够实现公网 IP 地址与私网 IP 地址之间的映射。适合小型局域网接入 Internet 的情况，比如小型网吧、中小型企业。出接口通过拨号方式获得临时（或固定）公网 IP 地址，以供内部主机访问 Internet。

结果验证同方式一。

为了保证网上银行、支付宝等业务的稳定运行，在使用动态转换时，需要注意以下几点：

（1）IP 地址池中的 Global IP 数量应该在 14～30 之间，以确保每个公网地址有足够的资源来处理用户转换会话数非常大的情况。

（2）在开局阶段，应该对每个用户限制转换条目数，以保护设备在用户流量异常时不受影响。注意，这样设置可以保证设备的 CPU 稳定运行。

（3）一个 IP 地址通常对应着 6 万个转换条目，可以根据这个数值大致计算出系统当前可用的动态转换条目数。

对于一般上网用户，100 ~ 200 个转换条目是足够的；对于一些大客户用户或者校园网用户可以适当放宽，建议在 300 ~ 600 之间根据实际情况调节。如果用户数量较少（< 2 000），那么可以设置得大一些（500 ~ 600）；如果用户数超过 2 000，建议设置为 200 ~ 400。

NAT 资源的不足之处存在以下几种情况。

（1）端口映射表满：设备在进行 NAT 转换时，会维护一个端口映射表，记录每个内外网地址和端口之间的映射关系。如果这个表已经满了，就会导致无法为新的连接分配 NAT 资源。

（2）NAT 连接数过多：除了端口映射表，设备也会限制每个 NAT 规则下的最大连接数。当该规则下的连接数达到最大值时，就会拒绝新的连接请求。

（3）资源竞争：如果多个客户端同时请求 NAT 资源，设备需要对这些请求进行优先级调度，以确保资源被合理地分配。如果设备无法有效地处理资源请求，就会导致资源竞争和短缺。

针对以上情况，设备通常会通过以下方法来判断和处理 NAT 资源不足的问题。

（1）查询 NAT 状态：可以查询当前设备的 NAT 状态信息，包括端口映射表、连接数等情况。通过观察 NAT 状态，可以判断是否存在资源"瓶颈"。

（2）调整 NAT 配置参数：设备允许管理员配置 NAT 的参数，如端口映射表大小、每个规则下的最大连接数等。通过调整这些参数，可以适当扩大 NAT 资源的容量，减少资源竞争和短缺。

（3）使用负载均衡技术：如果设备面临大量连接请求，可以使用负载均衡技术将这些请求分散到多个 NAT 设备上，以分担资源负担。

（4）限制应用程序访问：针对某些应用程序可能会占用大量 NAT 资源的情况，可以使用 ACL 等技术限制这些应用程序的访问，以减少资源占用。

某些软件出现异常问题可能是该应用的端口老化时间设置不当所致，需要仔细调查该应用使用的协议和端口号，并有针对性地对其端口老化时间进行调整。在这个过程中，要避免笼统地调整所有 TCP 或 UDP 端口的老化时间，以免影响到其他业务的运行，导致 NAT 资源不足或用户上网异常等问题。

7.2.3 实践拓展

如图 7 - 10 所示，对于私有网络用户而言，只有路由器外口上拥有唯一合法 IP 地址，要求通过 NPAT 端口地址转换，使主机能够在私有网络上访问 Internet。

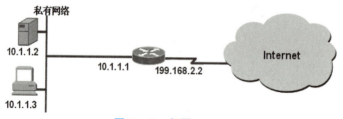

图 7 - 10 部署 NPAT

7.3　DHCP 技术部署实践

7.3.1　DHCP 的工作原理

1. DHCP 概述

在小型网络中，网络管理员手工分配 IP 地址是常见的方法；在大型网络中，客户机数量超过 100 台时，手动分配 IP 地址的方法就不再适用了。因此，必须引入一种高效的 IP 地址分配方法，DHCP 就是为解决这一难题而设计的。

DHCP（Dynamic Host Configuration Protocol，动态主机配置协议）是用于自动分配 IP 地址及其他网络配置信息的网络协议，如子网掩码、默认网关、DNS 服务器等。DHCP 服务器通常在网络上扮演着核心的角色，允许在局域网上自动分配 IP 地址和其他网络配置信息，可以管理 IP 地址分配，确保没有两个设备分配到同样的 IP 地址。当一个设备连接到网络时，它会向 DHCP 服务器发送请求，并接收分配给它的 IP 地址和其他配置信息，从而能够在网络上进行通信。

DHCP 最初是由 Ralph Droms 在 1993 年提出的，并于同年成为标准，目的是简化管理大型网络中的 IP 地址。随着互联网的普及，DHCP 也逐渐发展成为广泛使用的网络协议。

随着时间的推移，DHCP 发展了许多新的功能和扩展。

（1）DHCPv2：1996 年，DHCPv2 被引入 Internet Engineering Task Force（IETF，国际互联网工程任务组）的标准中，以取代早期的版本。

（2）DHCPv3：1997 年，DHCPv3 的设计开始，但最终未被纳入相关技术标准。

（3）DHCPv4：2003 年，RFC 2131 介绍了 DHCPv4 的标准。

（4）DHCPv6：2003 年，IETF 发布了 DHCPv6 标准，用于 IPv6。

（5）DHCP 分布式架构：2010 年，IETF 发布了 RFC 6140，引入了 DHCP 服务器的集群支持。

（6）DHCP 安全性增强：2013 年，IETF 发布了 RFC 7117，引入了对 DHCP 的安全增强措施，包括认证、加密和完整性保护。

随着互联网的发展和技术的不断进步，DHCP 得到了不断的完善和发展，成为网络管理中必不可少的一部分。

2. DHCP 的特点

DHCP 的主要特点如下：

（1）动态分配 IP 地址：DHCP 可以动态地为网络设备分配 IP 地址，当设备连接到网络时，DHCP 服务器会自动分配空闲的 IP 地址给该设备。如图 7 - 11 所示，客户端只需勾选"自动获得 IP 地址"选项即可。

（2）简化网络配置：使用 DHCP 可以简化网络配置过程，减少管理员的工作量和出错的机会。管理员只需要在 DHCP 服务器上配置 IP 地址池和其他相关信息，而不需要对每个设备进行手动设置。

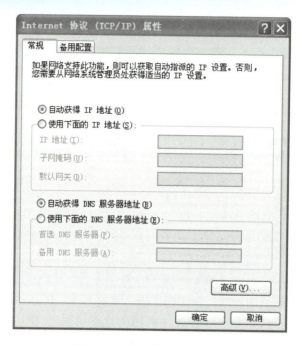

图 7-11　客户端 DHCP 设置

（3）避免 IP 地址冲突：DHCP 可以防止 IP 地址冲突的发生。由于 DHCP 服务器会检查已分配的 IP 地址，因此不会分配已被占用的 IP 地址。

（4）节省 IP 地址资源：DHCP 可以根据需要分配 IP 地址，避免浪费 IP 地址资源，提高网络利用率。

（5）支持多种操作系统：DHCP 是一个跨平台的协议，在各个操作系统中都有支持，包括 Windows、Linux、MacOS 等。

DHCP 是一种方便、灵活、可靠的网络配置协议，广泛应用于企业、机构和家庭网络中。

3. DHCP 的组网方式

DHCP 采用客户端/服务器体系结构，客户端靠发送广播方式的发现信息来寻找 DHCP 服务器来获得网络参数。如果客户端和 DHCP 服务器在同一个广播域内，DHCP 可以顺利工作。但是，如果它们位于不同的广播域，则需要通过路由器进行通信，这会导致一些问题。因为路由器默认情况下会禁止广播流量跨越不同的广播域，所以需要采取不同的方法来解决这个问题。DHCP 的组网方式通常分为同网段组网和不同网段组网两种，如图 7-12 所示。

DHCP 中继是一种功能，它的作用是当 DHCP 服务器和客户机不在同一个子网时，将广播包传递到 DHCP 服务器所在的子网。这个功能的实现需要使用充当客户主机默认网关的路由器，在这个过程中，路由器会重新封装和续传 DHCP 报文。

4. DHCP 的工作过程

1）发现阶段

DHCP Discover：主机在加入网络时，会向网络中广播一个 DHCP Discover 消息。这个消息包含着类似"我需要网络分配给我一个可用的 IP 地址"的请求，如图 7-13 所示。

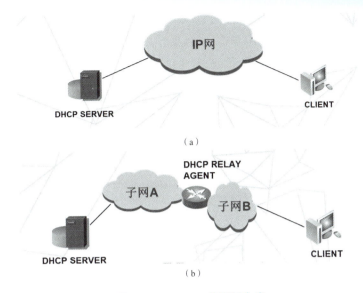

图7-12 DHCP 的组网方式

（a）同网段的组网方式；（b）不同网段的组网方式

图7-13 DHCP 客户机寻找 DHCP 服务器

2）提供阶段

DHCP Offer：在收到 DHCP Discover 消息后，网络中的 DHCP 服务器会回应一个 DHCP Offer 消息。这个消息携带着类似"这里有一个可用的 IP 地址，你可以使用它"的建议，如图7-14 所示。

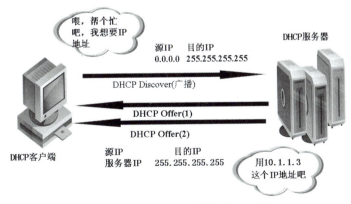

图7-14 DHCP 服务器提供 IP 地址

3）选择阶段

DHCP Request：主机在收到 DHCP Offer 消息后，如果同意使用该 IP 地址，则会向网络中广播一个 DHCP Request 消息。这个消息表明"我要使用你提供的 IP 地址"，如图 7 - 15 所示。以广播方式的回答是为了通知所有的 DHCP 服务器，它将选择某台 DHCP 服务器所提供的 IP 地址。

图 7 - 15　DHCP 客户机选择 DHCP 服务器

4）确认阶段

DHCP 服务器在收到 DHCP Request 消息后，发送一个 DHCP Acknowledge 消息。这个消息确认了主机可以使用该 IP 地址，并包括 IP 地址、子网掩码、默认网关、DNS 服务器等配置信息，如图 7 - 16 所示。

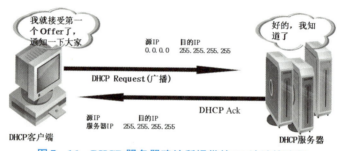

图 7 - 16　DHCP 服务器确认所提供的 IP 地址的阶段

5）重新登录

DHCP 客户端重新登录网络时，可以直接发送包含之前所分配的 IP 地址的 DHCP 请求，而不需要再发送 DHCP 发现信息。如果 DHCP 服务器可以继续分配原来的 IP 地址，则它会回复 DHCP 确认信息，否则会回复 DHCP 否认信息。如果收到 DHCP 否认信息，DHCP 客户端必须重新发送 DHCP 发现信息，以请求新的 IP 地址。

5. DHCP 报文

DHCP 采用客户端/服务器方式进行交互，其报文格式共有 8 种，由报文中"DHCP message type"字段的值来确定，后面括号中的值即为相应类型的值，具体含义如下：

（1）DHCP_Discover 报文是客户端开始 DHCP 过程的第一个报文。

（2）DHCP_Offer 报文是服务器对 DHCP Discover 报文的响应。

（3）DHCP_Request 报文是客户端在 DHCP 过程中对服务器的 DHCP_Offer 报文的回应，或者是客户端延续 IP 地址租期时发出的报文。

（4）DHCP_Decline 报文是当客户端发现服务器分配给它的 IP 地址无法使用，如 IP 地址冲突时，将发出此报文，通知服务器禁止使用 IP 地址。

（5）DHCP_Ack 报文是服务器对客户端的 DHCP Request 报文的确认响应报文。客户端收到此报文后，才真正获得了 IP 地址和相关的配置信息。

（6）DHCP_Nack 报文是服务器对客户端的 DHCP Request 报文的拒绝响应报文。客户端收到此报文后，一般会重新开始新的 DHCP 过程。

（7）DHCP_Release 报文是客户端主动释放服务器分配给它的 IP 地址的报文。当服务器收到此报文后，就可以回收这个 IP 地址，并分配给其他的客户端。

（8）DHCP_Inform 报文客户端已经获得了 IP 地址后，发送此报文，只是为了从 DHCP 服务器处获取其他的一些网络配置信息，如 DNS 等。这种报文的应用报文非常少见。

由于 DHCP 是初始化协议，简单地说，就是让终端获取 IP 地址的协议。既然终端连 IP 地址都没有，那么如何能够发出 IP 报文呢？服务器给客户端回送的报文该怎么封装呢？为了解决这个问题，DHCP 报文的封装采取了如下措施。

（1）链路层的封装必须是广播形式，即让在同一物理子网中的所有主机都能够收到这个报文。在以太网中，就是目的 MAC 为全 1。

（2）由于终端没有 IP 地址，IP 头中的源 IP 规定填为 0.0.0.0。

（3）当终端发出 DHCP 请求报文时，它并不知道 DHCP 服务器的 IP 地址，因此 IP 头中的目的 IP 填为子网广播 IP——255.255.255.255，以保证 DHCP 服务器不丢弃这个报文。

（4）上面的措施保证了 DHCP 服务器能够收到终端的请求报文，但仅凭链路层和 IP 层信息，DHCP 服务器无法区分出 DHCP 报文，因此终端发出的 DHCP 请求报文的 UDP 层中源端口为 68，目的端口为 67。即 DHCP 服务器通过知名端口号 67 来判断一个报文是否是 DHCP 报文。

（5）DHCP 服务器发给终端的响应报文将会根据 DHCP 报文中的内容决定是广播还是单播，一般都是广播形式。广播封装时，链路层的封装必须是广播形式，在以太网中，就是目的 MAC 为全 1，IP 头中的目的 IP 为广播 IP——255.255.255.255。单播封装时，链路层的封装是单播形式，在以太网中，就是目的 MAC 为终端的网卡 MAC 地址。IP 头中的目的 IP 填为有限的子网广播 IP——255.255.255.255 或者是即将分配给用户的 IP 地址（当终端能够接收这样的 IP 报文时）。两种封装方式中，UDP 层都是相同的，源端口为 67，目的端口为 68。终端通过知名端口号 68 来判断一个报文是否是 DHCP 服务器的响应报文。

6. DHCP 中继原理

DHCP 报文只能在同一子网内传播，要想跨越多个子网，需要通过 DHCP 中继实现，如图 7 – 17 所示。DHCP 中继可以是路由器或主机，其功能是监听 UDP 目的端口号为 67 的所有报文，并对其进行特殊处理。

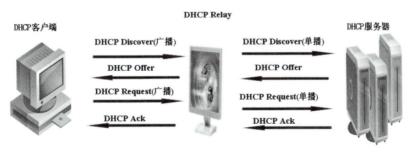

图 7 – 17　DHCP 中继过程

当 DHCP 中继收到目的端口号为 67 的报文时，会检查中继代理 IP 地址字段的值，如果这个字段的值为 0，则 DHCP 中继就会将接收到的请求报文的端口 IP 地址填入此字段；如果这个字段的值不是 0，则不能被修改填充为广播地址。在这两种情况下，报文都将被单播到新的目的地或 DHCP 服务器。要实现 DHCP 报文穿越多个子网的目的，需要配置相应的 DHCP 中继和目的地（DHCP 服务器）。

当 DHCP 中继接收到 DHCP 服务器的响应报文时，需要检查中继代理 IP 地址字段和客户机硬件地址等字段来确定将响应报文传递给哪个客户机。DHCP 服务器在接收到 DHCP 请求报文后，会检查 giaddr 字段是否为 0。如果为 0，则 DHCP 服务器认为客户机与其位于同一子网，并将从相应地址池中为客户机分配 IP 地址；否则，DHCP 服务器将根据 giaddr 字段所在的网段从相应地址池中为客户机分配 IP 地址。

7.3.2　DHCP 配置实践

如图 7-18 所示，R1 和 R2 作为客户端，R3 作为服务器配置 DHCP 服务。

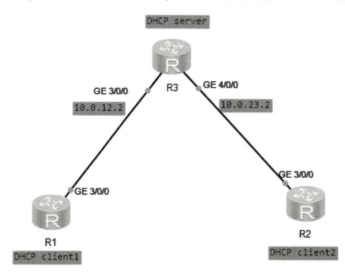

图 7-18　DHCP 配置应用

步骤一：按照拓扑规划要求部署并启动设备，并配置接口地址。

步骤二：开启三台设备上的 DHCP 功能。以 R3 为例：

```
[R3]dhcp enable
Info：The operation may take a few seconds. Please wait for a moment.done.
```

步骤三：在 Server R3 上面配置地址池。

```
[R3]interface GigabitEthernet 3/0/0
[R3-GigabitEthernet3/0/0]dhcp select interface    /* 开启接口采用接口地址池的
DHCP Server 功能 */
[R3-GigabitEthernet3/0/0]dhcp server dns-list 10.0.12.2    /* 指定接口地址池下
的 DNS 服务器地址。最多可以配置 8 个 DNS Server 的 IP 地址，用空格分隔 */
[R3]ip pool GlobalPool    //创建名为 GlobalPool 的地址池
```

Info：It's successful to create an IP address pool.
　[R3-ip-pool-GlobalPool]network 10.0.23.0 mask 24　 /* 配置全局地址池下可分配的
网段地址 */
　[R3-ip-pool-GlobalPool]dns-list 10.0.23.2
　[R3-ip-pool-GlobalPool]gateway-list 10.0.23.2　 /* 为 DHCP Client 配置出口网
关地址。R3 在获取地址之后，会生成一条默认路由，下一跳地址为 10.0.23.2。*/
　[R3-ip-pool-GlobalPool]lease day 2 hour 2　 /* 配置地址池下的地址租期。当租约
被设置为 unlimited 时，代表期限无限制。缺省情况下，IP 地址租期是 1 天。*/
　[R2-ip-pool-GlobalPool]static-bind ip-address 10.0.23.3 mac-address 00e0
-fc6f-6d1f　 /* 将 DHCP Server 全局地址池下的 IP 地址与 MAC 地址进行绑定，此处 MAC 地址参
数为 R2 的 GigabitEthernet3/0/0 接口的 MAC 地址。*/
　[R3]interface GigabitEthernet 0/0/4
　[R3-GigabitEthernet0/0/4]dhcp select global　 /* 开启 R3 GigabitEthernet 4/0/
0 接口的 DHCP Server 功能，为 R2 分配 IP 地址 */

步骤四：配置 DHCP Client（R1 和 R2 配置相同）。以 R1 为例：

　[R1]interface GigabitEthernet 3/0/0
　[R1-GigabitEthernet3/0/0] ip address dhcp-alloc

步骤五：结果验证，R1 和 R2 都是 Client。以 R1 为例：

　[R1]display ip interface brief
　InterfaceIP Address/Mask　　　　　　 Physical　 Protocol
　GigabitEthernet3/0/010.0.12.254/24　 up　　　　 up　　　　　　 /* 到 R1 的 G3/
0/0 接口已经获取到了 IP 地址。*/
　[R1]display dns server　 //查看 R1 上 DNS 的获取情况
　Type:
　D:Dynamic　　 S:Static

　No.　 Type　　　 IP Address
　1　　 D　　　　 10.0.12.2
　[R1]display ip routing-table　 //查看 R1 上的路由表建立情况
　Destination/Mask　　 Proto　 Pre　 Cost　 Flags　 NextHop　　 Interface
　　 0.0.0.0/0　　　　 **Unr**　 60　　 0　　　 D　　　 10.0.12.2　 GigabitEthernet0/0/3

查看 R3 上的 DHCP 配置情况：

　[R3]display ip pool name GlobalPool　 //查看 R3 上的地址池配置信息
　Pool-name　　　 :GlobalPool
　Pool-No　　　　 :1
　Lease　　　　　 :2 Days 2 Hours 0 Minutes
　Domain-name:　　　　 -
　DNS-server0　　　 :10.0.23.2
　NBNS-server0　　　 :-
　Netbios-type　　　 :-
　Position:　　　　　 Local　　　　 Status　　　 :Unlocked

```
    Gateway - 0    :10.0.23.2
    Mask           :255.255.255.0
    VPN instance           :--
    ------------------------------------------------------------------
        Start        End      Total   Used   Idle(Expired)   Conflict  Disable
    ------------------------------------------------------------------
       10.0.23.1   10.0.23.254   253       1       252(0)          0          0
    ------------------------------------------------------------------
```

[R3]display ip pool interface GigabitEthernet4/0/0   /* 当配置接口地址池时,地址池的名称为接口的名称。分配的网关地址为该接口的 IP 地址,且无法修改 */

```
    Pool - name    :GigabitEthernet0/0/4
    Pool - No      :0
    Lease          :1 Days 0 Hours 0 Minutes
    Domain - name          :-
    DNS - server0          :10.0.12.2
    NBNS - server0         :-
    Netbios - type         :-
    Position       :Interface      Status       :Unlocked
    Gateway - 0    :10.0.12.2
    Mask           :255.255.255.0
    VPN instance           :--
    ------------------------------------------------------------------
        Start        End      Total   Used   Idle(Expired)   Conflict  Disable
    ------------------------------------------------------------------
       10.0.12.110.0.12.254   253       1       252(0)          0          0
    ------------------------------------------------------------------
```

7.4　VRRP 技术部署实践

7.4.1　VRRP 的工作原理

1. VRRP 概述

VRRP（Virtual Router Redundancy Protocol，虚拟路由冗余协议）技术的发展背景可以追溯到 20 世纪 90 年代。当时，网络技术在高速发展，越来越多的企业开始使用网络设备，如路由器、交换机等。然而，由于在组网的时候常用如图 7 - 19 所示的单一出口组网拓扑，这些设备一旦发生故障或者需要维护，可能导致网络中断，从而造成企业业务的停滞甚至损失。为了解决这个问题，Cisco 公司在 1994 年提出了 HSRP（Hot Standby Router Protocol，热备份路由器协议），大大提高了网络冗余和可靠性。然而，HSRP 只能用于 Cisco 设备之间进行通信，不支持多厂商设备之间的互操作性，IETF（Internet Engineering Task Force，因特网工程任务组）应运而生，并于 1999 年发布了 VRRP。相对于 HSRP，VRRP 是一个跨平台标准，可以被各种品牌的网络设备实现，并且已经成为目前应用最广泛的路由器冗余协议之一。

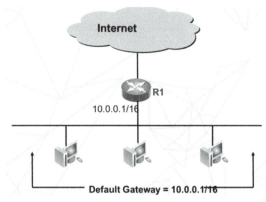

图7-19 传统单一出口组网

VRRP是一种用于实现冗余路由器并提高网络可靠性的协议，允许在同一个网络中的多个路由器组成一个虚拟路由器组，它们共享一个虚拟IP地址，并将该地址作为默认网关提供给网络上的其他设备。VRRP还是一种容错协议，通过让几台路由设备联合成为一个虚拟的路由设备来实现。当主机下一跳路由器发生故障时，可以快速切换到其他路由器来保证通信的连续性和可靠性。VRRP配置简单方便，不需要改变网络拓扑或在主机上配置动态路由协议或路由发现协议，只需在相关路由器上进行简单配置，即可获得更高可靠性的缺省路由。

VRRP具有如下特点：

（1）路由器备份：VRRP允许多个路由器共享同一个虚拟IP，其中一个路由器作为主路由器，其余的作为备份路由器。如果主路由器出现故障，VRRP会自动将虚拟IP地址转移到某个备份路由器上，以保持网络的正常运行。这个过程是无缝的，很少有人能注意到主路由器已经故障。

（2）负载分担：VRRP通过建立多个备份组来实现负载分担，可以将网络流量均匀地分配给不同的路由器。

（3）首选路径确定：VRRP使用优先级和抢占方式来选择主路由器，使数据传输更加可靠。主路由器的优先级最高，备份路由器的优先级依次递减。

（4）网络开销小：VRRP协议仅需要主路由器定期发送VRRP组播报文，干备路由器之间没有其他通信，从而减少网络开销。

（5）最小化状态转换次数：只有比主路由器优先级更高的备份路由器才能发起状态转换，以确保主路由器的稳定性。这样可以避免多次状态转换，从而提高网络性能。

（6）可扩展的安全性：VRRP允许使用不同的认证方式和认证字，以适应不同的网络安全需求。未通过认证的报文将会被丢弃，从而保持网络更加安全。

（7）VRRP报文封装在IP报文中，协议号为112：VRRP报文是通过Internet协议封装传输的，在IP报文头中标识的协议号是112。这个协议号告诉路由器如何对VRRP报文进行处理，并使得VRRP可以在Internet上正常工作。

2. VRRP的基本概念

在介绍VRRP的工作机制以前，先介绍一些VRRP相关的基本概念。

VRRP技术中，以下是一些相关名词和概念：

（1）Virtual Router（虚拟路由器）：一组具有相同虚拟路由器ID的物理路由器被视为单

个虚拟路由器。

（2）Master Router（主路由器）：在一个 VRRP 集群中被选为主路由器的物理路由器。其他路由器被称为备份路由器。

（3）Backup Router（备份路由器）：没有被选为主路由器的物理路由器，它们可以提供冗余和备份功能。

（4）Virtual MAC address（虚拟 MAC 地址）：当虚拟路由器中的主路由器转发数据包时，使用虚拟 MAC 地址代替实际 MAC 地址。

（5）Virtual IP address（虚拟 IP 地址）：作为虚拟路由器的标识符之一，与虚拟 MAC 地址相对应。

（6）VRID（虚拟路由器 ID）：用于标识属于同一虚拟路由器的物理路由器。通常设置为 1～255。

（7）Advertisement interval（广告间隔）：主路由器向备份路由器发送 VRRP 消息的时间间隔。

（8）Authentication Type（认证类型）：用于验证 VRRP 消息的方式，包括无验证、简单文本密码和 MD5 加密等方式。

（9）Preemption（抢占）：允许备份路由器在检测到主路由器失效时接管主路由器的功能。

（10）Priority（优先级）：用于选择主路由器的决策因素，具有较高优先级的物理路由器更有可能被选为主路由器。

3. VRRP 的基本原理

VRRP 将局域网的一组路由器构成一个备份组，形成一台虚拟路由器。局域网内的主机只需要知道这个虚拟路由器的 IP 地址，并不需要知道备份组内具体某台设备的 IP 地址，将网络内主机的默认网关设置为该虚拟路由器的 IP 地址后，主机就可以利用该虚拟网关与外部网络进行通信了。

VRRP 将虚拟路由器和承担传输业务的物理路由器动态关联起来。当承担传输业务的物理路由器出现故障时，VRRP 会自动选择新路由器来接替业务传输工作，整个过程对用户完全透明，实现了内部网络和外部网络不间断通信，保证了网络的高可用性。

VRRP 选举虚拟路由器如图 7-20 所示。

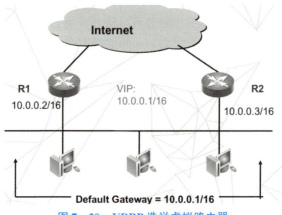

图 7-20　VRRP 选举虚拟路由器

虚拟路由器的组网环境如下：

路由器 R1 和 R2 属于同一个 VRRP 组，组成一个虚拟的路由器，这个虚拟路由器有自己的 IP 地址 10.0.0.1。虚拟 IP 地址可以直接指定，也可以借用该 VRRP 组所包含的路由器上某接口地址。物理路由器 R1 和 R2 的实际 IP 地址分别是 10.0.0.2 和 10.0.0.3。局域网内的主机只需要将默认路由设为 10.0.0.1 即可，无须知道具体路由器上的接口地址。

下面是基于 VRRP 组网的路由器工作方式。

1）VRRP 组配置

配置一个 VRRP 组，每个组都有唯一的 VRID、优先级和虚拟 IP 地址（VIP）。组中的每个路由器都参与 VRRP，并且必须配置相同的 VRID 和 VIP 地址，但优先级可以不同。

2）选举主机

在配置完 VRRP 组之后，路由器会通过 VRRP 消息选举出一个主机来作为虚拟网关，并负责管理 VIP 地址。选举主机的过程是基于优先级的，如果优先级相同，则根据路由器 ID（RID）比较大小。优先级越高的路由器，越有可能被选举为主机，如果选举出新的主机，则会通过 VRRP 消息通知其他路由器。

3）主机状态检测

选举出主机之后，其他路由器会监视主机的状态。主机会定期发送 VRRP 消息，以确认其仍然是虚拟网关，并保持 VIP 地址的所有权。如果主机未能发送 VRRP 消息，则其他路由器将在一定时间内重新选举虚拟网关。

4）VIP 转发

当有数据包到达虚拟网关的 VIP 地址时，主机将根据路由协议将数据包转发到适当的物理路由器。如果主机失败，则新的主机会接管 VIP 地址并继续向前转发数据包。

在 VRRP 组网下，路由器之间需要相互通信，通过选举机制选出一个主机作为虚拟网关，并保持 VIP 地址的所有权，保证网络的高可用性和鲁棒性，并提供用户持续的无缝网络体验。

4. VRRP 的报文结构

VRRP 通过发送 VRRP 报文进行通信，使用组播方式进行传输。主路由器按固定时间间隔（默认为 1 s）向其他成员发送组播报文，以告知备份路由器主路由器工作正常。如果主路由器正常工作，则会定期发送此类报文。只有 master 路由器才能发送 VRRP 报文，backup 路由器只是监控 VRRP 报文。

IP 报文头中，发送报文的源地址为主接口地址（不是虚拟地址或辅助地址），目的组播地址为 224.0.0.18，表示对所有 VRRP 路由器进行广播。在报文中，TTL 设置为 255，协议号设置为 112。VRRP 报文的结构如图 7 - 21 所示。

报文各字段的含义如下：

（1）Version：协议版本号，现在的 VRRP 为版本 2。

（2）Type：报文类型，只有一种取值"1"，表示 Advertisement。

（3）Virtual Rtr ID（VRID）：虚拟路由器号（1 ~ 255）。

（4）Priority：优先级（0 ~ 255）。其中，0 表示路由器停止参与 VRRP，用来使备份路由器尽快成为主路由器，而不必等到计时器超时；255 则保留给 IP 地址拥有者。默认值是 100。

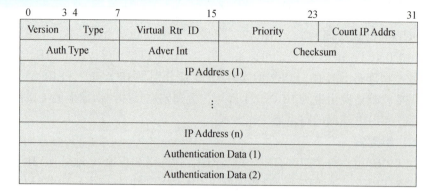

图 7-21 VRRP 报文结构

（5）Count IP Addrs：配置的备份组虚拟地址个数（一个备份组可对应多个虚拟地址）。

（6）Authentication Type：验证类型，协议中指定了 3 种类型，0 为 No Authentication，1 为 Simple Text Password，2 为 IP Authentication Header。

（7）Advertisement Interval：发送通告报文的时间间隔，默认为 1 s。

（8）Checksum：校验和。

（9）IP Address（es）：配置的备份组虚拟地址的列表（一个备份组可支持多个地址）。

（10）Authentication Data：验证字，目前只有明文认证才用到该部分，对于其他认证方式，一律填 0。

5. VRRP 协议状态机

VRRP 协议中定义了 3 种状态机：初始状态（Initialize）、备份状态（Backup）、主状态（Master）。其中，只有活动状态设备可以处理到虚拟 IP 地址的转发请求。

（1）初始状态（Initialize）：在此状态下，路由器启动时会初始化 VRRP 协议并进入此状态。在此状态下，路由器不能成为 VRRP 组的主路由器或备份路由器。

（2）备份状态（Backup）：在此状态下，路由器认为主路由器是活跃的，因此它只接收 VRRP 通告信息并更新定期发送的 VRRP 通告信息。当备份路由器接收到主路由器发送的 VRRP 通告后，如果本机的优先级高于主路由器，则备份路由器将进入 Master 状态。

（3）主状态（Master）：在此状态下，路由器成为 VRRP 组的活动路由器，并负责处理与该路由器相关联的所有数据包。主路由器将持续发送 VRRP 通告信息，以更新所有备份路由器和其他网络设备。如果主路由器无法正常运行，则备份路由器将进入 Master 状态，使网络中没有中断。

3 种状态之间的转换关系如图 7-22 所示。

6. VRRP 的其他应用

VRRP 拥有非常灵活的使用方法。通过 VRRP 的灵活配置，可以达到一些特殊的用途。

1）VRRP 的负载分担

VRRP 的负载分担功能是指将网络流量分配给多个路由器进行处理，从而实现负载均衡，优化网络资源的利用。具体来说，当多个路由器都处于活动状态时，VRRP 会根据预设的优先级和权重将网络流量分配给不同的路由器，分摊网络带宽和处理能力。当其中一个路由器失效时，VRRP 会自动切换到备用路由器上，从而保证网络的连通性和可靠性。

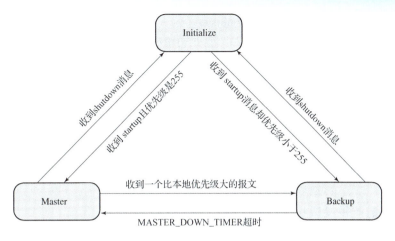

图7-22 VRRP 状态的转换关系

VRRP 的负载分担工作具有动态调整、无需额外的硬件、简单易用、支持多种路由协议的特点。

（1）动态调整：VRRP 可以根据实际负载和网络拓扑结构来动态调整路由器之间的负载分担，从而实现最优的负载均衡。

（2）无需额外硬件：VRRP 不需要额外的负载均衡设备或软件，只需要在现有的路由器上配置相应的参数即可。

（3）简单易用：VRRP 的配置和管理非常简单，通常只需要几个命令即可完成。

（4）支持多种路由协议：VRRP 可以与多种常用的路由协议（如 OSPF、BGP 等）配合使用，从而实现更加灵活和可靠的网络服务。

VRRP 的负载分担如图7-23所示。

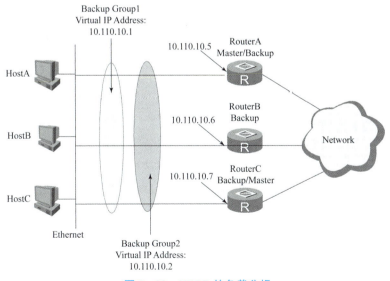

图7-23 VRRP 的负载分担

（1）配置备份组 Backup Group1 和备份组 Backup Group2。

（2）在 Backup Group1 中，RouterA 作为 Master，RouterB 作为 Backup；在 Backup Group2

数据通信技术

中，RouterA 作为 Backup，RouterC 作为 Master。

（3）在每个 Backup Group 中，各路由器的 VRRP 优先级需要交叉对应。例如，在 Backup Group1 中，RouterA 的优先级为 120，而在 Backup Group2 中，其优先级为 100。

（4）一些主机使用 Backup Group1 作为网关，另一些主机使用 Backup Group2 作为网关，在不同的 Backup Group 中配置不同的 VRRP 优先级可以实现数据流的分担和相互备份。

VRRP 实现双路冗余备份的网络拓扑，其中有两个 Backup Group，每个 Backup Group 中具有一个 Master 和至少一个 Backup。对于使用 Backup Group1 作为网关的主机，其数据流将流向 Backup Group1 中的 Master 和 Backup 路由器，而使用 Backup Group2 作为网关的主机则相同。通过这种方式，可以确保网络的高可用性和失效切换。

2）VRRP 的监视接口状态

接口状态监视功能可帮助检测 VRRP 主机或备份主机之一出现故障的情况，并使备份主机接管虚拟 IP 地址，以确保 VRRP 网络的连通性和可用性，其功能包括监测 VRRP 组态、监测虚拟 IP 地址状态、监测、告警、记录和报告。

（1）监测 VRRP 组状态：接口状态监视功能可用于监测 VRRP 组状态。VRRP 组中的每个路由器都有一个优先级，用于确定活动路由器。如果活动路由器失效，则备用路由器将成为活动路由器。

（2）监测虚拟 IP 地址状态：接口状态监视功能也可用于监测 VRRP 虚拟 IP 地址的状态。如果虚拟 IP 地址无法访问，则备用路由器将接管并成为活动路由器。

（3）告警：接口状态监视功能还可以设置告警，当 VRRP 接口状态发生变化时，系统可以发出警报，以便网络管理员采取必要的措施。

（4）记录和报告：接口状态监视功能还可以记录和报告 VRRP 接口状态与事件，以便进行跟踪和分析。通过这些报告，网络管理员可以了解 VRRP 网络的性能和可用性，并对其进行适当的优化和维护。

3）VRRP 的虚拟 IP 地址 Ping 开关

通常情况下，主机无法通过 Ping 测试连接到虚拟 IP 地址，这可能会导致监视虚拟路由器的运行状态变得比较困难。为了更方便地监视虚拟路由器的工作状态，可选择开启虚拟 IP 地址 Ping 测试功能，但这也可能带来 ICMP 攻击的风险。用户可以自行决定是否打开 VRRP 的虚拟 IP 地址 Ping 测试功能。

4）VRRP 的安全功能

可以根据网络安全级别设置不同的 VRRP 报头认证方式和认证字来提高网络的安全性。在一个较为安全的网络中，可以使用默认设置，即发送和接收 VRRP 报文的路由器均不进行任何认证处理，不需要设置认证字。而在可能受到安全威胁的网络中，则可以启用简单字符认证，设置 1~8 位长度的认证字来增强认证的可靠性。这样可以确保接收到的 VRRP 报文都是真实合法的，从而保障网络的安全性。

7.4.2 VRRP 配置实践

1. VRRP 单实例

如图 7-24 所示，R1 和 R2 之间运行 VRRP 协议。VRRP 虚拟地址选用 R1 的接口地址

10.0.0.1，R1 将作为主用路由器。

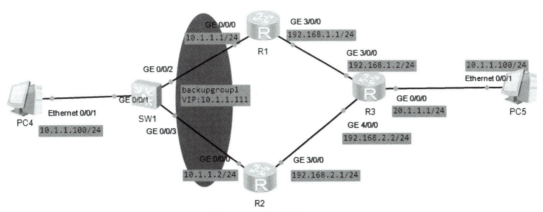

图 7 - 24　单实例 VRRP

本任务中，需要在两台路由器上配置同一个 VRRP 实例，虚拟路由器的 IP 地址用 R1 的接口地址 10.1.1.111，R1 配置成 Master，这样主机发往网关的流量正常情况下由 R1 转发，当主机到 R1 的链路中断后，VRRP 发生倒换，主机发往网关的流量由 R2 转发。

步骤一：按照拓扑规划建立拓扑，配置所有设备的物理接口地址，并测试连通性。

步骤二：在 R1 和 R2 上配置 VRRP。

```
[R1]int g0/0/0
[R1 - GigabitEthernet0/0/0] vrrp vrid 1 virtual - ip 10.1.1.111   //创建备份组 1
[R1 - GigabitEthernet0/0/0] vrrp vrid 1 priority 120   /* 该备份组中的优先级为 120
(作为 Master) */
[R1 - GigabitEthernet0/0/0] vrrp vrid 1 preempt - mode timer delay 20
```

```
[R2] interface gigabitethernet 0/0/0
[R2 - GigabitEthernet0/0/0] vrrp vrid 1 virtual - ip 10.1.1.111   /* 创建备份组 1,
并配置 RouterB 在该备份组中的优先级为缺省值 */
```

步骤三：结果验证如下：

```
<R1 > display vrrp   //查询 R1 上 VRRP 配置信息
  GigabitEthernet0/0/0 | Virtual Router 1
    state : Master
    Virtual IP : 10.1.1.111
    PriorityRun : 120
    PriorityConfig : 120
    MasterPriority : 120
    Preempt : YES   Delay Time : 20
    Timer : 1
    Auth Type : NONE
    Check TTL : YES

<R2 > display vrrp   //查询 R2 上 VRRP 配置信息
  GigabitEthernet0/0/0 | Virtual Router 1
    state : Backup
```

```
    Virtual IP : 10.1.1.111
    PriorityRun : 100
    PriorityConfig : 100
    MasterPriority : 120
    Preempt : YES    Delay Time : 0
    Timer : 1
    Auth Type : NONE
    Check TTL : YES
```

验证 RouterA 故障时，RouterB 能够成为 Master，对 R1 的 GE0/0/0 接口执行 shutdown 命令，模拟 R1 出现故障。

在 R2 上使用 display vrrp 命令查看 VRRP 状态信息，应能够看到 RouterB 的状态是 Master。

```
<R2 > display vrrp
GigabitEthernet0 /0 /0 |Virtual Router 1
    state : Master    //当 R1 故障时,R2 会变为 Master
    Virtual IP : 10.1.1.111
    PriorityRun : 100
    PriorityConfig : 100
    MasterPriority : 100
    Preempt : YES    Delay Time : 0
    Timer : 1
    Auth Type : NONE
    Check TTL : YES
```

验证 R1 恢复后能够抢占，对 R1 的 GE0/0/0 接口执行 undo shutdown 命令，GE0/0/0 接口恢复 UP 状态后，等待 20 s，在 R1 上使用 display vrrp 命令查看 VRRP 状态信息，应能够看到 RouterA 的状态恢复成 Master。

2. VRRP 负载分担实例

以 VRRP 单实例为基础，再配置一组 VRRP，R2 作为 Backup Group2 的 Master，同时是 Backup Group1 的 Backup。内部网络中的 PC4 使用 Backup Group1 作网关，PC6 主机使用 Backup Group2 作为缺省网关，达到分担数据流而又相互备份的目的，如图 7 –25 所示。

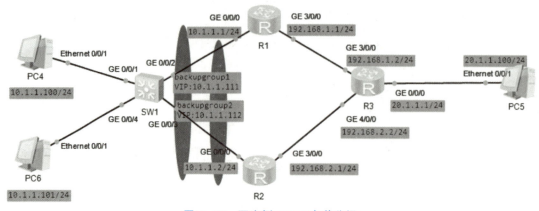

图 7 –25　双实例 VRRP 负载分担

步骤一：在 R1 和 R2 上新增一组 VRRP 实例。

```
[R1]interface gigabitethernet 0/0/0
[R1 – GigabitEthernet0/0/0] vrrp vrid 2 virtual – ip 10.1.1.112   /* R1 作为
Backup Group2 的备份 */
```

```
[R2]interface gigabitethernet 0/0/0
[R2 – GigabitEthernet0/0/0] vrrp vrid 2 virtual – ip 10.1.1.112   //创建 Backup Group2
[R2 – GigabitEthernet0/0/0] vrrp vrid 2 priority 120   //R2 作为 Master
```

步骤二：结果验证。

完成以上配置后，网络中 PC4、PC6 主机分别能够 Ping 通 PC5。在 PC4 和 PC6 上分别对 PC5 的地址进行 tracert 测试，可以看到 PC4 经过 R1 和 R3 到达 PC5，而 PC6 经过 R2 和 R3 到达 PC5。即，R1 和 R2 对内部网络来的流量进行负载分担。在 R1 上执行 display vrrp 命令，可以看到 R1 分别作为 Backup Group1 的 Master 和 Backup Group2 的 Backup。

【本章总结】

ACL 是一种网络安全机制，用于控制哪些用户可以访问哪些资源。ACL 的判断标准通常包括源 IP 地址、目标 IP 地址、传输协议类型以及端口号等信息。ACL 的判断流程分为两个阶段，第一阶段是判断来自哪个地址的数据包，第二阶段则是根据数据包要去的地方决定是否允许该数据包通过。ACL 语句的判断顺序是从第一条语句开始，直到符合条件的语句被找到。因此，应将最常用的语句放在前面，以避免不必要的性能损失。

ACL 中可以使用掩码和通配符来匹配 IP 地址。掩码用于确定哪些地址位应匹配，而通配符则用于确定哪些地址位可以是任何值。掩码通配符匹配原则的步骤为将 IP 地址和掩码/通配符转换成二进制，比较二进制值确定是否匹配。

NAT 主要是为了解决 IPv4 地址不足的问题，通过将私有 IP 地址转换为公共 IP 地址来在因特网上进行通信。NAT 分为静态 NAT、动态 NAT、Easy – IP 和 NAPT 等多种类型。静态 NAT 从内部网络的私有 IP 地址映射到唯一的公共 IP 地址，配置比较简单，适用于只有少量主机或服务需要被外部访问的情况。动态 NAT 是将一个内部网络的私有 IP 地址映射到一个公共 IP 地址，并且映射关系是动态生成的，适用于网络中有大量主机或服务需要被外部访问的情况。Easy – IP 是思科公司推出的一种 IP 地址管理技术，结合了静态 NAT 和动态 NAT 的优点，能够自动分配公共 IP 地址，并且可以手动配置将某个内部网络的私有 IP 地址映射到唯一的公共 IP 地址。最后，NAPT 在动态 NAT 的基础上对端口也进行了转换，使得多个内部网络中的主机可以通过一个公共 IP 地址与因特网通信，相比动态 NAT 有更好的扩展性和安全性，也是目前使用最广泛的 NAT 技术之一。

DHCP 是一种网络协议，它可以自动为计算机和其他设备分配 IP 地址、子网掩码、默认网关和 DNS 服务器等网络参数。DHCP 的工作过程包括四个步骤：发现、提供、选择和确认，其中，DHCP 服务器负责分配 IP 地址，DHCP 客户端则是需要获得 IP 地址的设备。在 DHCP 的工作流程中，DHCP 客户端通过广播发送 DHCP Discover 报文，DHCP 服务器收到该报文后，会发送 DHCP Offer 报文给客户端，该报文包含一个可用的 IP 地址以及其他网络配置信息。DHCP 客户端从多个 DHCP Offer 报文中选择一个最合适的地址，并回复一个 DHCP Request 报文，通知 DHCP 服务器选定的 IP 地址。最后，DHCP 服务器确认 IP 地址已被分配并发送 DHCP ACK 报文给客户端，表示完成 IP 地址的获取流程。使用 DHCP 可以减少管理员配置工作量，自动分配 IP 地址和其他网络参数，并更有效地管理 IP 地址。

VRRP 可以让多个路由器通过共享一个虚拟 IP 地址，提供冗余备份和高可用性服务。主要工作原理是通过 VRRP 组、优先级、VRRP 通告、选举、虚拟 MAC 地址和检测等机制实现。

【本章练习】

1. 简述在 ACL 中，0.255.0.255 掩码通配符可以匹配 192.168.1.0/24 网段中的哪些地址。

2. 简述 ACL 语句执行顺序的方式。

3. 简述 NAT 中最常用的技术及其工作原理。

4. 简述 VRRP 的工作特点。

5. 以下关于 ACL 的规则，说法正确的是（　　）。

A. 逐条扫描   B. 匹配退出

C. 隐含拒绝所有   D. 越具体越明确的放到最后面

6. （　　）是 VRRP 状态机。

A. Initialize   B. Master   C. Backup   D. Standby

第8章 BGP部署实践

前面章节的所有内容学习基本满足自治系统内部的连通性及相关的网络技术部署，我们已经知道了路由宣告的一些基本原则和原理，那么，在自治系统之间实现互联，又提出了哪些问题呢？例如，在自治系统之间是否可以直接进行路由宣告和共享？如何保持自治系统之间的独立性和安全性？如果自治系统之间直接互相宣告，将会导致系统中的路由条目数量过于庞大，大大降低网络的性能和可靠性。同时，为了保证每个自治系统核心设备的安全性，是不允许外部系统访问的，其路由也就不允许被宣告到外部系统。本章学习的BGP将用来解决上述问题。

【本章目标】

1. 记忆：BGP基本概念。
2. 理解：BGP报文类型与连接状态。
3. 运用：BGP路由通告方式。

8.1 BGP

8.1.1 BGP基本概念

随着互联网的发展，网络规模不断扩大，传统路由协议面临着越来越多的挑战。例如，传统路由协议使用的是距离向量算法，无法适应大规模网络环境下的路由信息交换和路由计算；此外，自治系统之间的连接也变得更加复杂，需要更强的安全机制来保护路由信息的安全性。BGP的设计克服了这些问题，它使用的是路径向量算法，在多种自治系统之间交换路由信息时可以提供更好的可扩展性和稳定性。BGP还引入了许多安全机制，如路由策略、资源公告和AS路径过滤等，用于保护路由信息的安全性和可靠性。

在政治和经济层面，BGP 也扮演着重要的角色。随着自治系统之间的连接变得越来越复杂，政府、企业和组织对互联网路由的控制需求也越来越高。BGP 的设计考虑到这些需求，在自治系统之间提供了更灵活的路由策略，使得不同的政府、企业和组织可以根据自己的需求对路由信息进行控制和管理。

因此，BGP 的出现是互联网路由技术发展的一大里程碑。它为互联网提供了更好的可扩展性、稳定性和安全性，使得互联网能够更加稳定和可靠地运行。

BGPv4 定义于 RFC1771，是现行因特网的实施标准，它用来连接自治系统，实现自治系统间的路由选择功能。

1. IGP 与 BGP

路由选择协议可以分为两种，即内部网关协议（IGP）和外部网关协议（EGP）。为了理解这个概念，需要先了解自治系统（AS）的定义，它是由一组被单一管理机构控制的路由器组成的，使用内部网关协议和相同的度量标准在 AS 内部进行路由选择，而使用外部网关协议可以实现 AS 之间的路由过滤或策略配置。现在，AS 的定义已扩展到允许在一个 AS 内部使用多个内部网关协议和多种路由选择度量标准，但它们必须共享相同的路由选择策略。

IGP 用于在一个自治系统（AS）内部进行路由选择，包括 RIP、OSPF 和 IS－IS 等多种协议，它们可以根据不同的情况选择最佳路径传递数据包。IGP 通常是单一自治系统中的所有路由器共同协作完成的，目的是寻找到合适的路径，使得从源地址到目的地址的数据能够正确、快速地传输。

EGP（Exterior Gateway Protocols，外部网关协议），定义为在多个自治系统之间使用的路由协议。它主要完成数据包在 AS 间的路由选择。BGP4 就是一种 EGP。

IGP 只作用于本地 AS 内部，而对其他 AS 一无所知。它负责将数据包发到主机所在的网段（segment）。EGP 作用于各 AS 之间，它只了解 AS 的整体结构，而不了解各个 AS 内部的拓扑结构。它只负责将数据包发到相应的 AS 中，其他工作便交给 IGP 来做。

BGP－4 是典型的外部网关协议，是现行的因特网实施标准。它完成了在自治系统 AS 间的路由选择。可以说，BGP 是当代整个 Internet 的支架。

BGP 经历了 4 个版本：RFC1105（BGP－1）、RFC1163（BGP－2）、RFC1267（BGP－3）、RFC1771（BGP－4），并且涉及其他很多的 RFC 文档。在 RFC1771 新版本中，BGP 开始支持 CIDR（Classless Interdomains Routing，无类域间路由选择）和 AS 路径聚合，这种新属性的加入，可以减缓 BGP 表中条目的增长速度。

支持 IPv6 的 BGP 版本是 BGP4＋，标准是 RFC2545。

2. BGP 的特征

BGP 是用来在自治系统之间传递选路信息的路径向量协议。路径向量是指 BGP 选路信息中携带的 AS 号码序列，此序列指出了一条路由信息通过的路径，同时能够有效地控制路由循环。

BGP 是一种距离矢量的路由协议，但相较于典型的距离矢量协议例如 RIP，BGP 有许多增强的性能并且更适合大型的网络环境。

BGP 使用 TCP 作为传输协议，使用端口号 179，如图 8－1 所示。在通信时，要先建立

TCP 会话，这样数据传输的可靠性就由 TCP 来保证，而在 BGP 的协议中就不必再使用差错控制和重传的机制，从而简化了协议的复杂程度。

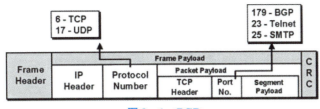

图 8-1 BGP

BGP 能够完成 AS 之间的路由选择，每个 AS 可以看作一个跳数，在 BGP 路由信息中，携带有该信息所经过的 AS 号码序列，能够有效地控制路由循环。BGP 还允许管理员手动设置策略以优化路由，并提供了故障转移等高可用特性，确保网络的可靠性和稳定性。

BGP 是一种功能强大、灵活性高、安全可靠的路由协议，适用于大型网络环境中的 AS 之间的路由交换。

另外，BGP 使用增量的、触发性的路由更新，而不是一般的距离矢量协议的整个路由表的、周期性的更新，这样节省了更新所占用的带宽。BGP 还使用"保活"消息（Keep-alive）来监视 TCP 会话的连接。而且，BGP 还有多种衡量路由路径的度量标准（称为路由属性），可以更加准确地判断出最优的路径。

BGP 工作流程如下：

（1）建立连接：BGP 路由器之间首先要建立 TCP 连接，以便能够交换路由信息。

（2）向邻居发送通告：建立连接后，每个 BGP 路由器会向其相邻的路由器发送一个通告，包括它可以到达的所有路由器的信息。

（3）接收和处理通告：每个 BGP 路由器都会接收并处理来自相邻路由器的通告。它会将该通告添加到自己的路由表中，并跟踪任何与该通告相关的更新。

（4）更新转发：如果一个 BGP 路由器的路由表中有新的路由信息，它会将这些信息转发给其相邻的路由器。这确保了网络的所有节点都能获得最新的路由信息。

（5）路径选择：BGP 路由器根据可访问性、AS 路径长度、BGP 属性等因素选择最优路径。这样，每个 BGP 路由器都可以找到到达目标网络的最佳路径。

（6）保持连接：在连接建立后，BGP 路由器会周期性地发送"保持存活"消息，以确保连接保持稳定。

（7）断开连接：如果 BGP 路由器未收到"保持存活"消息，则会断开连接。断开连接后，BGP 路由器将从其路由表中删除与已经断开连接路由器相关的路由信息。

以上步骤不断重复，以便网络中的所有 BGP 路由器都能够实时更新和处理路由信息。

3. 对等体

建立了 BGP 会话连接的路由器被称作对等体（Peers or Neighbors），对等体的连接有两种模式：IBGP（Internal BGP）和 EBGP（External BGP）。IBGP 是指单个 AS 内部的路由器之间的 BGP 连接，而 EBGP 则是指 AS 之间的 BGP 连接，如图 8-2 所示。

1）EBGP

BGP 是用来完成 AS 之间的路由选择的，这种在不同 AS 之间建立的 BGP 连接，称为 EBGP 连接，如图 8-2 中的 R3 和 R4 所示。

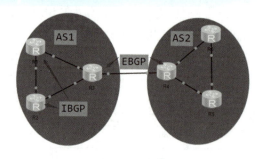

图 8 – 2　对等体示例

EBGP 连接的路由器一般是物理直接相连，也有少数情况下存在非物理直接相连的特殊情况。

对于 EBPG 的使用，在路由器配置的时候，需要特别注意。因为默认情况下，路由器将 EBGP 通信的 BGP 协议数据包的 TTL 值设置为 1。必要时需要更改其 TTL 值的设置。

2）IBGP

IBGP 是用于在单个自治系统（Autonomous System，AS）内交换 BGP 路由更新信息的协议。虽然"重分布"技术也可以实现 AS 间的路由转发，但它并不能完整地保留 BGP 路由的丰富属性，同时也失去了 BGP 中进行路由选择和策略控制的关键元素。因此，使用 IBGP 连接来传递不同 AS 的路由信息，以确保 BGP 路由条目的完整性和优良的路由选择与策略控制。

IBGP 的功能是维护 AS 内部连通性。BGP 规定，同属于一个 AS 的 IBGP 路由器不能将从其他 IBGP 路由器获取的路由信息发送到第三方 IBGP 路由器，这也被称为 Split – horizon（水平分割）规则。当 EBGP 路由器收到新的路由信息时，它会处理并发送给所有 IBGP 和 EBGP 邻居。但是，当 IBGP 路由器收到新的路由信息时，仅通过 EBGP 转发给其他 AS 中的邻居，而不是它的 IBGP 邻居。因此，为了保持 BGP 的连通性，在 AS 中的 BGP 路由器必须建立物理上完全网状连接的 IBGP 会话。如果没有这样的连接，可能会出现连通性问题。

为避免完全网状连接的复杂性，应运而生了路由反射器和联盟等相关技术。

与传统的内部路由协议相比，BGP 还有一个独特的特性，就是使用 BGP 的路由器之间，可以被未使用 BGP 的路由器隔开，如图 8 – 3 所示。这是因为 BGP 使用 TCP 进行工作，只要 2 台路由器能够直接建立 TCP 连接即可，所以，进行 BGP 会话连接的路由器能被多个运行内部路由协议的路由器分开，不过要确保相关 IGP 协议的正常工作，使得 BGP 路由器之间的 TCP 连接的路由通畅。

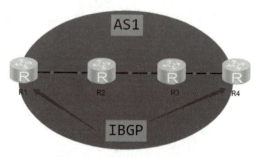

图 8 – 3　非直连 IBGP 示例

8.1.2　BGP报文类型与连接状态

1. BGP消息类型

BGP消息有四种类型：OPEN、UPDATE、NOTIFICATION和KEEPALIVE，分别用于建立BGP连接、更新路由信息、差错控制和检测可到达性。

BGP报文的报头格式相同，均由19字节组成：16字节的标记字段、2字节的长度字段和1字节的类型字段。BGP报文报头的基本格式如图8-4所示。

16字节	2字节	1字节
标记字段	报文长度	报文类型

图8-4　BGP报文报头的基本格式

标记字段用来鉴别进入的BGP报文或用来检测两个BGP对等体之间同步的丢失。标记字段在OPEN报文中或无鉴别信息的报文中必须置为"1"，在其他情况下，将作为鉴别技术的一部分被计算。

长度指整个BGP报文包括报头在内的总长度，长度值在19~4 096之间。对于KEEPALIVE报文而言，其没有具体报文内容，所以长度始终为19字节。

类型用来指示报文类型，分为OPEN、UPDATE、NOTIFICATION、KEEPALIVE。

1) BGP OPEN消息

OPEN消息是在建立TCP连接后，向对方发出的第一条消息，它包括版本号、各自所在AS的号码（AS Number）、BGP标识符（BGP Identifier）、协议参数、会话保持时间（Hold timer）以及可选参数、可选参数长度。OPEN报文的格式如图8-5所示。

1字节	2字节	2字节	4字节	1字节	可变长度
版本号	自治系统识别码	保持时间	BGP标识符	可选参数长度	可选参数

图8-5　OPEN报文的格式

（1）版本号：1字节无符号整数，它表示BGP协议的版本BGP-4。在BGP对等体磋商时，对等体之间都试图使用彼此都支持的最高版本。在BGP对等体版本已知的情况下，通常使用静态设置版本，默认就是BGP4。

（2）自治系统识别码：它指出了本地运行BGP协议的路由器的AS号码。此号码通常是由互联网登记处或提供者分配的。

（3）保持时间：指两个相继出现的KEEPALIVE报文或UPDATE报文之间消耗的最大时间，该时间以秒计算。此处用到一个保持计数器，当收到KEEPALIVE报文或UPDATE报文时，保持计数器复位到零。如果保持计数器超过了保持时间，而KEEPALIVE报文或UPDATE报文还未出现，那么就认为该相邻体不存在了。保持时间可以是零，表示无须KEEPALIVE报文，推荐的最小保持时间是3秒。在2台路由器建立BGP连接前，通过OPEN报文，协商出双方一致认可的Holdtime时间，以二者OPEN报文中的较小值为准。

（4）BGP标识符：4字节无符号整数，表示发送者的ID号。ZXR10路由器选取此ID号时，首先从Loopback地址中选择最小的；如果没有Loopback地址，则从接口地址中选择最小的IP地址，而不论接口是否UP。目前ZXR10路由器采取自动选取的方式，暂不能手工指定。

（5）可选参数长度：1 字节无符号整数，它表示以字节为单位的可选参数字段的总长度。长度为"0"表示无可选参数出现。

（6）可选参数：这是一个可变长度字段，表示 BGP 相邻体对话磋商期间使用的一套可选参数。该参数分为三部分，分别是参数类型、参数长度、参数值。其中，参数类型、参数长度各为 1 字节，参数值为可变长度。

2）BGP KEEPALIVE 信息

KEEPALIVE 报文是在对等体之间进行交换的周期性报文，据此判断对等体是否可达。KEEPALIVE 报文以保证保持时间不溢出的速率发送（保持时间在 OPEN 报文中已详细说明），推荐的速率是保持时间间隔的 1/3，一般为 60 s。KEEPALIVE 报文没有实际的数据信息，即 KEEPALIVE 报文长度为 19 字节。

3）BGP UPDATE 信息

BGP 的核心是路由更新，路由更新通过在 BGP 对等体之间传递 UPDATE 报文实现。路由更新包括了 BGP 用来组建无循环互联网结构所需的所有信息。UPDATE 报文的格式如图 8-6 所示。

2字节	可变长度	2字节	可变长度	可变长度
不可达路由长度	撤销路由	总路径属性长度	路径属性	网络层可达信息

图 8-6 UPDATE 报文的格式

（1）不可达路由长度：指以字节计算的撤销路由的总长度。不可达路由长度为"0"时，表示没有可撤销的路由。

（2）撤销路由：当那些不可到达的或不再提供服务的选路信息需要从 BGP 路由表中撤销时，需要用到撤销路由表项。撤销路由格式与网络层可到达信息格式相同，由 <长度，前缀> 的二维数组组成，每条撤销路由占用 8 字节。

（3）总路径属性长度：指示了路径属性的总长度，该字段的值是一个 16 位的无符号整数，范围为 0~65 535 字节。

（4）路径属性：该属性是一套参数，用来标记随后路由的特定属性，这些参数在 BGP 过滤及路由决策过程中将被使用。属性的内容包括路径信息、路由的优先等级、路由的下一跳及聚合信息等。路径属性由属性类型、属性长度及属性值三部分组成，属性值在 BGP 属性控制中将详细阐述，属性长度则根据属性值的不同而相应改变。

（5）网络层可达信息（NLRI）：BGP-4 提供了一套支持无类别域间选路（CIDR）的新技术，CIDR 概念是从传统的 IP 类别（A、B、C、D）向 IP 前缀概念的转变。IP 前缀是带有组成网络号码的比特数（从左到右）指示的 IP 网络地址。UPDATE 报文中提供网络层可到达信息，使得 BGP 协议能够支持无类别选路。NLRI 通过二维数组的方式在选路更新中列出了要通知的其他 BGP 相邻体的目的地信息。数组内容为 <长度，前缀>，长度内容为 32 比特，左边连续的 1 的位数表示特定前缀的掩码的长度。

4）BGP NOTIFICATION 消息

BGP 对等体之间交互信息时，可能检测到差错信息。每当检测到一个差错，相应的对等体将会发送一个 NOTIFICATION 报文，随后对等体连接被关闭。网络管理者需要分析 NOTIFICATION 报文，根据差错码判断选路协议中出现的差错特定属性。NOTIFICATION 报文格式如图 8-7 所示。

1字节	1字节	可变长度
差错代码	差错子代码	差错数据

图8-7 NOTIFICATION 报文的格式

差错代码指示该差错通知的类型，对应差错见表8-1。

表8-1 差错代码及对应的差错

差错代码	对应的差错
1	BGP 报文报头差错
2	OPEN 报文差错
3	UPDATE 报文差错
4	保持计时器溢出
5	有限状态机差错
6	停机

差错子代码指示差错代码中更加详细的信息，通常每个差错代码可能有一个或多个差错子代码。差错代码对应的差错子见表8-2。

表8-2 差错代码对应的子差错

差错类型	差错代码	对应的子差错
BGP 报文报头差错	1	连接不同步
	2	报文长度无效
	3	报文类型无效
OPEN 报文差错	1	不支持的版本号码
	2	无效的对等体 AS
	3	无效的 BGP 标识符
	4	不支持的可选参数
	5	鉴别失败
	6	不能接受的保持时间
UPDATE 报文差错	1	属性列表形式不对
	2	公认属性识别不到
	3	公认属性丢失
	4	属性标记差错
	5	属性长度差错
	6	起点属性无效
	7	AS 选路循环
	8	下一跳属性无效
	9	可选属性差错
	10	网络字段无效

2. BGP 的连接状态

BGP 建链过程中，其连接状态有 Idle、Connect、Active、OpenSent、OpenConfirm、Established。

1）Idle 状态

BGP 进程空闲状态，没有建立任何 BGP 邻居关系。在这个状态下，BGP 进程还没有向任何邻居发送 TCP 连接请求，也没有收到任何邻居的连接请求。这是 BGP 建链的默认状态，也是连接建立前的起始状态。

2）Connect 状态

尝试与对端建立 TCP 连接，但是还未收到来自对端的确认。在这个状态下，BGP 进程正在尝试与邻居建立 TCP 连接。如果连接成功，则进入下一个状态。如果连接失败，则返回 Idle 状态。在连接建立时，BGP 进程会指定本端的 BGP ID 和 Hold Timer 值，并将这些信息封装在 Open 消息中发送给邻居。

3）Active 状态

尝试与对端建立 TCP 连接，但是由于某些原因（如对端不可达）未能成功。在这个状态下，BGP 进程正在等待 TCP 连接的响应。如果在一定时间内没有响应，则返回 Connect 状态重新尝试连接。

4）OpenSent 状态

TCP 连接已经建立，正在等待对端发送 BGP 打开消息。在这个状态下，BGP 进程已经成功建立了 TCP 连接，并发送了 Open 消息给邻居。如果邻居没有回复 KEEPALIVE 或者 NOTIFICATION 消息，则返回 Connect 状态重新尝试连接。

5）OpenConfirm 状态

已经收到对端发送的 BGP 打开消息，正在等待对端发送 KEEPALIVE 确认消息。在这个状态下，BGP 进程已经收到了邻居的 OPEN 消息，并发送了 KEEPALIVE 消息进行确认。如果邻居也发送了 KEEPALIVE 消息，则 BGP 进程与邻居成功建立了连接。

6）Established 状态

BGP 邻居关系已经建立，可以开始交换路由信息。在这个状态下，BGP 进程与邻居成功建立了连接，并且可以开始交换路由信息。

8.1.3　BGP 路由通告原则

BGP 路由器建立 TCP 连接到对等体，并通过交换 OPEN 报文进行身份验证。确认后，使用 UPDATE 报文进行路由信息交换。接收 UPDATE 报文的 BGP 路由器实施策略或过滤处理，生成新的路由表，并将其传递给其他 BGP 对等体。

BGP 路由协议会从内外部对等体接收路由信息，并将其加入本地路由器的 BGP 表格中。这些路由信息会受到输入策略机的过滤和控制，包括 IP 地址前缀、AS 路径和属性信息等。随后，决策过程会选出最佳的路由信息，同时，该信息也会被本地使用和通告给其他对等体。输出策略机则会根据内外部对等体的不同，通过过滤和控制产生输出路由信息。同时，要注意，内部对等体产生的路由不应该再次传递到内部对等体中。

BGP路由表是独立于IGP路由表的，但是这两个表之间可以进行信息的交换，这就是路由重分布技术（Redistribution）。

信息的交换有两个方向：从BGP注入IGP，以及从IGP注入BGP。前者是将AS外部的路由信息传给AS内部的路由器，而后者是将AS内部的路由信息传到外部网络，这也是BGP路由更新的来源。

在BGP路由协议中，路由信息的注入需要遵循同步规则，这是一种保证路由网络顺畅运行的重要机制。当一个AS向另一个AS提供过渡服务时，只有当本地AS内部的所有路由器都已经通过IGP接收并更新了该条路由信息，BGP才能将该路由信息向外发送。

当一条路由更新信息从IBGP中进入路由器后，路由器会对同步性进行验证。这意味着，在将该更新信息转发给其他EBGP对等体之前，路由器必须检查本地IGP路由表中是否存在与该更新信息相应的条目。如果路由器上的IGP没有识别到该更新信息的目的地，那么路由器就不会向外转发该信息，以避免因为缺少完整的网络拓扑信息而导致路由环路或者黑洞等问题的出现。

因此，同步规则在路由信息注入的过程中起到了至关重要的作用，确保了BGP路由表中的路由信息都得到了本地AS内部所有路由器的认可和同步。只有符合同步规则的BGP路由信息才能够有效地传播和转发，从而保证整个路由网络的正常运行和高效性。

同步规则是为了保证AS内部的连通性和防止路由循环的黑洞而存在的。但在实际应用中，通过IBGP建立全网状连接结构可以避免向IGP中注入大量BGP路由，从而加快路由器处理速度并保证数据包不丢失。要安全地禁用同步，需要满足以下两个条件之一：所有AS内部设备都可以使用IBGP建立全网状连接结构；或者禁用同步不会影响AS的路由选择和互联网连接。在这之前，需要对网络拓扑结构进行分析，以确保禁用同步不会产生任何负面影响。

同步功能在路由器上默认是启用的，可以用命令进行取消。

8.1.4 BGP路由通告方式

BGP路由通告方式有两种，通过network命令方式进行通告或者通过路由重分布的方式进行。

1. network命令方式

BGP用于在互联网中传输路由信息。它通过让每个运行BGP协议的路由器向其他路由器通告它们可以到达的网络，从而使得互联网上的数十万台路由器能够相互连接起来。这种方式使得互联网上的路由数量达到了近20万条，而这些路由信息是保证可以自由地访问互联网上各种服务的关键。

BGP不仅应用于Internet路由的通告，也在一些内部专用网络中发挥作用，其中通告的路由往往是私有地址的路由，比如城域网中的VPN用户路由、中国电信固网3G中的路由等。BGP路由更新所涉及的信息必须要存在于IGP路由表中，注入IGP路由信息是BGP路由更新的重要来源，因此，它对因特网的路由稳定性产生了直接影响。

信息注入有静态注入和动态注入两种方式。

1）静态注入

静态注入是手动将信息添加到路由表中，因此，相较于动态注入，它更加灵活，但同时也更加容易出现错误。它不受 IGP 波动的影响，很稳定，能够避免路由波动带来的反复更新。但是，如果网络中的子网划分不清晰，静态注入可能导致数据流阻塞等问题。为了通告 BGP 路由，可以使用 network 命令选择要通告的网段和掩码，匹配该条件的一组路由进入 BGP 路由信息表中，并经过策略筛选后通告出去。

2）动态注入

动态注入是指通过主机自身学习到的信息，自动将这些信息与 IGP 路由表进行匹配并注入 BGP 路由中，从而使 BGP 路由表得以更新。

动态注入是网络中一个重要的技术手段，其作用是将一种路由协议中的路由信息引入另一种路由协议中。其中，动态注入分为完全动态注入和选择性动态注入两种类型。

（1）完全动态注入指的是将所有的内部网关协议（IGP）路由再分布到边界网关协议（BGP）中，这种方式的优点在于配置简单，但是可控性较弱，效率低下。因为所有的 IGP 路由都被注入 BGP 中，包括那些不需要在 BGP 中出现的路由信息，这样会导致 BGP 路由表的膨胀和查询效率下降。

（2）选择性动态注入则是将 IGP 路由表中的部分路由信息注入 BGP 中，一般使用 network 命令实现。这种方式先验证地址及掩码，大大增强了可控性，提高了效率，并且可以防止错误的路由信息被注入，因而在实践中选择性动态注入更常用。

选择合适的动态注入方式对于构建高效的网络拓扑结构至关重要。虽然完全注入简单易行，但选择性注入则能够更好地控制路由信息，并提高网络的效率。

动态注入 BGP 路由的方式虽然方便，但是会导致路由不稳定，因为它完全依赖于 IGP 信息。当 IGP 路由发生波动时，会影响 BGP 路由更新，从而产生大量的更新信息，浪费带宽。为了解决这个问题，可以使用路由衰减和聚合技术来改善，或者选择静态注入 BGP 路由。

设现在有一个企业内部网络，其地址段为 192.168.0.0/16，企业需要使用 BGP 将该地址段通告给 ISP，以便与互联网进行通信。

如果在路由器上配置了"network 192.168.0.0 255.255.0.0"命令，则路由器会将该地址段及其子网自动加入 BGP 路由信息表中。但是，如果企业内部存在一些特定的子网需要向外部通信，但是并不处于 192.168.0.0/16 地址段中，这些子网就无法被自动加入 BGP 路由信息表中。

为了解决这个问题，可以在路由器上配置静态路由，将这些需要通信的子网指向路由器的 Loopback 地址，这样这些子网的路由信息就能够被加入 BGP 路由信息表中，并被通告给 ISP。例如，配置一个静态路由：ip route 10.1.1.0 255.255.255.0 192.168.1.1（假设 192.168.1.1 是路由器的 Loopback 地址），这样 10.1.1.0/24 子网的路由信息就能被添加到 BGP 路由信息表中进行通告。

值得注意的是，进入 BGP 路由信息表中的路由并不一定能够通告出去，这与 BGP 的路由过滤或者路由策略息息相关。

2. 路由重分布方式

在网络中，存在多个自治系统，每个自治系统都有自己的内部路由协议和网络拓扑结构。当两个自治系统之间建立连接时，需要使用 BGP 来交换路由信息，以便正确地路由数据包。

　　路由重分布是一种在不同路由协议之间传递路由信息的方法，例如将 OSPF 或 EIGRP 中学习的路由信息传递到 BGP 中。这种技术的使用背景主要是解决不同路由协议间信息不互通的问题。在网络中，可能存在多个自治系统，它们使用不同的路由协议来管理自己的网络。如果这些自治系统需要相互通信，则 BGP 必须能够理解它们之间传递的路由信息。

　　路由重分布主要有两种方式：静态路由重分布和动态路由重分布。

　　（1）静态路由重分布是指手动配置 BGP 路由器，以将自治系统内部的某些静态路由导入 BGP 路由表中。这个过程通常需要管理员手动配置，并且需要维护这些静态路由的变化。静态路由重分布通常用于两个自治系统之间的连接。

　　（2）动态路由重分布是指将自治系统内部使用的某个动态路由协议（如 OSPF 或 EIGRP）的路由信息导入 BGP 路由表中。这个过程通常可以自动完成，并且可以实现自动的路由同步。动态路由重分布通常用于简化 BGP 配置，并提高网络的可靠性和稳定性。

8.1.5　BGP 属性和路由选择

1. BGP 属性

　　BGP 路由属性是 BGP 路由协议的核心概念。其记录 BGP 路由的各种特定信息，用于路由选择和过滤路由。它可以被理解为选择路由的度量尺度，用于决定路由器在面对多个可达路径时如何选择最佳路径。

　　路由属性被分为四类：公认必遵（Well – known mandatory attributes）、公认自决（Well – known discretionary attributes）、可选传递（Optional transitive attributes）和可选非传递（Optional nontransitive attributes）。

2. 公认属性

　　公认的（Well – known）属性对于所有的 BGP 路由器来说都是可识别处理的；每个 UPDATE 消息中都必须包含公认必遵（mandatory）属性，而"公认自决"（discretionary）属性则是可选的，可包括，也可不包括。

1）公认必遵属性

　　公认必遵属性包括 AS 路径（AS_PATH）、路由器 ID（Router ID）、权重（Weight）。

　　（1）AS 路径属性记录 BGP 路由通告经过的所有 AS 号码，按照从起点到终点的顺序排列。

　　（2）路由器 ID 属性标识是路由器的唯一标识符。

　　（3）权重属性是 Cisco 设备的一个特定属性，用于在本地路由器中设置路由优先级。

2）公认自决属性

　　公认自决属性包括下一跳（Next Hop）、本地首选（Local preference）路由器、原始（Origin）类型。

　　（1）下一跳属性指示包从当前路由器出去后，下一个要到达的路由器的 IP 地址。

　　（2）本地首选路由器属性用于在同一 AS 内选择最佳路径。

　　（3）原始类型属性标识了路由的来源，可以是 IGP（内部网关协议）、EGP（外部网关协议）或 INCOMPLETE（不完全的）。

3. 可选属性

1）可选传递属性

可选传递属性是 BGP 实现可以选择支持的，并且在 BGP 消息中可以包含该属性，如果不能识别，则可以向后传递。常见的可选传递属性有 AS_PATH 段（AS_PATH segment）、多路径（Multipath）、路由重定向（Route Refresh）。

（1）AS_PATH 段属性记录了某些 AS_PATH 的一部分，可以将一个 AS_PATH 划分为多个段。

（2）多路径属性允许同一网络有多条可达路径，BGP 将这些路径转发给路由器，以便它们进行负载均衡。

（3）路由重定向属性允许 BGP 路由器强制刷新它们的路由表，以获取最新的路由信息。

2）可选非传递属性

可选非传递属性是 BGP 实现可以选择支持的，并且在 BGP 消息中可以包含该属性，但是不能向后传递给邻居路由器。常见的可选非传递属性有原始 AS 号码（Originating AS）、路由标记（Route Tag）、已知组（Communities）。

（1）原始 AS 号码属性标识了 BGP 路由的起始 AS 号码。

（2）路由标记属性用于在本地路由器中设置标记，以更好地管理路由。

（3）已知组属性代表一组相关的路由，可以在同一 AS 内使用。

3）常用属性与路由选择

（1）路由信息起源（ORIGIN）属性指明了 BGP 报文中路由信息的来源，是公认必遵属性，表示相对于发出它的自治系统的路由更新的起点。BGP 在进行路由决策时，将使用到路由信息起源属性，以便在多个路由中建立优先级别。BGP 中考虑 IGP、EGP、INCOMPLETE 三种起点。

①IGP：网络层可达信息对于始发 AS，是内部获得的，如聚合的路由和 Network 通告的路由。

②EGP：网络层可达信息是通过 EGP 获得的。

③INCOMPLETE：网络层可达信息是通过其他方法得知的，如路由再分配。

在路由决策中，BGP 优先选择最低起点类型的路径，即 IGP 低于 EGP，而 EGP 低于 INCOMPLETE。

（2）自治系统路径（AS_PATH）属性包含了到达目标网络的所有 AS 编号序列，是公认必遵的属性，包括路由到达一个目的地所经过的一系列自治系统号码组成的路径段。在 BGP 中，每个 AS 都有唯一的 AS 编号，用于标识 AS。当一个 AS 向另一个 AS 发送路由信息时，它会把自己的 AS 编号加入 AS_PATH 属性中，而接收到该路由信息的 AS 将会把自己的 AS 编号加入 AS_PATH 属性中，并继续转发给下一个 AS，直到到达目的地。每个路径段由<路径段类型，路径段长度，路径段值>元组组成。路径段类型有 AS_SET 和AS_SEQUENCE。

①AS_SET：UPDATE 消息穿越过的一系列未排序的自治系统。

②AS_SEQUENCE：UPDATE 消息穿越过的一系列排序的自治系统。

AS_PATH 属性能够帮助路由器选择最佳的路由路径，避免出现环路和路由循环问题。当一个路由器收到多个 AS_PATH 属性相同的路由时，它通常会选择 AS_PATH 中最短的路径作为最佳路由路径。BGP 中的每个路由都包含经过的所有 AS 的序列，如果一个 AS 收到一个它自己产生的路由,并且发现自己的 AS 编号已经存在于路由的 AS 序列中,那么这个 AS 将不再接收该路由。同时,在选择最佳路由时,BGP 使用 AS 路径属性来决策。当存在多条到达同一目标网络的路由时,而其他属性相同时,BGP 将选择 AS 路径最短的路由作为最佳路由。

如图 8-8 所示,R1 路由器在通告路由给 AS400 的路由器时,把自身的 AS 号重复增加,这样路由器 R4 从 R6 和 R3 接收到 AS100 中路由条目的 AS_PATH 不同,导致选择 AS200 作为过渡区域。

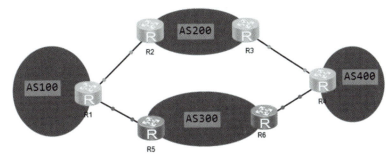

图 8-8　AS_PATH 属性示例

(3) 下一跳属性在 IGP 中指已通告了路由信息的相邻路由器接口 IP 地址,在 BGP 中根据具体情况而定。对于 EBGP 对话,下一跳指已通告了 EBGP 路由信息的对等体路由器 IP 地址;对于 IBGP 对话,如果是 AS 内部路由,下一跳指 IBGP 路由对等体路由器 IP 地址,EBGP 路由在 AS 内传递时,默认情况下下一跳不变。

BGP 使用该属性创建 BGP 表,同时,通过 IP 路由表检查 BGP 对等体之间的 IP 连通性,判断下一跳是否可达。在决策过程中,如果下一跳不可达,则该条路由被舍弃。

在图 8-9 中,路由器 R1 和路由器 R2 建立了 EBGP 连接,路由器 R1 将本 AS 中的网段 100.0.0.0/16 通告给 EBGP 邻居时,UPDATE 报文中的下一跳是路由器 A 的接口地址 10.1.1.2;在路由器把该路由通告给其 IBGP 邻居路由器 R3 的时候,它在 UPDATE 报文中把下一跳地址仍然设置为 10.10.10.2,因此,路由器 C 的 IGP 路由表中,必须有到该下一跳 10.10.10.2 的路由,简单的测试方法就是能够 Ping 通该地址;否则,该 BGP 路由条目无效。

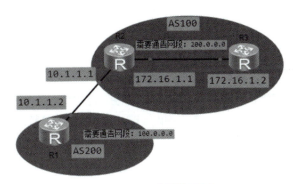

图 8-9　下一跳属性示例 1

有时候,BGP 路由器没有到 AS 外部路由器的路由,可能会导致接收到 EBGP 路由的下一跳失效,从而导致路由无法进入 BGP 路由信息表中。这种情况下,可以通过更改路由通告的下一跳的方式来加以解决。

如图 8 – 10 所示，路由器 R2 接收到 AS100 的路由后，在把它通告给 IBGP 邻居 R4 时，设置路由的下一跳地址为 R2 的接口地址，使得 R4 能够做到下一跳可达，确保路由安装成功。

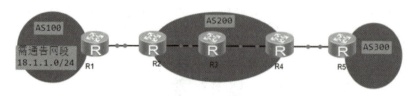

图 8 – 10　下一跳属性示例 2

（4）本地优先（Local_PREF）属性在一个 AS 内部使用，表示到达目标网络的优先级是公认自决属性。ZXR10 路由器识别并使用该属性。

当 BGP 路由器向自治系统内部的其他 BGP 路由器广播路由时，需要包含该属性，属性值的大小直接影响到路径的优先级。在路由决策中，将选择本地优先值大的路由作为最佳路由。该属性影响本地出站流量。

如图 8 – 11 所示，R2 通过 R1 学习到 AS400 中的路由，并通告给 R3；同样，R3 通过 R4 学习到 AS400 的路由，并通告给 R2。二者路由的 AS – PATH 长度都是 2，默认的本地优先级都是 100。

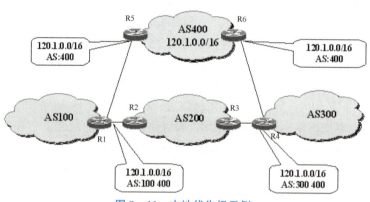

图 8 – 11　本地优先级示例

R2 对接收到 EBGP 的路由设置优先级为 300，而 R3 对接收到 EBGP 的路由设置优先级默认是 100。这样，R2 忽略从 R3 来的优先级小的路由，而 R3 选择从 R2 来到优先级路由，因此 AS100 成为过渡 AS。

4）MED（Multi – Exit – Discriminator）属性

MED 属性用于判断流量进入 AS 时的最佳路由，当一个运行 BGP 的设备通过不同的 EBGP 对等体得到目的地址相同但下一跳不同的多条路由时，在其他条件相同的情况下，将优先选择 MED 值较小者作为最佳路由。

MED 属性仅在相邻两个 AS 之间传递，收到此属性的 AS 一方不会再将其通告给任何其他第三方 AS。MED 属性可以手动配置，如果路由没有配置 MED 属性，BGP 选路时，将该路由的 MED 值按默认值 0 来处理。

5）团体（Community）属性

团体属性用于标识具有相同特征的 BGP 路由，使路由策略的应用更加灵活，同时降低了维护管理的难度。团体属性分为自定义团体属性和公认团体属性。

6）Originator_ID 属性和 Cluster_List 属性

Originator_ID 属性和 Cluster_List 属性用于解决路由反射器场景中的环路问题。

2. BGP 路由选择规则

BGP 选择最佳路由的步骤如下：

（1）优选协议首选值（PrefVal）最高的路由。协议首选值是华为设备的特有属性，该属性仅在本地有效。

（2）优选本地优先级（Local_PREF）最高的路由。如果路由没有本地优先级，BGP 选路时，将该路由按默认的本地优先级 100 来处理。

（3）依次优选手动聚合路由、自动聚合路由、network 命令引入的路由、import – route 命令引入的路由、从对等体学习的路由。

（4）优选 AS 路径（AS_PATH）最短的路由。

（5）依次优选 Origin 类型为 IGP、EGP、Incomplete 的路由。

（6）对于来自同一 AS 的路由，优选 MED（Multi Exit Discriminator）值最低的路由。

（7）依次优选 EBGP 路由、IBGP 路由、LocalCross 路由、RemoteCross 路由。PE 上某个 VPN 实例的 VPNv4 路由的 ERT 匹配其他 VPN 实例的 IRT 后复制到该 VPN 实例，称为 Local-Cross；从远端 PE 学习到的 VPNv4 路由的 ERT 匹配某个 VPN 实例的 IRT 后复制到该 VPN 实例，称为 RemoteCross。

（8）优选到 BGP 下一跳 IGP 度量值（metric）最小的路由。

（9）优选 Cluster_List 最短的路由。

（10）优选 Router ID 最小的设备发布的路由。

（11）优选从具有最小 IP Address 的对等体学来的路由。

8.1.6 BGP 基础配置

基本 BGP 配置命令语句与配置内部路由协议所使用的语句类似，这里主要介绍 BGP 基本配置中常用的几条命令。

（1）在全局模式下启动 BGP 进程，并设置 AS 编号：

```
bgp 100    //100 为 as – number,同时指定设备所在的 AS 为 AS100
```

（2）配置 BGP 邻居：

```
peer 192.168.12.2   as – number  64512   /* 192.168.12.2 为 BGP 邻居 IP 地址,64512
是 AS 号 */
```

（3）BGP 通告网络：

```
network   172.16.0.0   255.255.0.0  /* 172.16.0.0 为要通告的网段的网络号,
255.255.0.0 为该网段的大小 */
```

1. 关闭同步

通常情况下，BGP 路由器从 IBGP 邻居学习到路由，需要检查其在 IGP 中是否存在，如果不存在，则不能把路由安装到全局路由表中，也不能通告给 EBGP 邻居。

如果需要把 IBGP 学来的路由安装到全局路由表中，那么需要关闭 BGP 的同步功能。对 EBGP 学习的路由，不管是否关闭功能，不影响其正常通告。

关闭 BGP 同步功能的配置如下：

```
undo synchronization
```

2. 指定邻居

指定邻居示例 1 如图 8 – 12 所示。

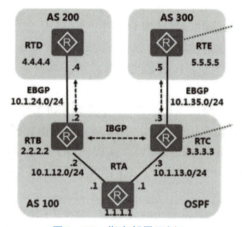

图 8 – 12　指定邻居示例 1

图 8 – 12 所示为两台 BGP 路由器的配置。注意，一台路由器可以有多个 BGP 邻居，例如，路由器 B 既有 IBGP 邻居路由器 C，又有 EBGP 邻居路由器 A。

RTA 配置如下：

```
[Huawei]bgp 200
[Huawei – bgp]peer 10.1.24.2 remote – as 100
```

RTB 配置如下：

```
[Huawei]bgp 100
[Huawei – bgp]peer 10.1.24.4 remote – as 200
[Huawei – bgp]peer 10.1.13.3 remote – as 100
```

上述配置中，指定 BGP 邻居时，使用的都是对方的直连端口 IP 地址。彼此之间肯定可以建立 TCP 连接。

通常在非直接连接的路由器之间配置 BGP 路由协议，建议使用 Loopback 地址作为二者建立 TCP 连接的地址。这是因为 Loopback 地址有着永远不会 down 的风险，而选择任何接口地址都有意外 down 的危险。

如果使用 Loopback 地址做 BGP 连接，需要注意以下几点：

（1）需要先在两台路由器上配置 Loopback 地址。

（2）为确保 BGP 建链成功，两台路由器之间的 Loopback 地址必须能够互相可达，常常通过静态路由配置，或者通过 OSPF 通告的方式，使得两台路由器能够学习到彼此的 Loopback 地址。

（3）使用 Loopback 地址建链，必须在配置上特别指出。首先指定对方的 Loopback 地址作为 BGP 邻居，然后使用以下命令来指定本地 Loopback 地址作为建立 TCP 连接的源 IP 地址：

```
peer x.x.x.x remote-as yyyy
peer x.x.x.x connect-interface Loopback1
```

这里 x.x.x.x 是指对端路由器的 Loopback 地址。同样，对端路由器指定本路由器的 Loopback1 接口的 IP 地址作为其邻居。

对于 EBGP 连接，如果使用 Loopback 地址建链，还需要额外配置多跳的命令。

指定邻居示例 2 如图 8 – 13 所示。

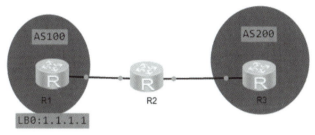

图 8 – 13　指定邻居示例 2

路由器 R1 使用 Loopback 0 地址（1.1.1.1）跟路由器 R3 的接口地址建立 IBGP 连接，因此，路由器 A 的配置中，先指定对端路由器 B 的某个接口地址作为邻居，然后注明本地 Loopback Interface1 接口 IP 地址作为 TCP 连接的源地址。

在路由器 R3 的配置中，必须指定路由器 A 的 Loopback 地址（1.1.1.1）作为邻居地址。二者中的任何一方配置错误，都会导致 BGP 邻居无法进入 Established 状态，而是停留在 Connect 状态。

请注意，上述事例中，路由器 R3 并没有使用到路由器 R1 的接口地址作为 TCP 连接的地址，但 BGP 仍然能够正常建链，这是由 TCP 的握手机制决定的。

指定邻居示例 3 如图 8 – 14 所示。

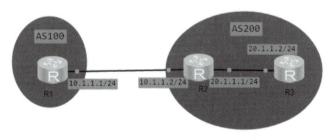

图 8 – 14　指定邻居示例 3

在 EBGP 的连接案例中，一般两台路由器物理直接连接的情况比较多，这时可以使用互连端口的 IP 地址建立 BGP 连接，也可以指定双方的 Loopback 地址建立 BGP 连接。

如果使用 Loopback 地址建立 BGP 连接，那么必须指定"多跳"连接。这是因为默认情况下，EBGP 连接时的 BGP 协议报文的 TTL 为 1。即使底层的 TCP 连接能够建立，OPEN 报文也无法送达对端路由器的 CPU，导致 BGP 连接无法进入 Established 状态。

ebgp－max 的概念只对 EBGP 而言，IBGP 无此限制。

配置命令为：

```
[Huawei-bgp]peer x.x.x.x ebgp-max-hop y
```

如果不指定具体的跳数 y 值，那么系统默认把 TTL 设置为最大值255。

在本案例中，R1 使用本地接口地址 10.1.1.1 和 R3 的非直连端口地址 20.1.1.2 建立 EBGP 连接，因此，在 RTA 上指定邻居后，还必须补充配置"多跳"连接。

```
[Huawei]bgp 100
[Huawei-bgp]peer 20.1.1.2 remote-as 200
[Huawei-bgp]peer 20.1.1.2 ebgp-max-hop 2   //根据实际跳数进行设置
```

而对于路由器 R3 而言，其发出的 BGP 报文的 TTL 为 1，但目的端口是路由器 A 的直连端口，因此，路由器 R1 能够把 BGP 报文上送 CPU 处理，BGP 连接能够进入 Established 状态。

3. 路由宣告

在路由器 A 的路由表中存在 192.213.0.0/16 的路由或者其子网路由，无论它们是静态路由还是动态路由或是直连路由，在 BGP 配置中使用 network 命令，都可以把它们全部输出到 BGP 路由信息表中，经过配置的路由策略的过滤或者属性设置，被通告给 BGP 邻居或者被拒绝通告。

在 ZXR10 的 BGP 配置中，如果网络地址和掩码配置不规范，系统会自动把网络地址按照掩码长度进行修正。如配置了 network 192.213.0.1 255.255.0.0，在显示的时候，系统自动修正为 network 192.213.0.0 255.255.0.0。

对于 network 通告的路由，其路由起源属性为"IGP"。

除了使用 network 通告路由外，有时候还使用重分布路由的方式把 IGP 路由重分发到 BGP 中进行通告，能够通过的路由类型如下：

```
[Huawei-bgp-af-ipv4]import-route ?
 direct  Connected routes
 isis    Intermediate System to Intermediate System(IS-IS) routes
 ospf    Open Shortest Path First(OSPF) routes
 rip     Routing Information Protocol(RIP) routes
 static  Static routes
 unr     User network routes
```

如果路由器配置了有关静态路由，需要把这些静态路由从 BGP 中进行通告，则在路由配置模式下使用 redistribute static 命令即可。

注意，重分布到 BGP 中的路由，其路由起源属性为 incomplete。

在路由配置模式下，可以使用多条重分布命令，把不同的 IGP 协议同时分布到 BGP 协议中去。

对于静态路由，只能单向分布到 BGP 协议中；但是对于动态路由协议，与 BGP 之间可以实现双向重分布。在特殊的网络环境下，双向路由重分布容易导致路由环路，严重影响网络的正常运作，所以，对于双向重分布，要格外谨慎。通常采用路由过滤的方式，拒绝重分布到 BGP 中的路由再从 BGP 中重分布到动态路由协议中。

在图 8-15 所示的拓扑图中，AS200 中的路由器运行 OSPF 路由协议，同时，R3 与 AS300 中的路由器 R4 运行 EBGP。路由器 R3 需要把 OSPF 通告给 R4，不同 AS 之间的网络不允许运行 IGP，这是因为 IGP 缺乏有效的控制过滤机制，所以必须在路由器 C 上使用路由重分布的方式，把 OSPF 路由重分布到 BGP 中，并通告给路由器 R4。

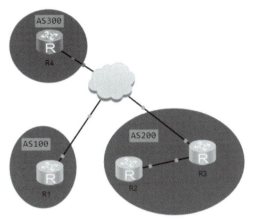

图 8-15 宣告路由示例

在以上配置中，路由器 C 运行在 OSPF 的骨干区域中；OSPF 的路由分为域内路由、域间路由和外部路由三种类型。如果只需要把 OSPF 域内路由重分布到 BGP 中，则配置如下：

```
[Huawei]bgp 200
[Huawei-bgp]peer 1.1.1.1  remote-as 300
[Huawei-bgp]ipv4-family unicast
[Huawei-bgp-af-ipv4]import-route OSPF 1   /* 将 OSPF 1 的域内路由引入或者重分布到 BGP 中*/
```

4. BGP 查询命令

在 BGP 相关配置结束后，观察 BGP 的连接状态，其命令如下：

```
[RouterB] display bgp peer
BGP local router ID : 2.2.2.2
Local AS number : 65009
Total number of peers : 3 Peers in established state : 3
Peer V AS MsgRcvd MsgSent OutQ Up/Down State
PrefRcv
9.1.1.2 4 65009 49 62 0 00:44:58 Established 0
9.1.3.2 4 65009 56 56 0 00:40:54 Established 0
200.1.1.2 4 65008 49 65 0 00:44:03 Established 1
```

从以上输出可以看到每个 BGP 邻居的 IP 地址、版本号、AS 号、收发的 BGP UPDATE 报文的数量、BGP 建链的时间、当前连接时的状态，只有 Established 状态才是 BGP 建链成功的状态。

显示 BGP 邻居的详细信息：

```
<HUAWEI> display bgp peer 2.2.2.9 verbose

      BGP Peer is 2.2.2.9,remote AS 100
      Type: IBGP link       //BGP 链路类型,有 IBGP Link 和 EBGP Link
      BGP version 4, Remote router ID 11.1.1.1    //BGP 协议版,以及对等体 router ID
      Update-group ID: 1      //对等体所在的 Update-group 的 ID 号
      BGP current state: Established, Up for 00h57m53s    /* BGP 当前的状态,详细参
考 BGP 状态机 */
      BGP current event: RecvKeepalive    //BGP 当前事件
      BGP last state: Established
      BGP Peer Up count: 1    //指定时间内 BGP 对等体的震荡次数
      Received total routes: 0   //接收的路由前缀数量
      Received active routes total: 0   //接收的活跃的路由前缀数量
      Advertised total routes: 2   //发送的路由前缀数量
      Port: Local -42796          Remote -179   //两侧对等体在 TCP 层所使用的端口号
      Configured: Active Hold Time: 180 sec    Keepalive Time:60 sec
      Received  : Active Hold Time: 180 sec
      Negotiated: Active Hold Time: 180 sec    Keepalive Time:60 sec
      Peer optional capabilities:
      Peer supports bgp multi-protocol extension
      Peer supports bgp route refresh capability
      Peer supports bgp 4-byte-as capability
      Address family IPv4 Unicast: advertised and received    //IPv4 单播地址簇
Received: Total 60 messages     //接收到邻居的报文数目
          Update messages               1
          Open messages                 1
          KeepAlive messages              58
          Notification messages          0
          Refresh messages               0
Sent: Total 61 messages    //发送给邻居的报文数目
          Update messages               2
          Open messages                 1
          KeepAlive messages              58
          Notification messages          0
          Refresh messages               0
Authentication type configured: None
Last keepalive received: 2012/03/06 19:17:37
Last keepalive sent    : 2012/03/06 19:17:37
Last update    received: 2012/03/06 19:17:43
Last update    sent    : 2012/03/06 19:17:37

Minimum route advertisement interval is 15 seconds
Optional capabilities:
Route refresh capability has been enabled    //路由刷新功能已经使能
4-byte-as capability has been enabled
Listen-only has been configured
Peer's BFD has been enabled
Peer Preferred Value: 0    //对等体的首选值
Routing policy configured:
No routing policy is configured    //配置的路由策略,当前无策略
```

显示 BGP 路由表的详细信息：

```
<HUAWEI > display bgp routing-table     //查询 BGP 路由信息
BGP Local router ID is 1.1.1.2
Status codes: * - valid, > - best, d - damped,
          h - history, i - internal, s - suppressed, S - Stale
              Origin: i - IGP, e - EGP, ? - incomplete
Total Number of Routes: 4
   Network          NextHop        MED        LocPrf     PrefVal Path/Ogn
*  1.1.1.0/24       1.1.1.1        0                 0    100?
*  1.1.1.2/32       1.1.1.1        0                 0    100?
* > 5.1.1.0/24      1.1.1.1        0                 0    100?
* > 100.1.1.0/24    1.1.1.1        0                 0    100?


   <Huawei >display bgp routing-table ?     /* BGP 路由表后面还可以增加属性参数,查询
相关路由属性的路由信息*/
   IP_ADDR <X.X.X.X >     Specify an IPv4 network address    /* 可以指定查询某条路由
的详细信息*/
   as-path-filter        Routes matching certain AS path filter
   cidr                  Classless inter-domain route
   community             Routes matched with communities
   community-filter      Routes matching community-filter
   dampened              BGP-dampened routes
   dampening             BGP-dampening status
   different-origin-as   Routes with the same destination address and mask but
                  originating from different origin ASs
   flap-info             Display BGP flap information
   label           Labeled route information
   peer            Peer routers
   regular-expression   Routes matching regular-expression of BGP AS paths
   statistics           Statistics of route
   time-range            Specify time-range configuration information
   |                Matching output
   <cr >            Please press ENTER to execute
```

8.2 BGP 基本功能配置实践

8.2.1 BGP 实验

如图 8-16 所示，按照拓扑规划要求，配置 R1 和 R2 为 EBGP 邻居，R2/R3/R4 为全连接 IBGP 邻居，使用路由注入或者路由重分布方式在 R1 和 R2 上将直连路由发布到 BGP 路由表中。

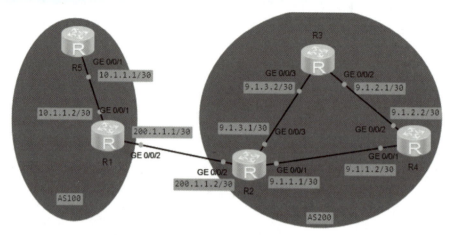

图 8 – 16 BGP 实验拓扑

8.2.2 非直连 IBGP 邻居

步骤一：按照拓扑规划建立拓扑，并配置接口 IP 地址。

步骤二：配置 AS200 内部的 IBGP 连接。

```
[R2]bgp 200
 [R2 – bgp]router – id 2.2.2.2
 [R2 – bgp]peer 9.1.1.2 as 200
 [R2 – bgp]peer 9.1.3.2 as 200
```

```
[R3]bgp 200
 [R3 – bgp]router – id 3.3.3.3
 [R3 – bgp]peer 9.1.3.1 as 200
 [R3 – bgp]peer 9.1.2.2 as 200
```

```
[R4]bgp 200
 [R4 – bgp]router – id 4.4.4.4
 [R4 – bgp]peer 9.1.1.1 as 200
 [R4 – bgp]peer 9.1.2.1 as 200
```

步骤三：配置 R1 和 R2 之间的 EBGP 连接。

```
[R1]bgp 100
 [R1 – bgp]router – id 1.1.1.1
 [R1 – bgp]peer 200.1.1.2 as 200
```

```
[R2]bgp 200
 [R2 – bgp]peer 200.1.1.1 as 100
```

步骤四：查看 R2 上的 BGP 邻居建立情况。

```
[R2]dis bgp peer

BGP local router ID：2.2.2.2
Local AS number：200
Total number of peers：3   Peers in established state：3


Peer         V    AS  MsgRcvd  MsgSent  OutQ  Up/Down      State PrefRcv

9.1.1.2      4   200     9      10    0 00:07:06 Established   0
9.1.3.2      4   200    12      13    0 00:10:49 Established   0
200.1.1.1    4   100     2       2    0 00:00:25 Established   0
[R2]
```

可以看出，RouterB 到其他路由器的 BGP 连接均已建立。

步骤五：将 AS100 内部的网段 10.1.1.1/30 发布到 BGP 路由表中。

```
[R1]bgp 100
[R1-bgp]ipv4-family unicast
[R1-bgp-af-ipv4]network 10.1.1.0 30
```

查看 R1、R2、R3、R4 上 BGP 路由表信息。

```
[R1]display bgp routing-table

BGP Local router ID is 1.1.1.1
Status codes：* - valid, > - best, d - damped,
        h - history, i - internal, s - suppressed, S - Stale
        Origin：i - IGP, e - EGP, ? - incomplete


Total Number of Routes：1
    Network        NextHop      MED     LocPrf   PrefVal Path/Ogn

* > 10.1.1.0/30  0.0.0.0       0         0         i   //可以看到路由成功发布到BGP路由
```

```
[R2]display bgp routing-table

BGP Local router ID is 2.2.2.2
Status codes：* - valid, > - best, d - damped,
        h - history, i - internal, s - suppressed, S - Stale
        Origin：i - IGP, e - EGP, ? - incomplete


Total Number of Routes：1
    Network        NextHop      MED      LocPrf    PrefVal Path/Ogn

* > 10.1.1.0/30    200.1.1.1    0         0         100i
```

```
<R3 >display bgp routing – table

BGP Local router ID is 3.3.3.3
Status codes: * – valid, > – best, d – damped,
        h – history,  i – internal, s – suppressed, S – Stale
        Origin : i – IGP, e – EGP, ? – incomplete


Total Number of Routes: 1
   Network            NextHop         MED       LocPrf      PrefVal Path/Ogn

 i 10.1.1.0 /30      200.1.1.1       0        100         0        100i
```

```
<R4 >display bgp routing – table

BGP Local router ID is 4.4.4.4
Status codes: * – valid, > – best, d – damped,
        h – history,  i – internal, s – suppressed, S – Stale
        Origin : i – IGP, e – EGP, ? – incomplete


Total Number of Routes: 1
   Network        NextHop       MED       LocPrf      PrefVal Path/Ogn

 i  10.1.1.0 /30  200.1.1.1     0        100         0        100i
```

步骤六：将 AS200 直连路由重分布到 BGP 路由表中。

```
[ R2 ]bgp 200
[ R2 – bgp ]ipv4 – family unicast
 [ R2 – bgp – af – ipv4 ]import – route direct
```

查看各路由器上的 BGP 路由表情况。

```
[ R2 ]dis bgp routing – table

BGP Local router ID is 2.2.2.2
Status codes: * – valid, > – best, d – damped,
        h – history,  i – internal, s – suppressed, S – Stale
        Origin : i – IGP, e – EGP, ? – incomplete


Total Number of Routes: 9
   Network              NextHop         MED       LocPrf      PrefVal Path/Ogn

 * >   9.1.1.0 /30      0.0.0.0         0         0          ?
 * >   9.1.1.1 /32      0.0.0.0         0         0          ?
 * >   9.1.3.0 /30      0.0.0.0         0         0          ?
 * >   9.1.3.1 /32      0.0.0.0         0         0          ?
```

```
*  >   10.1.1.0/30        200.1.1.1      .0             0        100i
*  >   127.0.0.0          0.0.0.0        0              0        ?
*  >   127.0.0.1/32       0.0.0.0        0              0        ?
*  >   200.1.1.0/30       0.0.0.0        0              0        ?
*  >   200.1.1.2/32       0.0.0.0        0              0        ?
```

```
<R1 >display bgp routing-table

BGP Local router ID is 1.1.1.1
Status codes: *  – valid, >  – best, d – damped,
        h – history,  i – internal, s – suppressed, S – Stale
        Origin : i – IGP, e – EGP, ? – incomplete


Total Number of Routes: 4
      Network           NextHop        MED          LocPrf        PrefVal Path/Ogn

*  >   9.1.1.0/30        200.1.1.2      0             0        200?
*  >   9.1.3.0/30        200.1.1.2      0             0        200?
*  >   10.1.1.0/30       0.0.0.0        0             0        i
       200.1.1.0/30      200.1.1.2      0             0        200?
```

```
<R3 >display bgp routing-table

BGP Local router ID is 3.3.3.3
Status codes: *  – valid, >  – best, d – damped,
        h – history,  i – internal, s – suppressed, S – Stale
        Origin : i – IGP, e – EGP, ? – incomplete


Total Number of Routes: 4
      Network           NextHop        MED          LocPrf        PrefVal Path/Ogn

*  >i  9.1.1.0/30        9.1.3.1        0             100        0        ?
    i  9.1.3.0/30        9.1.3.1        0             100        0        ?
*  >i  10.1.1.0/30       200.1.1.1      0             100        0        100i
*  >i  200.1.1.0/30      9.1.3.1        0             100        0        ?
```

```
<R4 >display bgp routing-table

BGP Local router ID is 4.4.4.4
Status codes: *  – valid, >  – best, d – damped,
        h – history,  i – internal, s – suppressed, S – Stale
        Origin : i – IGP, e – EGP, ? – incomplete


Total Number of Routes: 4
      Network           NextHop        MED       LocPrf   PrefVal  Path/Ogn
```

```
    i  9.1.1.0/30          9.1.1.1          0      100        0        ?
*  >i  9.1.3.0/30          9.1.1.1          0      100        0        ?
*  >i  10.1.1.0/30         200.1.1.1        0      100        0        100i
*  >i  200.1.1.0/30        9.1.1.1          0      100        0        ?
```

步骤七：进行 ping 测试连通性。

```
<R3 >ping 10.1.1.2
  PING 10.1.1.2:56   data bytes, press CTRL_C to break
    Reply from 10.1.1.2: bytes =56 Sequence =1 ttl =254 time =60 ms
    Reply from 10.1.1.2: bytes =56 Sequence =2 ttl =254 time =60 ms
    Reply from 10.1.1.2: bytes =56 Sequence =3 ttl =254 time =40 ms
    Reply from 10.1.1.2: bytes =56 Sequence =4 ttl =254 time =50 ms
    Reply from 10.1.1.2: bytes =56 Sequence =5 ttl =254 time =70 ms

  --- 10.1.1.2 ping statistics ---
  5 packet(s) transmitted
  5 packet(s) received
  0.00% packet loss
  round - trip min/avg/max = 40/56/70 ms

<R3 >
```

非直连 IBGP 邻居建立，使用 R1 和 R3 的环回接口建立 R1 和 R3 的 IBGP 邻居关系，如图 8 - 17 所示。

图 8 - 17　非直连 IBGP 邻居

步骤一：按照拓扑规划，配置物理接口和环回接口地址。

步骤二：启用 OSPF 协议，使得规划中的所有网段可以互通。

```
[R1]ospf 1
[R1 - ospf -1]a 0
 [R1 - ospf -1 - area - 0.0.0.0]network 1.1.1.1 255.255.255.255
 [R1 - ospf -1 - area - 0.0.0.0]network 100.1.1.0 255.255.255.252
```

R2 和 R3 做同样的配置，不再列举。

步骤三：指定 R1 和 R3 互为 IBGP 邻居。

```
[R1]bgp 100
  [R1-bgp]router-id 1.1.1.1
[R1-bgp]peer 3.3.3.3 as 100
  [R1-bgp]peer 3.3.3.3 connect-interface Loopback 0
```

```
[R3]bgp 100
  [R3-bgp]router-id 3.3.3.3
  [R3-bgp]peer 1.1.1.1 as 100
  [R3-bgp]peer 1.1.1.1 connect-interface Loopback 0
```

步骤四：查看 IBGP 邻居建立情况。

```
[R3-bgp]dis bgp peer

BGP local router ID : 3.3.3.3
Local AS number : 100
Total number of peers : 1   Peers in established state : 1

Peer         V    AS   MsgRcvd  MsgSent  OutQ  Up/Down    State        PrefRcv

1.1.1.1      4    100   2        2        0     00:00:26   Established   0
```

```
BGP local router ID : 1.1.1.1
Local AS number : 100
Total number of peers : 1   Peers in established state : 1

Peer         V    AS   MsgRcvd  MsgSent  OutQ  Up/Down    State        PrefRcv

3.3.3.3      4    100   3        5        0     00:01:13   Established   0
```

8.3 EBGP 实验

如图 8-18 所示，使用 R1 和 R2 环回接口地址建立 EBGP 邻居。

图 8-18 路由器 EBGP 建立

【本章总结】

BGP 是一种用于在不同自治系统间进行路由选择的协议。它是互联网上广泛使用的路由协议之一，可以使网络中的不同节点通过最优路径进行数据传输。

BGP 用于描述路径属性，例如 AS-PATH、NEXT-HOP 等，以帮助路由选择。

BGP 路由通告可以将一个自治系统内的路由信息传递给另一个自治系统，以实现自治系统之间的通信。路由重分布可用于不同的路由协议之间的转换，例如将 OSPF 协议或者直连路由中的路由信息导入 BGP 协议中，以便在不同的自治系统之间进行通信。network 命令是指在路由器上配置一个 IP 地址和子网掩码，并将其与一个特定的接口绑定，以便路由器知道哪些网络可供通信，并向其他路由器和主机发送路由信息。这种方式通常在单个自治系统内使用，以实现内部通信。这些方法在网络中都扮演着重要角色，使得网络中的不同设备能够进行有效的路由选择和通信。

内部 BGP 邻居（iBGP 邻居）：iBGP 邻居之间是在同一 AS 内的 BGP 路由器之间建立的邻居关系。iBGP 邻居之间通过 TCP 连接进行通信，iBGP 协议用于在同一 AS 内分发路由信息。

外部 BGP 邻居（eBGP 邻居）：eBGP 邻居之间是不同 AS 中的 BGP 路由器之间建立的邻居关系。eBGP 邻居之间也通过 TCP 连接进行通信，eBGP 协议用于在不同 AS 之间交换路由信息。

邻居关系可以使用环回接口或者物理接口建立。

【本章练习】

1. 下面关于 BGP 的叙述，正确的是（　　）。

A. BGP 采用 TCP 方式发送路由协议信息

B. BGP 每 30 s 就会刷新一次路由信息

C. BGP 的 AS-PATH 属性不可控制

D. BGP 对路由的控制可使用 MED 属性和 Local preference 属性来实现

2. 下面组网比较适合 BGP 的是（　　）。

A. 对路由信息需要进行大量的控制

B. 路由条目数量较多，万条以上

C. 需要使用 MPLS VPN

D. 网络规模较小，路由数目较小，比较稳定

3. 关于 BGP 路由的发布方式，说法正确的是（　　）。

A. 可采用 network 命令发布

B. 可采用引入其他路由协议的方式发布

C. BGP 只能发布本设备路由表中存在的路由

D. BGP 不能发布直连路由

4. 私有 AS 编号的范围为（　　）。

A. 65 410～65 535

B. 1～64 511

C. 64 512～65 535

D. 64 511～65 535

5. BGP 在传输层采用 TCP 来传送路由信息，使用的端口号是（　　　）。

A. 520

B. 89

C. 179

D. 180

6. BGP 发送路由的方式是（　　　）。

A. 周期性广播所有路由

B. 周期性组播发送所有路由

C. 只发送发生改变的路由

D. 对等体请求才发送

第 9 章　IPv6 技术及实践

在之前学习 IP 地址时，已经知道 IPv4 版本的地址总量不到 43 亿，这远远不能满足全球网络规模下所有设备分配唯一地址的需求。因此，需要使用 NAT 技术缓解 IP 地址资源有限的问题。然而，NAT 的应用同时也增加了网络部署的复杂度，影响了网络的性能。为此，ISO 开始为新的网络开辟更广阔的地址空间，这就是本章需要了解的 IPv6 网际协议。该协议定义的地址空间号称可以为地球上每一粒沙子都分配一个地址。如果 IPv6 协议得到全面应用，将大大简化网络的部署，并对当前蓬勃发展的物联网网络的发展非常有利。

【本章目标】
1. 记忆：IPv6 报文的格式。
2. 运用：IPv6 配置及 OSPFv3 路由协议。
3. 了解：IPv4 到 IPv6 的过渡。

9.1　IPv6 技术

1. IPv6 的发展背景

随着互联网网络规模的迅速扩大，IPv4 地址短缺问题愈发严重。IPv4 地址为 32 位固定长度，理论上可容纳约 40 亿个地址，但在 20 世纪 90 年代早期，Internet 团体已不得不对地址体系结构和分配机制做出多次修改，以满足日益增长的地址需求。造成 IPv4 地址极大浪费的两个原因是分类地址的不明智分配和用户不考虑他们请求地址的适当性。实际上，当人们开始预测地址枯竭时，仅有 3% 的已分配地址在使用。

每年约有 2 亿个 IP 地址被消耗，消耗增速约为 19%，根据这个速度，IPv4 地址的剩余量将于 2010—2012 年之间耗尽。IPv4 地址空间有限的问题，仅靠额外的辅助技术难以彻底解决。IPv6 的地址大小增加到 128 位，并提出一个更深层次的编址层次以及更简单的配置。

IPv6 协议内置了自动配置机制来方便用户配置 IPv6 地址。IPv6 的报头固定为 40 字节，可以容纳 8 字节的报头和两个 16 字节的 IP 地址（源地址和目的地址）。IPv6 报头中去掉了 IPv4 报头中的一些字段或将其变为可选项，这样数据包可以更快地处理。对于 IPv4，选项集成于基本的 IPv4 报头中，而对于 IPv6，这些选项被作为扩展报头来处理。扩展报头是可选项，可以插入 IPv6 报头和实际数据之间，这使得 IPv6 数据包的生成更加灵活、高效，转发效率也要高很多。IPv6 还指定了固有的对身份验证的支持以及对数据完整性和数据机密性的支持。发送者可以标记属于同一传输流、需要特别处理或需要服务质量的数据包。

2. IPv6 标准化现状

IPv6 技术标准文档包括多个 RFC 文档，以下是一些重要的 RFC 文档：

（1）RFC 2460：IPv6 Specification（IPv6 规范文档），规定了 IPv6 协议的基本格式、报文格式、路由协议等。

（2）RFC 4291：IPv6 Addressing Architecture（IPv6 地址结构文档），描述了 IPv6 地址的组成方式、分配方式、地址类型等。

（3）RFC 1981：Path MTU Discovery for IPv6（IPv6 的路径 MTU 发现文档），定义了 IPv6 网络中的路径 MTU 发现机制，解决了在 IPv4 网络中出现的 fragmentation 问题。

（4）RFC 4861：Neighbor Discovery for IPv6（IPv6 的邻居发现文档），规定了 IPv6 网络中的邻居发现机制，用于发现网络中其他的节点和进行地址解析。

（5）RFC 6550：RPL：IPv6 Routing Protocol for Low－Power and Lossy Networks（适用于低功耗无线网络的 IPv6 路由协议 RPL），用于在低带宽、高延迟、丢包率高的网络中实现跨层级的路由功能。

（6）RFC 7123：Security Implications of IPv6 on IPv4 Networks（IPv6 对 IPv4 网络的安全影响文档），描述了在部署 IPv6 协议时需要考虑的安全问题，以及如何保护 IPv6 网络。

以上仅是一部分与 IPv6 技术相关的 RFC 文档，IPv6 技术标准文档还包括许多其他相关的文档。

3. IPv6 地址

1）IPv6 地址格式

IPv6 地址包括 128 位，由冒号分隔的 32 位十六进制数表示，每个十六进制数占用 4 字节，如 2041:0000:160F:0000:0000:09C0:876B:130A。这是 IPv6 地址的首选格式。为了书写方便，IPv6 还提供了压缩格式，以上述 IPv6 地址为例，具体压缩规则如下。

（1）每组中的前导"0"都可以省略，所以上述地址可写为

2041:0:160F:0:0:9C0:876B:130A

（2）地址中包含的连续两个或多个均为 0 的组，可以用双冒号"∷"来代替，所以上述地址又可以进一步简写为

2041:0:160F∷9C0:876B:130A

需要注意的是，在一个 IPv6 地址中只能使用一次双冒号"∷"，否则，当计算机将压缩后的地址恢复成 128 位时，无法确定每段中 0 的个数。

128 位 IPv6 地址的地址结构如下：

（1）前缀：前缀是指 IPv6 地址的前面一部分，它描述了这个地址所属的网络。前缀的

长度可以是 0~128 位之间的任何值。

（2）网络标识符：网络标识符是指前缀的一部分，描述了属于某个特定网络的 IPv6 地址范围。网络标识符的长度可以根据网络的规模而变化。

（3）接口标识符：接口标识符是指网络标识符后面的一部分，用于标识特定主机或路由器上的接口。接口标识符的长度通常是 64 位。

IPv6 接口标识可以使用三种方法之一生成：手动配置、软件自动生成和使用 IEEE EUI–64 规范。其中，EUI–64 规范是最常用的方法之一，它将设备的 MAC 地址转换为 IPv6 接口标识。按照规范，MAC 地址的前 24 位表示公司标识，后 24 位表示扩展标识符（用 c 和 m 表示）。为了让这个地址全球唯一，需要将 MAC 地址的高 7 位的 0 修改为 1。在转换的过程中，首先在公司标识和扩展标识符之间插入 FFFE，然后改变高 7 位的值，使得新的接口标识唯一。假设设备的 MAC 地址是 00–11–22–33–44–55，可以按照 EUI–64 规范将其转换为 IPv6 接口标识。具体步骤如下：

（1）将 MAC 地址的高 7 位的 0 修改为 1，即 00–11–22–33–44–55 --> 02–11–22–33–44–55。

（2）在 MAC 地址的中间插入 FFFE，生成 64 位全球唯一的接口标识，前缀部分可以自动链接本地地址 FE80:: 或者手动指定前缀，即 02–11–22 -- ff–fe 33–44–55。

2）IPv6 地址类型

IPv6 地址在格式上与 IPv4 有很大的不同。IPv6 地址由 128 位二进制数字组成，通常表示为 8 组由冒号分隔的 16 位十六进制数字。IPv6 地址的开头几位决定了 IPv6 地址类型，这开头几位是可变长的，称为格式前缀。IPv6 地址空间的分类见表 9–1。

表 9–1　IPv6 地址空间分类

类型		前缀	地址空间	描述
单播地址	独立式单播地址	1	2000::/3	全球唯一的 IPv6 地址
	页面本地单播地址	1111111010	fe80::/10	只在页面内部使用，由每个节点自己生成和配置
	范围单播地址	111	fc00::/7	仅用于特定范围内的通信
组播地址		11111111	ff00::/8	用于向多个节点传输数据
任播地址		1	2000::/3	在多个节点中选取一个可达的最近的节点，并向其传输数据
保留地址		—	—	被预留给特定的用途，例如，全 0 地址用于表示未知地址，全 1 地址用于广播等

（1）单播地址被用于向单个节点传输数据，可以分为独立式单播地址、页面本地单播地址、范围单播地址。独立式单播地址标识全球唯一的 IPv6 地址；页面本地单播地址（link–local address）只在页面内部使用，由每个节点自己生成和配置；范围单播地址仅用于特定范围内的通信，例如组织内部或者网站内部。

IPv6 定义了多种单播地址，目前常用的单播地址有未指定地址、环回地址、全球单播地址、链路本地地址、唯一本地地址（Unique Local Address，ULA）。

①未指定地址：IPv6单播地址中的未指定地址是一个特殊地址，用于表示地址未指定或未知。这个地址是全零的，被写成"∷"。在IPv6中，这个地址有着特殊的含义，它不能用作源地址或目的地址，只能用于特定的场景，例如设置默认路由或等待地址配送。未指定地址可以被用作源地址用于IPv6的某些协议（如邻居发现协议NDP），来发送一些唯一标识符配对。但绝大多数情况下，IPv6单播的未指定地址不会被用作发送源地址。未指定地址不能用于直接向其他设备发送数据包，可以被用于代表地址未知或未分配的状态。例如，当一个节点还没有接收到DHCPv6的回应时，它的所有IPv6地址都为未指定地址。

②环回地址：Pv6中的环回地址即0:0:0:0:0:0:0:1/128或者∷1/128。环回与IPv4中的127.0.0.1作用相同，主要用于设备给自己发送报文。该地址通常用来作为一个虚接口的地址（如Loopback接口）。实际发送的数据包中不能使用环回地址作为源IP地址或者目的IP地址。

③全球单播地址：全球单播地址是由全球路由前缀、子网ID和接口标识所组成的IPv6地址类型，见表9-2，其作用类似于IPv4中的公网地址。该地址类型允许路由前缀的聚合，从而可以在Internet上更有效地处理数据包的路由和转发，同时减少全局路由表项的数量。使用全球单播地址能够大大降低路由器的压力和网络的复杂性，提高网络的可扩展性和性能。

表9-2　全球单播地址格式

（至少）48位	16位	64位
全球路由前缀	子网标识	接口标识

④链路本地地址：当支持IPv6的节点上线时，每个接口缺省配置一个链路本地地址，该地址专门用来和相同链路上的其他主机通信。本地链路定义了这些地址的范围，因此，分组的源地址或目的地址是本地链路地址的，就不应该被发送到其他链路上。本地链路地址通常被用在邻居发现协议和无状态自动配置中。

链路本地地址格式见表9-3。本地链路地址由前缀FE80∷/10（1111111010）、后续54个0和接口标识组成。

表9-3　链路本地地址格式

10位	54位	64位
1111111010	0	接口标识

⑤唯一本地地址：是另一种应用范围受限的地址，其地址格式见表9-4。它仅能在一个站点内使用。由于本地站点地址的废除（RFC3879），唯一本地地址被用来代替本地站点地址（RFC4193）。

表9-4　唯一本地地址格式

7位	1位	40位	16位	64位
前缀111110	L标志位	全球唯一前缀	子网标识	接口标识

唯一本地地址的作用类似于IPv4中的私网地址，任何没有申请到提供商分配的全球单播地址的组织机构都可以使用唯一本地地址。唯一本地地址只能在本地网络内部被路由转

数据通信技术

发，而不会在全球网络中被路由转发。

（2）组播地址被用于向多个节点传输数据，所有组播地址的前缀都是 ff00∷/8。

IPv6 的组播与 IPv4 的相同，用来标识一组接口，一般这些接口属于不同的节点。一个节点可能属于 0 到多个组播组。发往组播地址的报文被组播地址标识的所有接口接收。一个 IPv6 组播地址由前缀、标志（Flag）字段、范围（Scope）字段以及组播组 ID（Global ID）4 个部分组成，见表 9–5。

表 9–5　IPv6 组播地址格式

8 位	4 位	4 位	80 位	32 位
11111111	标志	范围	0	组播 ID

①前缀：IPv6 组播地址的前缀是 FF00∷/8（11111111）。

②标志字段（Flag）：长度为 4 位，目前只使用了最后一位（前三位必须置 0）。当该位值为 0 时，表示当前的组播地址是由 IANA 所分配的一个永久分配地址；当该值为 1 时，表示当前的组播地址是一个临时组播地址（非永久分配地址）。

③范围字段（Scop）：长度为 4 位，用来限制组播数据流在网络中发送的范围。

部分组播地址用途见表 9–6。

表 9–6　IPv6 组播地址格式

IPv6 组播地址	用途
FF01∷1	节点本地所有节点
FF02∷1	站点本地所有节点
FF02∷2	站点本地所有路由器
FF02∷5	OSPFv3 所有 SPF 计算得到的多播地址
FF02∷6	OSPFv3 所有 DR 和 BDR 的多播地址
FF02∷9	RIP 路由协议
FF02∷A	EIGRP 路由协议
FF02∷D	PIM 路由协议
FF02∷16	MLDv2 报告消息
FF02∷1:2	DHCPv6 客户端和服务器的多播地址

（3）任播地址在多个节点中选取一个可达的最近的节点，并向其传输数据。其不能用于源地址，只能用于目的地址。

任播地址是标识一组网络接口的 IP 地址，这些接口通常属于不同的节点。任播地址能够实现将数据包发送到路上的最近节点，被广泛应用于提供多个主机或者节点相同服务的场景中，以提高冗余性和负载均衡的效果。在网络中，任播地址通过共享单播地址的方式实现，即将一个单播地址分配给多个节点或主机。当发送者向任播地址发送数据包时，他不能确定哪台设备会收到数据包，这取决于整个网络中路由协议计算的结果。任播地址适用于一些无状态应用，比如 DNS。

目前在任播中定义了如下规则：

①一个任播地址不能用作 IPv6 数据包的源地址。

②任播地址不能被分配给一个 IPv6 主机，只能被分配给 IPv6 路由器。

IPv6 任播地址和单播地址使用相同的地址空间。目前 IPv6 中任播地址主要应用于移动 IPv6。

可以为一个公司网络内提供因特网访问的所有路由器都配置一个专门的任播地址。每当一个数据包被发送到该任播地址时，它就会被发送到距离最近的提供因特网访问的路由器上。

子网路由器任播：子网路由器任播地址是一种特殊的任播地址，其前缀指定了子网和全0 标识符，见表 9 – 7。它类似于普通的单播地址，但是发送到此地址的数据包会被路由到该子网中的一个路由器上。所有与该子网有接口连接的路由器必须支持此类型的任播地址。这种任播地址经过 RFC 3513 定义，发送到这个地址的报文将被发送到该子网中路由意义最近的一个路由器。这种地址通常在节点需要与远程子网上的所有路由器之一（无须知道哪一个）进行通信时使用。例如，当移动节点需要与其"家乡"子网中的所有移动代理之一通信时，它可以使用子网路由器任播地址。在使用这种地址时，应将其余位填充为 0。

表 9 – 7　子网路由器任播地址格式

x 位	128 – x 位
子网前缀	0000…0000

（4）保留地址被预留给特定的用途，如全 0 地址用于表示未知地址，全 1 地址用于广播等。在 IPv6 中没有广播地址，它的功能被组播地址取代。

4. IPv6 报文格式

IPv6 报文由 IPv6 基本报头、IPv6 扩展报头以及上层协议数据单元三部分组成，如图 9 – 1 所示。

版本号（4位）	流类别（8位）	流标签（20位）	
有效载荷长度（16位）		下一个报头（8位）	跳数限制（8位）
源地址（128位）			
目的地址（128位）			
下一个报头（8位）	报头扩展长度（8位）	扩展报头数据（可变）	

图 9 – 1　IPv6 报文格式

1）IPv6 基本报头

IPv6 基本报头有 8 个字段，固定大小为 40 字节，每一个 IPv6 数据报都必须包含报头。基本报头提供报文转发的基本信息，会被转发路径上面的所有路由器解析。

IPv6 报头格式的主要字段如下：

（1）版本号（Version）：长度为 4 位，对于 IPv6 协议，该值为 6。

（2）流类别（Traffic Class）：长度为 8 位，类似于 IPv4 中的 TOS 字段，表示 IPv6 数据报的类或优先级，主要用于 QoS。

（3）流标签（Flow Label）：长度为 20 位，IPv6 中的新增字段，用于区分实时流量。不同的流标签源地址可以唯一确定一条数据流，中间网络设备可以根据这些信息更加高效地区分数据流。

（4）有效载荷长度（Payload Length）：长度为 16 位，表示紧跟 IPv6 报头的数据报的其他部分（即扩展报头和上层协议数据单元）的长度。该字段只能表示最大长度为 65 535 字节的有效载荷。如果有效载荷的长度超过这个值，该字段会置 0，而有效载荷的长度用逐跳选项扩展报头中的超大有效载荷选项来表示。

（5）下一个报头（Next Header）：长度为 8 位，定义紧跟在 IPv6 报头后面的第一个扩展报头（如果存在）的类型，或者上层协议数据单元中的协议类型。

（6）跳数限制（Hop Limit）：长度为 8 位，类似于 IPv4 中的 Time to Live 字段，它定义了 IP 数据报所能经过的最大跳数。每经过一个路由器，该数值减去 1，当该字段的值为 0 时，数据报将被丢弃。

（7）源地址（Source Address）：长度为 128 位，表示发送方的地址。

（8）目的地址（Destination Address）：长度为 128 位，表示接收方的地址。

与 IPv4 相比，IPv6 去除了 IHL、标识符、标志、片偏移、报头校验和、选项、填充字段等域，只增加了流标签域，因此，IPv6 报文头的处理比 IPv4 简单，提高了处理效率。

为了更好地支持各种选项处理，IPv6 提出了扩展头的概念。新增选项时，不必修改现有结构就能实现。理论上可以无限扩展，体现了优异的灵活性。

2）IPv6 扩展报头

IPv4 报头包含可选字段 Options，这些字段可以对传输的数据进行安全、时间戳记录和路径记录等操作。但由于处理携带这些选项的 IPv4 报文会占用大量路由器资源，并且仅在特殊情况下才需要使用，因此，实际应用中，IPv4 Options 很少被使用。

IPv6 将 Options 从基本报头中剥离出来，置于扩展报头中。IPv6 报文可以包含 0 个、1 个或多个扩展报头，每个扩展报头都有自己的类型字段和长度字段。这样做有助于提高 IPv6 的性能，并且便于扩充新增选项。

IPv6 的扩展报头长度任意，不受 40 字节限制，因此 IPv6 选项能够得以更好地利用。为了提高处理选项头和传输层协议的性能，每个 IPv6 扩展报头总是 8 字节长度的整数倍。当使用多个扩展报头时，前面报头的 Next Header 字段指明下一个扩展报头的类型，这样就形成了链状的报头列表。如果没有下一个扩展报头，则 Next Header 字段指明上层协议的类型。因此，IPv6 的报头具有很高的灵活性和可扩展性，在今后的互联网应用中会发挥越来越重要的作用。扩展报头格式如图 9 - 2 所示。

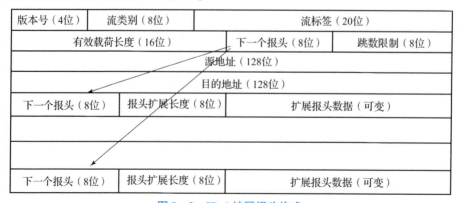

图 9 - 2　IPv6 扩展报头格式

IPv6 扩展报头包含以下主要字段：

（1）下一个报头（Next Header）：8 位长度，与基本报头的下一个报头（Next Header）字段相似。它指示下一个扩展报头（如果存在）或上层协议的类型。

（2）报头扩展长度（Extension Header Len）：8 位长度，表示扩展报头的长度（不包括下一个报头字段）。

（3）扩展报头数据（Extension Head Data）：可变长度，它包含一系列选项字段和填充字段的组合。

当前，RFC 2460 中定义了 6 个不同类型的 IPv6 扩展头：

（1）逐跳选项报头：它可以用于在 IPv6 路由过程中对数据包进行控制，包括限制数据包通行路径或记录路由缓存信息等功能。

（2）目的选项报头：它可以传递一些有关目标节点的信息，例如地址重定向请求、多播群组成员信息等。

（3）路由报头：它可以用于实现源路由或者提供更多关于数据包路由的信息。

（4）分段报头：它用于数据包的分段和重组（类似于 IPv4 的 IP 分片）。

（5）认证报头：它可以用于确保数据包的完整性和身份验证。

（6）封装安全净载报头：它为整个 IPv6 数据包提供加密和身份验证保护。

5. ICMPv6 协议

1）ICMPv6 协议简介

ICMPv6 是 IPv6 的基本协议之一，用于报告 IPv6 数据包传输过程中的错误和信息。类似于 IPv4 中的 ICMP，它提供了多种用于诊断、信息和管理目的的消息类型，比如：目标不可达、数据包长度异常、超时等。除了这些常用的功能外，ICMPv6 还支持邻居发现、无状态地址配置（包括重复地址检测）以及路径 MTU 发现等其他功能。在 IPv6 报文中，ICMPv6 的协议类型号为 58。

IPv6 扩展报头如图 9-3 所示。

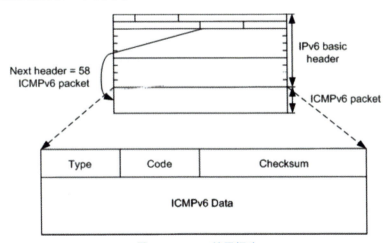

图 9-3 IPv6 扩展报头

报文中各个字段的解释如下：

（1）Type 表明消息的类型，0~127 表示差错报文类型，128~255 表示消息报文类型。

（2）Code 表示此消息类型细分的类型。

（3）Checksum 表示 ICMPv6 报文的校验和。

2）ICMPv6 错误分类

ICMPv6 错误报文用于报告在转发 IPv6 数据包过程中出现的错误。ICMPv6 错误报文可以分为以下 4 种：

错误 1：目的不可达。在 IPv6 节点转发 IPv6 报文过程中，当设备发现目的地址不可达时，就会向发送报文的源节点发送 ICMPv6 目的不可达错误报文，同时，报文中会携带引起该错误报文的具体原因。目的不可达错误报文的 Type 字段值为 1。根据错误具体原因，又可以细分为：

§Code = 0：没有到达目标设备的路由。

§Code = 1：与目标设备的通信被管理策略禁止。

§Code = 2：未指定。

§Code = 3：目的 IP 地址不可达。

§Code = 4：目的端口不可达。

错误 2：数据包过大。Type 字段值为 2，Code 字段值为 0。在 IPv6 节点转发 IPv6 报文过程中，发现报文超过出接口的链路 MTU 时，则向发送报文的源节点发送 ICMPv6 数据包过大错误报文，其中携带出接口的链路 MTU 值。数据包过大错误报文是 Path MTU 发现机制的基础。

错误 3：时间超时。在 IPv6 报文传输过程中，每个报文的头部都有一个 Hop Limit 字段，它限制了报文经过的最大路由器数量。当一个路由器接收到 Hop Limit 字段值为 0 的报文或者将 Hop Limit 字段值减成 0 时，会向报文的源节点发送 ICMPv6 超时错误报文，Type 字段值为 3。另外，在 IPv6 分段重组过程中，如果超过了定时时间，也会发生超时错误，产生 ICMPv6 超时报文，Type 字段值同样为 3。错误具体原因分为：

§Code = 0：在传输中超越了跳数限制。

§Code = 1：分片重组超时。

错误 4：参数错误。当 IPv6 网络中的节点收到一个报文时，它会对报文进行有效性检查。如果发现报文有问题，那么它会回应一个 ICMPv6（Internet 控制信息协议版本 6）的参数错误差错报文给报文的源节点。这个差错报文的 Type 字段的值为 4。错误具体原因分为：

§Code = 0：IPv6 基本头或扩展头的某个字段有错误。

§Code = 1：IPv6 基本头或扩展头的 NextHeader 值不可识别。

§Code = 2：扩展头中出现未知的选项。

ICMPv6 提供了诊断和附加主机功能的信息报文，例如多播侦听发现和邻居发现。回送请求报文（Echo Request）和回送应答报文（Echo Reply）是常见的 ICMPv6 信息报文，也是 Ping 报文的基础。回送请求报文用于向目标节点发送一个请求，以便目标节点立即返回一个回送应答报文。此时，回送请求报文的 Type 字段值为 128，Code 字段的值为 0。当收到一个回送请求报文时，ICMPv6 会响应一个回送应答报文。回送应答报文的 Type 字段的值为 129，Code 字段的值为 0。

3）IPv6 邻居发现

邻居发现（Neighbor Discovery）是 IPv6 协议体系中的一个核心协议，它取代了 IPv4 的 ARP（地址解析协议）和 ICMP 路由器发现（Router Discovery）协议。通过使用 ICMPv6 数据包，邻居发现协议提供了地址解析、邻居状态跟踪、重复地址检测、路由器发现以及重定向等重要功能。

4）地址解析

在 IPv4 网络中，要实现主机之间的通信，需要使用 ARP 协议来获取目标主机的链路层地址。而在 IPv6 网络中，该功能则由邻居发现协议来实现。与 ARP 协议不同的是，邻居发现协议是基于 ICMPv6 协议来实现的，并且所有的 ND 报文都封装在 ICMPv6 报文中。

相较于 ARP 协议，邻居发现协议在第三层（网络层）就能够完成地址解析，因此可以跨越不同的物理介质并且采用相同的地址解析方式。此外，由于 ND 协议使用 ICMPv6 报文，因此可以借助 IPSec 等第三层安全机制来防范地址解析攻击。最后，ND 协议还能够通过组播方式发送请求报文，减轻了二层网络的性能压力。

如图 9-4 所示，地址解析过程中，IPv6 使用两种不同的 ICMPv6 报文来进行通信，分别为邻居请求报文（Neighbor Solicitation，NS）和邻居通告报文（Neighbor Advertisement，NA）。其中，NS 报文的类型值为 135，代码值为 0，它的作用类似于 IPv4 中的 ARP 请求报文；而 NA 报文的类型值为 136，代码值为 0，它的作用类似于 IPv4 中的 ARP 应答报文。这两种报文用于在 IPv6 地址解析过程中进行通信。

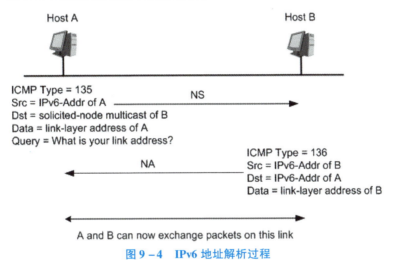

图 9-4　IPv6 地址解析过程

Host A 需要知道 Host B 的链路层地址才能向其发送报文。为了解析 Host B 的链路层地址，Host A 首先会发送一个 NS 报文，其中包含 Host B 的 IPv6 地址，并且携带了自己的链路层地址。NS 报文是以 Host B 的被请求节点组播地址作为目的地址进行发送的。当 Host B 收到 NS 报文后，它会回应一个 NA 报文，其中包含 Host A 的链路层地址和 Host B 的 IPv6 地址。NA 报文是以 Host A 的单播地址作为目的地址进行发送的。通过这个地址解析过程，Host A 能够获取到 Host B 的链路层地址，然后就可以向其发送报文了。

5）邻居状态

当节点之间进行通信时，由于各种原因如硬件故障、接口卡热插拔等，有可能会出现连接中断的情况。这种情况下，如果目标节点已经无法正常工作，那么就不能恢复连接，通信失败了；但是如果问题只出现在路径上的某个节点，那么仍然可以通过修复该节点来恢复连接。

为了解决这种问题，节点需要维护一张邻居表格，记录与其相邻的所有节点的状态。这些状态可以转移，分为 5 种不同的类型：未完成（Incomplete）、可达（Reachable）、陈旧（Stale）、延迟（Delay）和探查（Probe）。

如图 9-5 所示，设 A、B 之前从未通信，邻居状态迁移的过程如下：

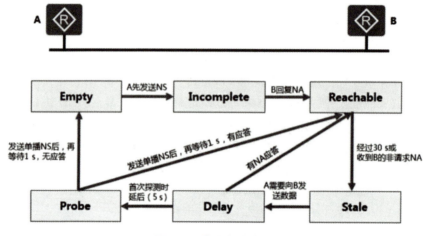

图 9-5　邻居状态变化

（1）A 先发送 NS 报文，并生成缓存条目，此时，邻居状态为 Incomplete。

（2）若 B 回复 NA 报文，则邻居状态由 Incomplete 变为 Reachable；否则，固定时间后，邻居状态由 Incomplete 变为 Empty，即删除表项。

（3）经过邻居可达时间，邻居状态由 Reachable 变为 Stale，即未知是否可达。

（4）如果在 Reachable 状态，A 收到 B 的非请求 NA 报文，并且报文中携带的 B 的链路层地址和表项中不同，则邻居状态马上变为 Stale。

（5）在 Stale 状态，若 A 要向 B 发送数据，则邻居状态由 Stale 变为 Delay，并发送 NS 请求。

（6）在经过一段固定时间后，邻居状态由 Delay 变为 Probe，其间若有 NA 应答，则邻居状态由 Delay 变为 Reachable。

（7）在 Probe 状态，A 每隔一定时间间隔发送单播 NS，发送固定次数后，如果有应答，则邻居状态变为 Reachable；否则，邻居状态变为 Empty，即删除表项。

6）IPv6 地址冲突检测

在为节点分配单播地址时，必须进行地址冲突检测，以确保该地址未被其他设备使用。这适用于所有类型的地址分配方式，包括无状态自动配置、状态自动配置和手动配置。地址冲突检测需要在将地址分配给接口之前进行，并且被分配给接口的地址称为暂时地址。

在发送邻居请求报文之前，节点的接口需要加入所有组播组，以便在收到已经使用该地址的邻居的通告报文时能够及时响应。节点还需要加入请求的节点组播组，以便在另一个节点开始使用同一地址时，能够及时发现彼此的存在。

节点发送邻居请求报文，并在源地址中使用未分配的地址，同时，将目的地址设置为暂时地址的请求节点组播地址。任何正在使用相同地址的邻居都会在收到请求报文后发送邻居通告报文，并将其目的地址设置为暂时地址的请求节点组播地址。如果节点收到邻居通告报文，则意味着暂时地址已经被重复使用，因此不能将其分配给接口。

7）IPv6 自动配置

IPv6 的自动配置功能是为减轻网络管理员的负担而设计的，它确保在将主机连接到网络之前不需要进行手动配置。即使是大型站点，也不需要使用 DHCP 服务器来配置主机，因为 IPv6 自动配置可以用于具有多个网络和路由器的复杂情况。在物联网时代，越来越多的设备都运行在 IP 地址下，因此，IPv6 的自动配置功能将成为协议的重要特色。与依赖 DHCP 来连接家庭设备相比，IPv6 自动配置解决了这一问题，让连接家庭设备更加简单和方便。

IPv6 拥有无状态的自动配置和有状态的自动配置功能，其中，有状态的自动配置与 IPv4 中使用的 DHCP 类似。但是真正让 IPv6 出色的地方，在于主机无须任何手动配置即可自动配置它们的 IPv6 地址。这一过程通过主机使用本地信息（如 MAC 地址）和路由器提供的信息的组合来完成。路由器可以通告多个前缀，主机从这些通告中获取前缀信息，从而实现站点进行简单的重新编号。比如，更改了互联网服务提供商（ISP），并分配了新的 IPv6 前缀，只需要在路由器上通告新的前缀信息，所有连接至该路由器的主机都会自动重新编号，而不需要进行其他手动配置。如果没有路由器存在，主机可以生成一个只带前缀 FE80 的本地链接地址，这对于处于同一链路上的节点之间的通信已经足够。IPv6 的自动配置功能可以极大地节省网络管理员的工作量，因为它不仅确保将主机连接到网络时无须进行手动配置，即使是具有多个网络和路由器的大型站点，也无须使用 DHCP 服务器来配置主机。随着越来越多的设备（如电视、冰箱、DVD 播放器和移动电话）使用 IP 地址，IPv6 的自动配置功能将成为该协议的重要特色。相比于使用 DHCP 来连接家庭设备，IPv6 的自动配置功能解决了这一问题，使得连接家庭设备更加简单和方便。

在 IPv6 网络中，使用状态自动配置技术实现"即插即用"连接。这一技术不需要人工干预，能够自动完成节点的配置。IPv6 采用了两种机制来支持此技术：启动协议（BOOTP）和动态主机配置协议（DHCP）。这两种机制使得节点能够从 BOOTP 或 DHCP 服务器获取配置信息，并且服务器需要管理每个节点的状态信息。因此，这些协议必须使用状态自动配置来保持每个节点的状态信息。

在 IPv6 网络中，每个节点都必须拥有一个本地链路地址，它由接口标识和本地链路前缀 FE80∷/10 组成，并会自动配置在节点上。这个本地链路地址的作用是使同一链路上的节点能够相互通信，所有节点都可以使用自动配置的方式生成本地站点地址和全球单播地址，不需要手动配置或通过 DHCP 服务器进行配置。

为了获取全球唯一的 IPv6 地址，节点需要依赖于链路上的默认路由器，在路由器通告报文中获得本地站点地址和全球单播地址的前缀。路由器通告报文定期发送或在响应路由器请求报文时发送，链路上的节点可以将自身的接口标识（64 位）和路由器通告报文中的前缀（64 位）相加，从而生成本地站点地址和全球单播地址。

如果路由器通告报文中的前缀是全球唯一的，那么节点配置的 IPv6 地址也将是全球唯一的。因此，使用 IPv6 地址时，只需要连接到链路上并等待自动配置即可，这使得 IPv6 网络更加容易使用和管理。

8）Path MTU

在 IPv4 中，如果报文太大，超过了 MTU 的限制，设备会在传输过程中进行分片，从而增加了设备的处理压力。而在 IPv6 中，为了减轻转发设备的压力，不再进行分片，而是由源节点在发送前进行分片，如果某个设备接收到一个过大的报文，它会直接将其丢弃并通过 ICMPv6 报文的"Packet Too Big"消息发送给源主机的地址，告知其 MTU 的限制值，以便更改报文大小重新传输。

为了避免额外的流量开销，实现 PMTU 发现协议可以动态管理整个传输路径上各链路的 MTU 值，它通过源节点假设 PMTU 就是出口的 MTU，发送一个试探性的报文，如果转发设备发现链路上存在小于该假设 PMTU 的 MTU，就会发送 Packet Too Big 报文，并带有自己的 MTU 值，以便源主机重新发送报文。源主机将 PMTU 假设改为新收到的 MTU 值，直到报文到达目的地后，源主机就能知道完整的 PMTU 了。

如图 9-6 所示，运行机制说明如下：

（1）PC 开始发送一个 2 000 字节的数据包。数据包到达一个链路 MTU 值为 1 500 字节的路由器，该路由器认为数据包过大，于是发送了数据包过大报文给 PC，其中包含了它的链路 MTU 值 1 500 字节。

（2）PC 重新发送一个 1 500 字节的数据包，第一个路由器转发该数据包，但第二个路由器的 MTU 值是 1 280 字节，它还是会发送数据包过大报文给 PC。

（3）PC 再次发送一个 1 280 字节的数据包，这次顺利地通过了两个路由器。

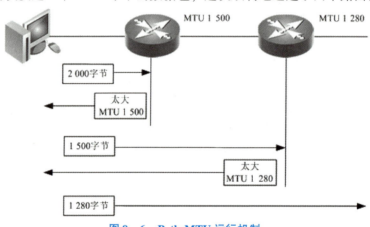

图 9-6　Path MTU 运行机制

6. IPv6 基础功能配置

如图 9-7 所示，R1 和 R2 分别通过 GE 0/0/1 相连。要求 R1 和 R2 形成邻居关系，R2 能通过邻居发现功能获得 IPv6 地址。

图 9-7　IPv6 实验拓扑

步骤一：使能 R1 的 IPv6 转发能力并配置 IPv6 地址，使路由器具有对 IPv6 报文的转发能力。

```
<R1> system-view
[R1] sysname RouterA
[R1] ipv6
[R1] interface gigabitethernet 0/0/1
[R1-GigabitEthernet0/0/1] ipv6 enable
[R1-GigabitEthernet0/0/1] ipv6 address 3001::1/64
[R1-GigabitEthernet0/0/1] undo ipv6 nd ra halt    /* 打开 R1 的 RA 报文发送开关,开启 R1 的邻居发现功能 */
```

步骤二：配置 R2 的接口 GE 0/0/1 使能无状态，自动生成 IPv6 地址。

```
<R2> system-view
[R2] sysname RouterB
[R2] ipv6
[R2] interface gigabitethernet 0/0/1
[R2-GigabitEthernet0/0/1] ipv6 enable
[R2-GigabitEthernet0/0/1] ipv6 address auto link-local   //自动生成连接本地地址
[R2-GigabitEthernet0/0/1] ipv6 address auto global       //自动生成全球单播地址
[R2-GigabitEthernet0/0/1] quit
```

步骤三：配置正确无误后，可以查看配置的全球单播地址，接口状态为 UP，IPv6 协议状态为 UP，并可以查看接口的邻居情况。

```
[R1]display ipv6 interface g0/0/1
GigabitEthernet0/0/1 current state : UP
IPv6 protocol current state : UP
IPv6 is enabled, link-local address is FE80::2E0:FCFF:FE6E:593A
  Global unicast address(es):
    1234::1, subnet is 1234::/64
  Joined group address(es):
   FF02::1:FF00:1
   FF02::2
   FF02::1
   FF02::1:FF6E:593A
  MTU is 1500 bytes
  ND DAD is enabled, number of DAD attempts: 1
  ND reachable time is 30000 milliseconds
  ND retransmit interval is 1000 milliseconds
  ND advertised reachable time is 0 milliseconds
  ND advertised retransmit interval is 0 milliseconds
  ND router advertisement max interval 600 seconds, min interval 200 seconds
  ND router advertisements live for 1800 seconds
  ND router advertisements hop-limit 64
  ND default router preference medium
  Hosts use stateless autoconfig for addresses
```

```
[R2]dis ipv6 interface g0/0/1
GigabitEthernet0/0/1 current state : UP
IPv6 protocol current state : UP
IPv6 is enabled, link-local address is FE80::2E0:FCFF:FECB:45E8   /* 根据 IEEE
EUI-64 规范生成的 IP 地址 */
  Global unicast address(es):
    1234::2E0:FCFF:FECB:45E8,
    subnet is 1234::/64 [SLAAC 1970-01-01 00:36:36 2592000S]
  Joined group address(es):
```

```
    FF02::1:FFCB:45E8
    FF02::2
    FF02::1
MTU is 1500 bytes
ND DAD is enabled, number of DAD attempts: 1
ND reachable time is 30000 milliseconds
ND retransmit interval is 1000 milliseconds
Hosts use stateless autoconfig for addresses
```

```
[R1]display ipv6 neighbors g0/0/1    //查看接口 g0/0/1 的邻居情况
-----------------------------------------------------------------------
IPv6 Address : FE80::2E0:FCFF:FECB:45E8
Link-layer   : 00e0-fccb-45e8                    State : STALE
Interface    : GE0/0/1                           Age   : 2
VLAN         : -                                 CEVLAN: -
VPN name     :                                   Is Router: FALSE
Secure FLAG  : UN-SECURE

-----------------------------------------------------------------------
Total: 1      Dynamic: 1      Static: 0
```

9.2 OSPFv3 路由协议

9.2.1 OSPFv3 的工作原理

1. OSPFv3 简介

OSPFv3 是运行于 IPv6 的 OSPF 路由协议（RFC2740），它在 OSPFv2 基础上进行了增强，是一个独立的路由协议。

IPv6 的 OSPF 协议保留了 IPv4 的大部分算法，从 IPv4 到 IPv6，基本的 OSPF 机制保持不变。IPv6 的 OSPF 协议为 OSPFv3，IPv4 的 OSPF 协议为 OSPFv2。

OSPFv2 和 OSPFv3 都使用链路状态数据库来存储链接状态通告信息（LSA），用于同步同一区域内的路由器。这种同步依赖于交换数据库描述、链路状态请求和链路状态更新报文等操作。同步完成后，通过泛洪方式来维护数据库信息的一致性，并使用链路状态更新和确认报文来完成不同路由器之间的信息交流。

在广播型和非广播多路访问（NBMA）网络中，OSPFv2 和 OSPFv3 均采用 Hello 报文，以便识别和维护邻居关系，并选举 DR 和 BDR 路由器。除此之外，两种协议还存在其他许多共同点，如邻居是否相邻、基于域间路由技术的基本思想，以及引入 AS 外部路由等。

OSPFv3 报文类型见表 9 - 8。

表 9 - 8 OSPFv 报文类型

报文类型	描述
Hello	用于建立和维护邻居关系，并传递区域 ID、路由器 ID 和优先级等信息
Database Description（DBD）	包含了一个路由器的 LSA 摘要信息，用于检查和更新数据库
Link State Request（LSR）	用于请求链路状态数据库中某个 LSA 的完整副本
Link State Update（LSU）	包含了一个或多个 LSA 的完整信息，用于更新链路状态数据库
Link State Acknowledgment（LSAck）	用于确认接收到的 LSU 报文，并通知发送者，以便删除该 LSA 的重复副本

LSA 类型见表 9 - 9。

表 9 - 9 LSA 类型

LSA 名称	类型	作用描述	形成
Router - LSA	Type 1	发送者本身的链路状态及与其相连的链路状态信息	路由器每次更新链路状态时形成
Network - LSA	Type 2	指定网络中每个路由器的链接状态信息	网络中的 DR 或 BDR 路由器在网络拓扑变化时形成
Inter - Area - Prefix - LSA	Type 3	区域内某个前缀号码的地址段存在，但是没有向外界广播的情况下，用于在不同区域间传播该前缀的范围信息	ABR 将来自不同区域的 Prefix - LSA 聚合后形成
Inter - Area - Router - LSA	Type 4	用于宣告一个在当前区域外的 AS 路由器对于另外一个 AS 的情况	ABR 将指向其他 AS 的路由器信息转换为 Inter - Area - Router - LSA 形式
AS - External - LSA	Type 5	用于在整个 OSPF 域内共享到某个 AS 之外的目的地址信息	ASBR 将外部路由信息汇总后形成
Link - LSA	Type 8	描述发送者与一个邻居路由器间的连接关系	发送者通过发现和建立新连接时形成
Intra - Area - Prefix - LSA	Type 9	区域内某个前缀号码的地址段存在，但是没有向外界广播的情况下，用于在同一区域传输该前缀的范围信息	发现新的 Prefix 时由 DR 或 BDR 路由器形成

2. OSPFv3 路由类型

AS 内部的网络结构通常由 AS 区域内和区域间路由进行描述。AS 区域内路由决定了在本地网络中如何转发数据包，而 AS 区域间路由则决定了如何将数据包发送到其他 AS。

然而，在一个多 AS 网络中，当数据包需要从一个 AS 转发到另一个 AS 时，需要使用 AS 外部路由。AS 外部路由的目的是选择到达目的地址的最佳路径。OSPFv3 引入了两种类型的 AS 外部路由，即 Type1 和 Type2。

Type1 AS 外部路由可以看作默认路由，它是由 AS 的边缘路由器向外发送的，并用于将数据包发送到目标地址的下一跳。Type1 AS 外部路由基于 AS 内部路由来确定最佳路径，并在转发数据包时保留 AS 路径信息。这类路由的可信程度高一些，所以计算出的外部路由的开销与自治系统内部的路由开销是相当的，并且和 OSPFv3 自身路由的开销具有可比性。到第一类外部路由的开销 = 本路由器到相应的 ASBR 的开销 + ASBR 到该路由目的地址的开销。

Type2 AS 外部路由允许在 AS 外部加入额外的成本，以改善某些 AS 路径的可靠性或优化负载均衡。Type2 AS 外部路由通常由 AS 的核心路由器分配，并传递给边缘路由器。这类路由的可信度比较低，所以 OSPFv3 协议认为从 ASBR 到自治系统之外的开销远远大于在自治系统之内到达 ASBR 的开销。所以，OSPFv3 计算路由开销时，只考虑 ASBR 到自治系统之外的开销，即到第二类外部路由的开销 = ASBR 到该路由目的地址的开销。

区域类型见表 9 – 10。

表 9 – 10   区域类型

区域类型	描述	作用
标准区域（Standard Area）	只允许传输本地区域内的路由信息	允许学习到该区域及其直接相邻区域的路由信息
级联区域（Stub Area）	在不影响整体拓扑结构的前提下，允许将某些区域内的路由信息聚合成一条默认路由向外传播	允许学习到该区域及其直接相邻区域的路由信息，并将该区域内的某些路由信息聚合成一条默认路由向 AS 外部广播
非标准区域（Not – So – Stubby Area, NSSA）	类似于级联区域，但允许向 AS 外部的其他路由器广播某些路由信息	允许学习到该区域及其直接相邻区域的路由信息，并可以将某些路由信息发送给 AS 外部的其他路由器，同时，不接收来自其他 NSSA 区域的路由信息
完全反射区域（Totally Stubby Area）	不允许学习到该区域外任何路由信息，只将所有出口聚合为一条默认路由发出	只允许学习到该区域及其直接相邻区域的路由信息，并将所有出口聚合成一条默认路由向 AS 外部广播
非完全反射区域（Not – So – Totally Stubby Area, NSTA）	类似于完全反射区域，但允许学习到某些 AS 外部的路由信息	只允许学习到该区域及其直接相邻区域的路由信息，并将所有出口聚合成一条默认路由向 AS 外部广播，同时，允许学习某些 AS 外部的路由信息。

支持网络类型见表9-11。

表9-11 支持网络类型

OSPFv3 网络类型	含义	链路层协议类型	报文发送方式
广播类型（Broadcast）	当链路层协议是 Ethernet、FDDI 时，缺省情况下，OSPFv3 认为网络类型是 Broadcast	Ethernet、FDDI	Hello 报文、LSU 报文、LSAck 报文以组播形式（FF02∶5）发送，DD 报文和 LSR 报文以单播方式发送
NBMA 类型（Non-Broadcast Multiple Access）	当链路层协议是帧中继、ATM 或 X.25 时，缺省情况下，OSPFv3 认为网络类型是 NBMA	帧中继、ATM、X.25	Hello 报文、DD 报文、LSR 报文、LSU 报文、LSAck 报文以单播方式发送
点到多点 P2M 类型	没有一种链路层协议会被缺省地认为是 Point-to-Multipoint 类型	—	Hello 报文以组播形式（FF02∶5）发送，其他协议报文以单播方式发送
点到点 P2P 类型	当链路层协议是 PPP、HDLC 和 LAPB 时，缺省情况下，OSPFv3 认为网络类型是 P2P	PPP、HDLC、LAPB	协议报文以组播形式（FF02∶5）发送

3. OSPFv3 和 OSPFv2 的区别

OSPFv2 的大多数概念保留了下来，下面介绍一下 OSPFv3 和 OSPFv2 的区别。

1）协议处理

IPv6 节点之间的通信是基于链路级别的，而不是基于子网。因此，即使两个节点不在同一个共同的 IP 子网上，它们也可以直接交换数据，只要它们通过同一条链路相连即可。

每个 IPv6 节点都可以在接口上配置多个地址和前缀，这使得节点能够在单个链路上同时使用多个网络标识。OSPFv3 协议在每个链路上运行，而不是在整个子网上运行。这意味着每个链路上的所有节点都将参与 OSPFv3 协议，并共享其路由信息。

2）选址语义

OSPFv3 协议中，IPv6 地址将不再出现在数据报头中，而是作为负载信息使用。与之不同的是，OSPFv2 协议中使用的是 IPv4 地址，用于表示路由器 ID、区域 ID 和 LSA 链路状态 ID。

OSPFv3 协议中，路由器 ID、区域 ID 和 LSA 链路状态 ID 仍然是 32 位，无法使用 IPv6 地址进行表示。OSPFv2 协议中，广播和 NBMA 网络使用 IPv4 地址标识邻居；OSPFv3 协议中，则使用路由器 ID 标识邻居。

在 OSPFv2 协议中，LSA（路由器 LSA 和网络 LSA）包含 IP 地址，用于描述网络拓扑；在 OSPFv3 协议中，路由器 LSA 和网络 LSA 只表示拓扑信息，以一种独立于网络协议的方式进行描述。IPv6 协议使用接口 ID 来标识链路，而不是 IP 地址。

每个路由器接口都有唯一的接口 ID，在 OSPFv3 协议中，邻居和指定路由器（DR）都必须使用它们的路由器 ID 进行标识，而不再使用 IP 地址。这些变化可以提高网络拓扑描述的精确度，并促进更好的路由器管理和维护。

3）OSPFv3 LSA 处理

在 OSPFv3 中，每种 LSA 类型都有一个特定的代码来确定其泛洪范围。即使路由器无法识别 LSA 类型，也能正确地广播数据包。有三种广播范围：本地链路、区域和 AS。在扩展的 LSA 类型字段中，前三位表示广播范围和未知类型处理位，后面的位表示 LSA 类型。

通过设置"未知类型处理位"，路由器可以在本地链路范围内广播未知的 LSA，或者将其存储并广播作为已知的 LSA。这样，路由器就能够灵活地适应不同的网络环境，并在网络故障时提供更好的容错性。表 9–12 和表 9–13 显示了泛洪范围和未知类型处理位的数值。

表 9–12　泛洪范围

泛洪范围数值（二进制）	描述
00	本地链路，仅在数据包的始发链路上泛洪
01	区域，在数据包的始发区域内泛洪
10	AS，在整个 AS 内泛洪
11	保留

表 9–13　未知类型处理位

未知类型处理位数值	描述
0	在本地链路范围内泛洪未知 LSA
1	将未知 LSA 当作已知 LSA 进行存储和泛洪

4）每个链路上支持多个实例

多个 OSPFv3 协议实例可以在单个链路上运行，这在多个区域共享单个链路时比较有用。

5）链路本地地址

在 IPv6 网络中，路由器的每个接口都有一个本地链路地址。这些本地链路地址使用相同的 IPv6 前缀（FE80∷/64），可以让 OSPFv3 节点之间更容易地进行通信和建立邻接关系。因此，在 OSPFv3 中，本地链路地址被用作协议数据包的源地址，以保证节点之间交换数据时的可靠性和高效性。

6）删除认证

由于 IPv6 本身提供了一些安全功能，例如 IPSec，因此，OSPFv3 认证被认为没有必要。此外，实施 OSPFv3 认证可能会增加网络配置和管理的复杂性，因为它需要密钥的管理和分发。

因此，认证功能已从 OSPFv3 中删除，但仍然可以使用其他安全机制来保护网络。例如，可以使用 IPSec 来对 OSPFv3 数据包进行加密和身份验证。

7）LSA 的改变

OSPFv3 保留了 OSPFv2 中 LSA（Link State Advertisement）的大部分功能，但对其进行了一些修改和重新命名，以适应 IPv6 环境。

在 OSPFv3 中，IPv6 地址被用于标识网络拓扑结构中的各个节点、链路和区域。因此，与 IPv6 地址相关的信息需要在 LSA 中携带。为此，OSPFv3 新增了三种类型的 LSA，即：

（1）Router LSA（类型 1）：包含了路由器的 IPv6 地址和连接到该路由器的链路信息。

（2）Network LSA（类型 2）：描述了连接到同一广播或多播网络的所有路由器的 IPv6 地址。

（3）Link LSA（类型 8）：描述了连接到同一点对点或者点到多点链路的两个或多个路由器之间的联系。

在新 LSA 中，原有 LSA 字段名称和含义有所改变，例如，在类型 1 Router LSA 中，"Router ID"字段改成了"Advertising Router"，表示该 LSA 的产生者；"Link State ID"字段改成了"Interface ID"，表示该 LSA 所描述的链路的接口 ID。

此外，在 OSPFv3 中，由于 IPv6 地址是 128 位，比 IPv4 地址长四倍，因此，在 LSA 中携带 IPv6 地址的部分，需要增加字段的长度。例如，在类型 1 Router LSA 中，"Link－local Address"字段的长度由 OSPFv2 中的 32 位改为 128 位。

OSPFv3 LSA 报头中，类型字段扩展到 16 位，占用原来可选项字段的空间。剩下的报头字段保持不变。

LSA 类型字段由未知类型处理、泛洪范围和 LSA 功能代码组成。图 9－8 显示了 LSA 类型字段。

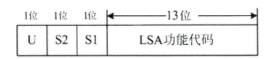

图 9－8　LSA 类型字段

U 定义了未知 LSA 类型的处理，如果设为 1，将未知 LSA 当作已知 LSA 进行存储和泛洪；如果设为 0，在本地链路范围内泛洪未知 LSA。S2 和 S1 表示泛洪范围。

在 OSPFv2 中，有四种不同的 LSA 类型。Router－LSA 是其中之一，它的类型值为 0x2001。该值的前三位为 001，表示该 LSA 类型的 U 位为 0。如果接收路由器无法识别该 LSA 类型，则该 LSA 应在本地链路范围内泛洪。

如果路由器能够识别 LSA 类型，则应根据 S2 和 S1 来泛洪 LSA。对于 Router－LSA 类型，S2S1 的值为 01，这意味着该 LSA 应在整个区域内泛洪。另一种 LSA 类型是 AS－External－LSA，其类型值为 0x4005，表示 S2S1 的值为 10，这意味着 LSA 应在整个 AS 内泛洪。

在 OSPFv3 中，原先的类型 3 网络汇总 LSA 已被重命名为 Inter－Area－Prefix－LSA，而类型 4 的 ASBR 汇总 LSA 则被重命名为 Inter－Area－Router－LSA。这些 LSA 都用于将区域外的路由添加到区域内。此外，LSA 可选字段也得到了改进，从 8 位扩展到 24 位，这些字段可以出现在 Hello 数据包、数据库描述数据包以及某些 LSA 中。

路由器可以使用 LSA 可选字段来相互通知它们各自支持的可选功能，从而允许具有不同功能的路由器在同一 OSPF 路由域内共存。在可选字段中，目前只有 6 位可以使用，用于表示各种不同的功能和属性。

（1）V6：指出这个路由器支持 IPv6 的 OSPF。如果设置为 0，这个路由器将只参与拓扑分发，而不转发 IPv6 数据包。

（2）E：和 OSPFv2 一样，当始发路由器可以接收 AS 外部 LSA 时，设置 E = 1。Stub 区域内的所有始发 LSA 都设置 E = 0。该位还可以用于 Hello 报文，表明接口是否能够发送和接收 AS 外部 LSA。E 位不匹配的邻居路由器不能形成邻接关系，确保一个区域内的所有路由器都支持 stub。

（3）MC：当始发路由器可以转发 IP 组播数据包时设置该位。MOSPF 使用该位。

（4）N：只在 Hello 报文中使用。设置该位表示始发路由器支持 NSSA 外部 LSA。如果 N = 0，始发路由器不能发送和接收 NSSA 外部 LSA。N 位不匹配的邻居路由器不能形成邻接关系。如果 N = 1，则 E 必须为 0。

（5）R：设置 R 位表示路由器是活动的。如果设置 R = 0，OSPF 路由器将只参与拓扑分发，不参与数据转发。这个可以用于一个只想参与路由计算，不想转发数据的多宿主节点。V6 位与 R 位相关，如果 R = 1，而 V6 = 0，路由器将不转发 IPv6 报文，但转发其他协议的报文。

（6）DC：当路由器能够在按需链路上支持 OSPF 时，设置该位。

与 OSPFv2 可选字段（T、E、MC、N/P、EA、DC）相比，可以发现 OSPFv3 做了一些改变。在 OSPFv3 中不支持 ToS，所以 T 位被取代。N 位仍然只用于 Hello 报文。P 位是 OS-PFv3 另一组可选项的一部分，前缀可选项与每个通告的前缀关联。OSPFv2 EA 位表示支持外部属性 LSA。外部属性 LSA 被提议作为 IBGP 替代者，用于在 OSPF 域内传输 BGP 信息，仍然被 OSPFv3 支持。

新的链路 LSA 被用于在同一链路的路由器之间交换 IPv6 前缀和地址信息，它也被用于通告一组和 Network – LSA 相关的可选项。链路 LSA 提供路由器的本地链路地址和前缀列表。该 LSA 在链路上通过组播发送给所有路由器。

9.2.2 OSPFv3 基本配置

如图 9 – 9 所示，所有的路由器都运行 OSPFv3，整个自治系统划分为 3 个区域。其中，R2 和 R3 作为 ABR 来转发区域之间的路由。要求在不影响路由的可达性的前提下，减少 Area2 区域内的 LSA 数量。

步骤一：参考上一小节配置方法，按照拓扑配置各接口 IP 地址。

步骤二：使能各路由器上 OSPFv3 功能。

配置 R1：

```
[R1] ipv6
[R1] ospfv3     //使能全局 OSPFv3 功能
[R1 – ospfv3 –1] router – id 1.1.1.1    //router – id 还是采用 IPv4 的格式
[R1 – ospfv3 –1] quit
[R1] interface gigabitethernet 0/0/1
[R1 – GigabitEthernet0/0/1] ospfv3 1 area 1 /* 使能接口 OSPFv3 功能,并将接口网段在
OSPFv3 协议中进行通告 */
```

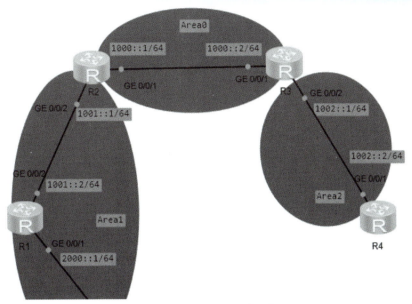

图 9-9　OSPFv3 区域配置

```
[R1 -GigabitEthernet0 /0 /1] quit
[R1] interface gigabitethernet 00 /2
[R1 -GigabitEthernet0 /0 /2] ospfv3 1 area 1
[R1 -GigabitEthernet0 /0 /2] quit
```

配置 R2（注意端口所在区域 ID）：

```
[R2] ipv6
[R2] ospfv3
[R2 -ospfv3 -1] router -id 2.2.2.2
[R2 -ospfv3 -1] quit
[R2] interface gigabitethernet 0 /0 /1
[R2 -GigabitEthernet0 /0 /1] ospfv3 1 area 0
[R2 -GigabitEthernet0 /0 /1] quit
[R2] interface gigabitethernet 0 /0 /2
[R2 -GigabitEthernet0 /0 /2] ospfv3 1 area 1
[R2 -GigabitEthernet0 /0 /2] quit
```

配置 R3：

```
[R3] ipv6
[R3] ospfv3
[R3 -ospfv3 -1] router -id 3.3.3.3
[R3 -ospfv3 -1] quit
[R3] interface gigabitethernet 0 /0 /1
[R3 -GigabitEthernet0 /0 /1] ospfv3 1 area 0
[R3 -GigabitEthernet0 /0 /1] quit
[R3] interface gigabitethernet 0 /0 /2
[R3 -GigabitEthernet0 /0 /2] ospfv3 1 area 2
[R3 -GigabitEthernet0 /0 /2] quit
```

配置 R4：

```
[R4] ipv6
[R4] ospfv3
[R4 – ospfv3 –1] router – id 4.4.4.4
[R4 – ospfv3 –1] quit
[R4] interface gigabitethernet 0 /0 /1
[R4 – GigabitEthernet0 /0 /1] ospfv3 1 area 2
[R4 – GigabitEthernet0 /0 /1] quit
```

步骤三：查看各路由器接口状态和邻居状态。以 R2 为例：

```
[R2] display ospfv3 peer
OSPFv3 Process (1)
OSPFv3 Area (0.0.0.1)
Neighbor ID Pri State Dead Time Interface Instance ID
1.1.1.1     1   Full/ – 00:00:34   GE0 /0 /2     0
OSPFv3 Area (0.0.0.0)
Neighbor ID Pri State Dead Time Interface Instance ID
3.3.3.3     1   Full/ – 00:00:32   GE0 /0 /1     0
```

步骤四：查看 R4 的 OSPFv3 路由表信息。

```
[R4] display ospfv3 routing
Codes : E2 – Type 2 External, E1 – Type 1 External, IA – Inter –Area,
N – NSSA, U – Uninstalled
OSPFv3 Process (1)
Destination Metric
Next – hop
IA 1000 :: /64 2
via FE80 ::1572:0:5EF4:1, GigabitEthernet0 /0 /1
IA 1001 :: /64 3
via FE80 ::1572:0:5EF4:1, GigabitEthernet0 /0 /1
1002 :: /64 1
directly – connected, GigabitEthernet0 /0 /1
IA 2000 :: /64 4
via FE80 ::1572:0:5EF4:1, GigabitEthernet0 /0 /1
```

步骤五：stub 区域配置。

```
[R4] ospfv3
[R4 – ospfv3 –1] area 2
[R4 – ospfv3 –1 – area – 0.0.0.2] stub    //将 R4 的区域 2 设置为 stub 区域
[R4 – ospfv3 –1 – area – 0.0.0.2] quit
[R3] ospfv3
[R3 – ospfv3 –1] area 2
[R3 – ospfv3 –1 – area – 0.0.0.2] stub
[R3 – ospfv3 –1 – area – 0.0.0.2] default – cost 10    /* 设置发送到 Stub 区域的缺省路
由的开销为 10 */
[R3 – ospfv3 –1 – area – 0.0.0.2] quit
```

步骤六：查看 R4 的 OSPFv3 路由表信息。

```
[R4] display ospfv3 routing
Codes : E2 - Type 2 External, E1 - Type 1 External, IA - Inter -Area,
N - NSSA, U - Uninstalled
OSPFv3 Process (1)
OSPFv3 Process (1)
Destination Metric
Next -hop
IA :: /0 11          //多了这条缺省路由，它的开销值为直连路由的开销和所配置的开销值之和
via FE80 ::1572:0:5EF4:1, GigabitEthernet0 /0 /1
IA 1000 :: /64 2
via FE80 ::1572:0:5EF4:1, GigabitEthernet0 /0 /1
IA 1001 :: /64 3
via FE80 ::1572:0:5EF4:1, GigabitEthernet0 /0 /1
1002 :: /64 1
directly -connected, GigabitEtherne0 /0 /1
IA 2000 :: /64 4
via FE80 ::1572:0:5EF4:1, GigabitEthernet0 /0 /1
```

步骤七：Totally Stub 区域配置。

```
[R3] ospfv3
[R3 -ospfv3 -1] area 2
[R3 -ospfv3 -1 -area -0.0.0.2] stub no -summary   /* 将 R3 的 area2 设置为 Totally
Stub 区域 */
[R3 -ospfv3 -1 -area -0.0.0.2] quit
```

步骤八：结果验证。

查看 R4 的 OSPFv3 路由表。

```
[R4] display ospfv3 routing
Codes : E2 - Type 2 External, E1 - Type 1 External, IA - Inter -Area,
N - NSSA, U - Uninstalled
OSPFv3 Process (1)
OSPFv3 Process (1)
Destination Metric
Next -hop
IA :: /0 11
via FE80 ::1572:0:5EF4:1, GigabitEthernet0 /0 /1
1002 :: /64 1
directly -connected, GigabitEthernet0 /0 /1
```

可以发现路由表项数目减少了，其他非直连路由都被抑制，只有缺省路由被保留。

【本章总结】

IPv6 是第六版互联网协议（Internet Protocol Version 6）的缩写，它是 IPv4 的继任者。IPv6 地址格式和 IPv4 有很大的区别，IPv6 地址采用 128 位长度，格式为 8 组 16 进制数，每

组之间用":"隔开。

　　IPv6 报文格式也有很大的改变,相对于 IPv4 报文格式,IPv6 报文的首部长度增加到 40 字节,包含了更多的信息,如流标签、扩展首部等,有效地解决了 IPv4 地址空间不足和安全问题。

　　IPv6 地址分为单播地址、组播地址和任播地址。单播地址是指只有一个接收端的 IPv6 地址。例如:全球唯一地址(Global Unicast Address)、本地链接地址(Link - Local Address)、站点本地地址(Site - Local Address)等。组播地址用于向多个接收端发送数据,这些接收端共享同一个组播地址。如预留地址(Reserved Address)、节点本地地址(Node - Local Address)等。任播地址用于向多个目标地址中最近的一个发送数据,是一种优化路由选择的方式。例如:任播地址(Anycast Address)、节点任播地址(Node - Anycast Address)等。

　　总的来说,IPv6 地址分类较为简单,但与 IPv4 不同的是,IPv6 地址种类更加丰富,使得网络中的数据传输更加高效和准确。

　　在 OSPFv3 工作原理上,OSPFv2 的大多数概念保留了下来,但是也做了很多的改变,比如 LSA 格式和类型、选址语义、认证方式、协议报文具体定义等。

【本章练习】

1. 简写 IPv6 地址 F131:0000:0000:0000:0001:0500:0000:116A。
2. 简述 IPv6 的分类。
3. 简述 IPv6 地址的配置方式及最常用的计算方法。
4. 简述 ICMPv6 协议的类型。
5. 简述 OSPFv3 区域类型的配置方法。

参 考 文 献

[1] 王田甜. IP 网络技术 [M]. 北京：人民邮电出版社，2012.

[2] 李昌. 数据通信与 IP 网络技术 [M]. 北京：人民邮电出版社，2019.

[3] 张宇. 数据通信技术 [M]. 长春：吉林大学出版社，2016.

[4] 施晓秋. 计算机网络技术（第 2 版）[M]. 北京：高等教育出版社，2013.

[5] 华为技术有限公司. HCNA 网络技术学习指南 [M]. 北京：人民邮电出版社，2015.

[6] [美] 卡雷尔，等. TCP/IP 协议原理与应用（第 4 版）[M]. 金名，等，译. 北京：清华大学出版社，2014.

[7] 杨心强. 数据通信与计算机网络 [M]. 北京：电子工业出版社，2011.

[8] 毛京丽. 宽带接入技术 [M]. 北京：人民邮电出版社，2015.

[9] 朴燕. 数据通信与计算机网络 [M]. 北京：电子工业出版社，2015.

[10] 林沛满. Wireshark 网络分析的艺术 [M]. 北京：人民邮电出版社，2016.

[11] 张俊星. 数据通信技术 [M]. 北京：人民邮电出版社，2019.